KB202935

일본의 종교문화와
비판불교

일본의 종교문화와 비판불교

2020년 9월 10일 초판 1쇄 인쇄
2020년 9월 17일 초판 1쇄 발행

지은이 | 길희성 류제동 정경일
펴낸이 | 김영호
편 집 | 김구 박연숙 전영수 김율 디자인 | 황경실
펴낸곳 | 도서출판 동연
등 록 | 제1-1383호(1992. 6. 12)
주 소 | 서울시 마포구 월드컵로 163-3
전 화 | (02)335-2630
전 송 | (02)335-2640
이메일 | h-4321@daum.net / yh4321@gmail.com
블로그 | https://blog.naver.com/dong-yeon-press

ISBN 978-89-6447-605-5 93200

이 도서의 국립중앙도서관 출판예정도서목록(CIP)은 서지정보유통지원시스템 홈페이지(http://seoji.nl.go.kr)와 국가자료종합목록 구축시스템(http://kolis-net.nl.go.kr)에서 이용하실 수 있습니다. (CIP제어번호 : CIP2020037753)

이 저서는 2017년 대한민국학술원 학술연구총서 지원 사업에 의하여 수행된 연구임.

일본의 종교문화와 비판불교

길희성 류제동 정경일 공저

동연

책을 펴내며

우선 오해를 피하기 위해 책의 제목부터 약간의 설명이 필요하다. 비판불교라는 말은 불교를 비판한다는 말이 아니라, 1980년대에 일본에서 일어난 하나의 불교운동으로서 세계 불교학계와 불교계의 주목을 받아 많은 토론과 논란을 낳은 운동이다. 따라서 '비판불교'라는 단어는 일종의 고유명사다.

뒤늦은 감이 있지만 비판불교가 우리 한국 불교학자들의 관심을 끄는 이유는 무엇일까를 묻는다면, 일본인의 문화와 체질을 조금이라도 아는 사람은 동의하겠지만, 일본인은 일반인이든 학계에 몸담고 있는 사람이든, 본래 남의 생각에 직접적으로 비판적인 말을 잘 하지 않는다. 그런 일본의 학계에서 거의 예외라고 볼 정도의 비판운동이 일어나서 일본 불교계는 물론이고 세계불교계의 주목을 끌었다는 사실 자체가 우리의 관심을 끌기에 충분하다. 설사 자기 의견이 다른 사람과 달라도, 상대방의 반감을 사지 않도록 에둘러 부드럽게 표현하는 것이 일본인의 통상적인 예의다. 어떤 부탁을 받아도, 단도직입적으로 안 된다고 거절하는 법이 없고, "생각해 보겠다"고 한다. 그런 답을 들으면, 그가 거절했다고 생각하면 된다.

토론과 비판을 업으로 해야 할 일본의 학계도 예외가 아니다. 일본 학생들을 가르쳐 본 경험이 있는 외국인들이 이구동성으로 하는 말은 학생들이 수업 중에 통 질문을 안 해서 수업도 답답하고 강의도 진행하기가 어렵다는 것이다. 그렇다고 일본의 학계나 학생들의 수준이 다른 나라보다 뒤떨어진다는 말은 아니다. 다만 그런 것이 그들의 문화적

습성이고 사회적 관행이다. 일본인들이 제일 싫어하는 것은 남에게 불편을 끼치는 일이라고 많이 들었는데, 질문을 하지 않는 것도 행여 자기가 하는 질문이 자칫 다른 학생들에게 누가 되지 않을까 염려 때문일 것이라는 말도 들었다.

그런 일본학계에서 일본의 오래된 불교의 전통사상을 대놓고 비판하는 운동이 벌어졌으니 놀랄 일이 아닐 수 없다. 그것도, 비판불교 운동을 주도한 두 학자가 고마자와대학(駒澤大学)이라는 일본 불교의 가장 큰 종단 가운데 하나인 조동종(曹洞宗)이 세운 종립대학의 불교학 교수라니 놀라움은 한층 더할 수밖에 없다. 왜냐하면 비판불교는 선불교의 사상적, 철학적 배경이 되는 불성사상이나 여래장사상이 부처님의 정신을 배반한 것이라고 정면에서 비판하기 때문이다. 말하자면 고마자와대학의 두 불교학 교수는 자기 무덤을 판 셈이다. 그러고도 그들이 무사한 것은 필시 두 가지 원인이 있을 것이다. 일본에서 학문의 자유에 대한 존중이 우리 학계보다 훨씬 높든지, 아니면 그 두 교수의 실력이 출중하고 해외 불교계의 주목을 많이 받았던 덕도 있었던지, 둘 중의 하나일 것 같다. 사실 나는 비판불교 운동의 주도자 두 학자 가운데 마츠모토 교수의 실력에 대해서는 대단히 높이 평가하고 있다는 사실을 이 기회를 빌려 밝히고 싶다.

여하튼 만약 일본의 비판불교가 몰고 온 센세이션과 같은 일이 우리나라에서 벌어졌다면, 아마도 일본의 경우보다 훨씬 더 매스컴을 타고 시끌벅적했을 것이라는 생각이 든다. 하지만 워낙 국제학계의 뉴스에 둔감했던 탓인지, 나는 비판불교 운동이 한창 진행되던 1980년대에 우리나라 대학에서 불교학을 가르치는 교수 생활을 했음에도 불구하고 비판불교에 대해 별로 들어본 적이 없다. 오히려 그때는 우리 사회와 대학의 관심이 온통 나라의 민주화에 있었다는 것도 그 이유 가운데 하나일지 모른다. 사실, 나는 당시 우리나라 불교계에서 일고 있던 민중불교 운동에 관심이 많았고, 거기에 대한 논문도 몇 편 쓴 일도 있다. 내가 아는 한, 비판불교 운동이 일본 내에서 논쟁이 되었지만, 이렇다 할만한 대중적 관심을 끌지는 못했다. 특히 불교학을 공부하는 학자들 사이에서는 더욱 그러하다. 적어도 세계 불교학계에서 받은 주목은 일본에서는 끌지 못했고, 논란의 대상이 될 만큼 관심의 대상이 되지 못한 것 같다. 그럼에도 우리가 되늦게나마 비판불교에 대해 관심을 갖고 연구하게 된 데에는 그럴만한 이유가 있다. 자세한 것은 이 연구서 제1장과 마지막 제7장을 참고하면 좋겠지만, 여기서는 간략히 다음 몇 가지 사항만을 지적한다.

첫째, 불교는 그리스도교에 비해 도덕적 비판의식이 약하다는 비판을 항시 받아 왔는데, 비판불교 운동은 이러한 생각에 정면으로 반하는 듯 보인다는 사실이 우선 우리의 주목을 끈다.

둘째, 위안부 문제를 통해서도 한국인들이 느끼기는, 일본인의 도덕의식이나 죄의식이 많이 부족하다는 지적을 한국 사람들이 종종 하지만, 비판불교 운동을 촉발한 계기가 일본 내에 부락민에 대한 사회적 차별 문제가 발단이 되었다는 사실이 무척 흥미롭다. 이것이 계기가 되어, 비판불교가 불교사상, 특히 동아시아 불교사상을 면밀히 검토하는 과정이 우리의 주목을 끈다. 과연 대승불교사상은 비판불교가 주장하는 대로, 무아론과 연기론을 중심으로 하는 부처님의 본래 가르침을 배반했는가 하는 중차대한 문제가 논란의 핵심이다. 과연 대승불교의 불성사상 등이 무비판적이고 무책임한 현세/현실 긍정의 세계관을 낳았는가? 문제의 핵심은 대승불교사상의 근본인 공사상을 우리가 어떻게 보는가와 관련되어 있다. 공이 어떤 불변하는 형이상학적 실재가 아니라 단지 사물의 실상(諸法實相)이라면, 제법실상과 형이상학적 실재(reality) 내지 실체와 다른가 하는 본질적인 문제가 제기된다. 만약 다르다면 불교는 정말 무신론적 종교인가 하는 중대한 문제가 여기에 걸려 있다 해도 과언이 아니다.

이 문제는 마츠모토가 불교를 어떻게 보는가 하는 문제와 직결된다. 대승불교는 과연 제법실상으로서의 순수한 공사상을 배반하고 힌두교의 기체론적 사고, 즉 범아일여(梵我一如)를 말하는 힌두교적 사고의 영향을 받아 붓다 자신의 비판적이고 무신론적인 사상을 변질시켰는가 하는 문제다.

셋째, 만약 선불교나 천대/화엄 사상의 본각사상을 중심으로 하는 동아시아 불교 전통에 대한 비판불교의 비판이 타당하다면, 우리는 이것이 우리나라 불교사상과 전통에 대한 평가에도 적지 않은 의미를 지닌다는 사실이다.

넷째, 사실 대승불교의 전통 거의 전체를 붓다의 가르침에 반한다고 보는 비판불교의 '근본주의'적이고 축소적인 불교 이해는 일찍이 대승비불론(大乘非佛論)을 주장했던 일본의 불교학자들이 있었다는 사실을 감안할 때, 그 연장선상에 있다고 볼 수도 있다. 하여튼, 이른바 소승불교만이 참다운 불교이고, 대승불교는 왜곡된 불교이며 붓다의 교설이 아니라는 인상은 불교를 공부하는 사람들 가운데는 비교적 널리 퍼진 견해일지도 모르지만, 필자는 개인적으로 이러한 편협한 불교관에 동의할 수 없다. 그럼에도 이 근본적 문제에 대한 논의는 한국 불교계에도 매우 필요하다고 생각한다.

본 연구는 길희성, 류제동, 정경일 3인의 수차에 걸친 연구 발표와 토론을 거친 공동연구의 산물이다. 길희성이 연구 전체에 대한 서론 격인 제1장과 연구 결과 전반에 대한 논의인 제7장을 담당했다. 다음 두 장은 류제동 박사가 본 연구의 실제상 몸통 격인 비판불교의 대승불교사상에 대한 비판을 분석하고 논하는 일을 담당했다. '몸통'이라고 한 것은 일본 사회나 문화에 대한 비판적 시각 자체는 그다지 새로운 것이 아닐지도 모르지만, 비판불교가 일본 사회와 종교문화를 보는 시각이 불교적 시각이라는 점에서 특이하다. 불교가 일본 사회와 문화에 어떠한 영향을 주었는지에 대해 비판불교학자들이 주는 통찰이 중요한 점이 여기에 있다. 따라서 비판불교의 대승불교사상 전반에 대한 비판의 타당성 여하에 따라 일본 사회와 문화를 보는 우리의 시각도 많은 양향을 받을 가능성이 있다. 대승불교는 과연 일본 사회와 문화에 실제로 어떤 영향을 얼마나 끼쳤을까?

마지막으로, 정경일 박사는 비판불교가 어떻게 이른바 일본 '경도학파'의 철학과 사회/종교문화를 보는 일본인들의 시각과 담론을 비판하는가 하는 문제를 다루는 나머지 두 장을 담당했다. 아무쪼록 이 연구가 일본 불교와 사회문화의 이해는 물론이고, 한국 불교와 세계불교계의 동향을 이해하는데도 도움이 되기를 바란다.

이 연구는 본래 대한민국학술원의 지원을 받아 수행되었고, 한정판을 비매품으로 출판했던 것인데, 이제 목차를 바꾸는 등 약간의 수정을 거쳐 도서출판 동연 김영호 사장의 권유에 따라 일반 독자들 앞에 내놓게 되었다.

2020년 7월

강화도 심도학사에서 길희성

차례

머리글

일본 사회, 종교문화 그리고 비판불교

길희성

일본인의 특징 가운데 하나는 종교적 정체성이 뚜렷하지 않다는 데 있다. 우리는 이 같은 사실을 일본인을 만나서 당신의 종교가 무엇이냐고 물어보면 잘 알 수 있다. 일본에도 물론 주류 종교라 불릴만한 불교계의 조동종(曹洞宗), 정토종(淨土宗)과 정토진종(淨土眞宗), 일련정종(日蓮正宗)이 있고, 이들 보다 훨씬 더 오래되고 그 모태와도 같은 천태종(天台宗)과 진언종(眞言宗)도 있다. 그리고 소수이기는 하지만 신자들의 정체성이 비교적 뚜렷한 그리스도교(가톨릭과 개신교)도 있고, 가장 오래된 일본의 토착 종교인 신도(神道)도 있다. 또 제법 큰 교세를 자랑하는 여러 불교계 신흥 종교들, 가령 창가학회(創價學會)나 입정교성회(立正校成會) 같은 종파들도 있다. 하지만 이들 종교 가운데 어느 것도 일본의 사회 변동과 일본인의 정체성에 결정적인 영향을 미칠 정도의 독자적 힘과 존재감을 보이는 종교는 내가 아는 한은 하나도 없다. 종단이 크다 작다, 신도수가 많다 적다가 문제가 아니라, 사회의 지배적 가치를 흔들어놓을 만한 역량과 도전정신이 있느냐 없느냐가 문제이며, 이런 면에서 일본의 종교들은 역동성이 결여된 채 모두가 체제 순응적이라는 인상을 준다.

혹자는 일본의 그리스도교가 예외가 아닌가 하고 반론을 제기할지 모르지만, 일본 그리스도교는 가톨릭, 개신교 합해야 불과 인구의 5퍼센트에도 못 미칠 정도로 미약하기 짝이 없고, 그렇다고 소수 종교, 소수 집단 특유의 강한 도전정신이 있는 것도 아니다. 한때는 그런 것이 있었는지 모르지만, 현재는 그런 모습은 거의 찾아보기 어렵다.

이러한 사실은 무엇을 말해주고 있는가? 한마디로 말해서 일본에서는 종교가 사회 변동의 독자적 변수가 되지 못한다는 사실이다. 이를 다른 말로 하면, 일본인에게는 종교적 정체성보다는 '일본인'으로서의 정체성이 훨씬 더 강하고 지배적이라는 말이 된다. 아니, 일본인에게는 일본인이라는 것 자체가 곧 그들의 종교라 해도 무방할 정도다. 오죽하면 이 책에서 우리가 연구할 비판불교 운동을 주도하고 있는 사람이 일본인들은 자기들이 의식하든 의식하지 못하든 모두 '일본교'(日本教) 신자라고 부르겠는가.[1] 다시 말하지만, 일본인이 따르는 종교가 별도로 없다는 말이 아니다. 오히려 차고 넘친다. 하지만 일본의 많은 종교 가운데 어느 하나도 일본인 일반이 공유하고 있는 삶의 방식과 사고방식—세계관과 인생관과 가치관—과 뚜렷하게 차별화될 정도로 신도들의 삶에 영향력을 행사하는 종교는 없다. 이것을 다른 말로 하면, 일본에서는 종교와 문화가 너무나 밀착되어서 일본의 종교들은 극히

1 하카마야 노리아키(袴谷憲昭), 『批判佛教』(東京: 大藏出版, 1990), 118, 120, 123.

일부를 제외하고는 문화적 종교(cultural religion)이고, 일본 문화 자체가 종교적 문화라는 말이 된다. 문화적 종교에서는 종교가 문화 속에서 독자적 변수로 작용하지 못하고 완전히 문화와 동질화되고 그 속에 함몰되기 때문에, 문화 일반의 가치에 종속되거나 그 가치를 성화(sanctify)하고 정당화하는 경향이 강하다. 따라서 문화에 대한 비판적 기능을 수행하기가 어렵게 된다.

이러한 관점에서 볼 때, 이 책에서 다루고자 하는 일본 불교계에 일어난 비판불교 운동은 매우 의미 있는 변화로서 우리의 주목을 끌기에 충분하다. 비록 비판불교가 1990년대 말에 시작해서 당시 일본 불교계와 세계 불교계의 주목을 끌다가 최근 2010~20년 사이에는 열기가 식은 듯하지만, 그 정신과 의의는 여전히 중대하다. 비판불교가 출발한 당시에도 일본의 사회와 문화계를 뒤흔들만한 영향력이 큰 것은 아니었다. 그러기에는 사실상 불과 두 명의 학자에 의해 주도되었고, 그나마도 일본 불교학계의 적극적인 호응도 받지 못했던 터라, 이래저래 비판불교 운동은 처음부터 대중성을 확보하지는 못했다. 아마도 비판불교 운동과 비슷한 시기에 우리나라 조계종 내에서 일부 불자들이 주도한 민중불교 운동의 영향력만큼도 못했다고 보아도 틀리지 않을 것 같다.

하지만 비판불교가 지니고 있는 정신과 문제의식은 그 미약한 사회적 영향력으로는 가늠할 수 없을 정도로 큰 의미를 지니고 있다. 바로 이 점이 우리가 늦게나마 한국 불교계 내지 학계에서 새삼 비판불교를 문제 삼아야 하는 이유다. 적어도 비판불교가 제기하고 있는 문제들은 일본이라는 한 나라에 국한될 수 없는, 아니 불교계에만 국한될 수 없을 정도로, 한국 불교계는 물론이고 한국 사회 문화 그리고 더 나아가서 전 세계적인 관심의 대상이 되기에 충분하다. 특히 우리나라에서는 비록 미약하지만 일본과 미국 등 전 세계적으로는 활발히 진행되고 있는 불교와 그리스도교 사이의 대화 운동을 감안할 때, 더욱 그렇다. 왜냐하면 이 대화는 인류 역사상 미증유의 사건이며 그 문명사적 의미가 심대할 뿐 아니라, 두 종교에서 논의되는 가장 중요한 주제 가운데 하나가 불교의 사회윤리에 초점이 맞추어지는 경향이 강하기 때문이다. 그리스도교 측 대화 참가자들이 거의 빠짐없이 불교를 향해 제기하는 문제는 불교의 윤리의식 문제이다. 이런 사실을 감안할 때, 불교 측에서 불교 자체 그리고 보수성이 강한 일본 사회와 문화 전체를 향해 강한 윤리적 비판의식을 지닌 운동이 시작되었다는 사실은 세계 불교계의 이목을 끌기에 충분하고, 한국 불교계와 종교문화 그리고 한국 사회에 대해 시사하는 바가 적지 않다. 비록 현재는 비판불교를 둘러싼 세계 학계의 논의도 소강상태로 들어간 듯하지만, 비판불교가 제기하는 핵심 문제들은 여전히 가벼이 여길 성질의 것이 아니다. 뒤늦은 감이 있기는 하지만 본 연구가 비판불교를 통해 제기되는 문제들이 다시 한 번 새롭게 조명되고 논의가 활성화되는 계기가 되었으면 좋겠다. 특히 한국 불교계나 학계에서 본격적인 검토와 평가를 받지 못했다는 사실을 감안할 때 더욱 연구의 필요성이 크다.[2]

다시 서두에 제기한 일본 사회와 종교계 일반의 문제로 되돌아가보자. 비판불교가 우리의 주목을 끄는 이유는 우선 그것이 불교 내부로부터 생긴 불교 비판이라는 점 그리고 더 나아가서 불교 비판에

---

2 비판불교가 한국 불교계에 본격적인 주목을 끌고 논의 된 것은 본 연구를 제외하고 단 한 번 있었다. 고려대장경연구소 편, 『비판불교의 파라독스』(고려대장경연구소 출판부, 2000) 참조.

그치지 않고 일본 사회와 문화 전반에 걸쳐 총체적 비판을 가하고 있다는 점이다. 한 걸음 더 나아가서, 비판불교의 불교 비판이 타당하다면, 그 타당성은 당연히 중국 불교와 한국 불교, 즉 동아시아 대승불교 전반에까지도 어느 정도의 타당성을 지닐 수 있다는 점에서 그 의의가 심대하다. 비판불교가 제기하는 문제는 비단 불교나 혹은 더 좁게 일본 불교에 국한되지 않고, 일본 불교와 밀접하게 연계된, 아니 혼연일체가 되다시피 한 일본 문화 전체, 특히 그러한 문화를 무비판적으로 정당화하고 찬양하는 대중적 일본 문화론에까지 미친다. 무엇보다도 비판불교는 불교가 일본 사회의 부조리한 현상을 비판하고 고발하기는커녕 오히려 정당화하고 비판의식을 잠재우는 데 기여했다고 고발한다. 더 나아가서 일본 주류 사회의 정치 이데올로기와 현대 일본 철학을 대표하다시피 하는 것으로 알려진 이른바 교토(京都)학파의 사상까지도 비판불교는 싸잡아 비판한다. 심지어 일본인들이 신성시하다시피 하는 천황제도 비판 대상에서 제외되지 않는다는 점에서 우리의 놀라움을 자아내며, 보수성이 짙은 일본 학계와 불교계에서 비판불교 운동이 보이고 있는 용기 있는 도전은 실로 경탄할 만하다.

우선 주목할만한 점은 비판불교가 이렇게 광범위하고 포괄적인 비판을 행하고 있는 배후에는 무엇보다도 그 비판의 칼날이 불교사상 자체로 향하고 있다는 사실이다. 바로 이러한 사실이 불교계와 불교학자들 그리고 일본 불교와 종교를 연구하는 세계 학계로 하여금 비판불교에 주목하게 만드는 가장 중요한 요인이다. 비판불교는 무엇보다도 불교 내부로부터 제기되는 불교 비판이며, 이러한 불교사상 비판을 바탕으로 해서 일본 사회와 문화 일반에 대해 비판을 가하고 있는 것이다. 그러면 이러한 비판불교의 불교 비판은 도대체 어디서 오는가? 비판불교의 불교 내적 비판 정신은 어디에 기인하는가 하는 의문이 제기된다. 간단히 말해서 그것은 비판불교가 붓다의 근본 사상으로 간주하고 있는 것에 기초하고 있다. 거기에 입각해서 비판불교는 그 후에 전개된, 좀 더 정확히 말해, 인도 대승불교 중기 이후로부터 전개된 유식사상(唯識思想), 특히 여래장(如來藏)사상과 불성(佛性)사상 그리고 논란의 여지는 있지만 중국 찬술로 간주되는 『대승기신론』(大乘起信論) 이후에 전개된 본각(本覺)사상 그리고 이에 근거한 천태(天台) 본각사상과 선(禪)불교사상 등 중국 불교사상의 근간을 이루고 있는 사상들을 통틀어 날카로운 비판의 칼날을 들이대고 있다. 사실상 비판불교의 비판은 대승불교사상 전체를 겨냥하고 있다 해도 과언이 아닐 정도이다. 그리고 일본 불교사상이라고 특별히 지칭할 말한 내용은 별로 없다. 다만 위에 언급한 대승불교사상이 지닌 사회적 함의가 일본 사회와 문화에 끼친 부정적 결과에 비판불교는 주목하고 있다.

더욱 놀라운 사실은 이러한 비판불교를 주도하는 두 학자가 바로 일본 선불교에서 가장 추앙받는 인물 가운데 하나인 도겐(道元, 1200~1253) 선사에 의해 창시된 조동종(曹洞宗)의 종립대학 고마자와(駒澤)대학의 불교학부에 소속된 두 뛰어난 불교학자, 하카마야 노리아키(袴谷憲昭)와 마츠모토 시로(松本史郎)에 의해 주도되어왔다는 사실이다. 불성사상과 더불어 선불교에 가차 없는 비판의 칼날을 들이대는 이 두 학자는 말하자면 자기 발등을 찍고 있다 해도 좋을 정도다. 하카마야와 마츠모토는 도겐 자신도 초기에는 불성사상의 신봉자였다고 주장하면서 그의 75권본 『정법안장』(正法眼藏)과 그의 만년의 저작인 12권본 『정법안장』을 차별화한다. 그들에 따르면 전자에 나타난 도겐의 사상은 여전히 선불교와 전통적인 불성사상의 영향 아래 있기에 당연히 비판의 대상이 되지만, 후자는 인과에 대한 깊은 믿음(深信因果)을 설하고 있으며, 이것이야말로 도겐의 참 사상이고 입장이라고 주장한다.[3]

이 두 학자가 일본의 불교사상, 아니 동아시아의 전통적 불교사상의 근간을 비판하는 운동을 전개하는 데는 일종의 불교 '근본주의'(fundamentalism) 같은 것이 깔려 있다. 그들에 따르면 불교의 핵심은 어디까지나 붓다 자신의 가르침이며, 그 핵심은 연기설(緣起說)과 무아설(無我說)에 있다고 본다. 마츠모토는 특히 인도 대승불교 중기 이후에 전개된 여래장사상이나 불성사상은 바로 이러한 붓다의 근본 사상을 왜곡하고 배반했다고 본다. 심지어 유식(唯識)사상에서도 마츠모토는 그러한 단초를 발견한다. 그는 인도와 티베트 불교의 공사상 내지 반야사상 정도만 비판불교의 비판 대상에서 제외할 정도다. 반면에 중국불교의 반야사상을 대표하는 길장(吉藏)은 순수한 반야사상가가 아니라 불성사상과 타협 혹은 절충한 사상가라는 점을 의심의 여지없이 보여주고 있다.

비판불교는 『대승기신론』(大乘起信論)의 본각(本覺)사상이나 천태(天台)종의 본각사상 그리고 선불교사상 등이 모두 붓다의 무아설을 배반하고 힌두교의 『우파니샤드』(*Upanishad*)가 말하는 인간의 영원불변한 자아인 아트만(Ātman)사상 그리고 이 자아가 곧 우주만물의 근원적 실재인 브라흐만(Brahman) 자체와 동일하다는 범아일여(梵我一如)사상을 재도입함으로써 붓다의 가르침과 비판정신을 배반했다

---

3 하지만 두 학자 사이에 도겐의 최종 입장에 대한 견해에 차이가 있다. 마츠모토는 하카마야와 달리 12본권 『정법안장』까지도 포함해서 도겐의 사상이 말년까지도 불성사상의 영향에서 완전히 자유롭지 않다고 본다.

고 본다. 간단히 말해, 비판불교는 후대의 불교가 붓다 자신이 거부하고 해체해버린 아트만 개념과 일원론적인 형이상학적 실재를 불교 내로 재도입했다는 것이다. 특히 붓다의 연기 사상과 무아 사상을 일원론적 형이상학(monistic metaphysics)으로 변질시켜버렸다는 비판이며, 하카마야는 이런 일원론적 형이상학을 주로 본각(本覺)사상, 마츠모토는 기체설(基體說, dhātu-vāda)이라고 명명한다. 하카마야는 또 '장소철학' 이라는 특이한 개념도 자주 사용한다. 폴 그리피스(Paul Griffiths)는 장소철학을 다음과 같이 설명한다.

> 장소론자에 있어서 진리는 발굴되고 발견되거나 드러나는 것이다. 진리는 언제나 이미 현존하며, 이는 주체에 앞서는 것이며 그로부터 독립해 있고, 우주의 구조 내에 영원히 불변하는 모습으로 각인되어 있다.[4]

다소 추상적인 언어로 설명되는 장소철학의 개념이 그다지 명확하지는 않지만, 비판불교가 사용하는 장소철학의 의미는 이해하기 어렵지 않다. 장소철학의 '장소적' 사고란 인간이 자기가 태어난 친숙한 '장소' 즉 토착적 환경—그것이 고향이든 마을이든 혹은 한 국가이든—에 대한 애착을 버리지 못하고 그것을 중심으로 해서 세계와 인생을 이해하는 방식을 가리킨다. 자기애를 부정하고 생사의 세계 자체를 초월하려는 불교는 본질적으로 이러한 토착적 사고에 반한다는 것이

4 폴 그리피스, "비판의 한계," 제이미 허바드 · 폴 스완슨/류제동 역, 『보리수 가지치기: 비판불교를 둘러싼 폭풍』 (서울: 씨아이알, 2015), 223. Jamie Hubbard and Paul Swanson, eds. *Pruning the Bodhi Tree: The Storm over Critical Buddhism* (Hawai'i: University of Hawai'i Press, 1977).

다. 마츠모토(松本) 교수가 비판하는 '기체'나 하카마야가 비판하는 '본각'은 그런 장소적 사고에 근거하여 붓다의 근본적 교설을 왜곡시켰다는 것이 비판불교의 입장이다. 우리가 앞으로 보겠지만, 무아설과 연기설을 불교의 핵심으로 간주하는 마츠모토가 따라서 연기설에 대한 화엄적 이해를 '공간적' 이해라고 비판하면서 철저한 시간적 이해를 강조하는 이유도 여기에 있다.

본각(本覺)은 동아시아 불교의 교과서와도 같은 『대승기신론』에서 시각(始覺)과 대비되는 개념으로서, 인간은 누구나 본래부터 부처님의 깨달음의 성품을 가지고 있다는 사상이다. 시각은 바로 이러한 사실을 자각하는 깨달음의 시초를 가리키는 말이다. 본각사상은 일본 천태종의 개조인 사이쵸(最澄, 767~822)에 의해 중국으로부터 일본에 전래된 이래 선불교 등 여타 일본 불교사상에 큰 영향을 끼쳤다. 불성과 별반 다르지 않은 개념이다.

반면에 '기체설'—범어 dhātu-vāda라고 마츠모토는 부르지만—은 마츠모토 자신이 만들어낸 다소 생소한 신조어다. '기체'(基體)란 일체의 법(法), 즉 모든 현상의 배후 혹은 근저에 일원적인 궁극적 실재, 다시 말해 다양한 현상계를 하나로 통일하는 형이상학적 실재가 있다는 사상을 가리킨다. 힌두교의 아트만/브라흐만 개념이 대표적이고, 마츠모토에 따르면 여래장이나 불성은 곧 대승불교로 들어온 힌두교의 아트만 사상과 다름없다. 비판불교에 의하면 연기설과 무아설을 중심으로 하는 붓다 자신의 가르침은 바로 이러한 만물의 기저에 깔려 있는 궁극적 실재를 부정했지만, 후대 대승불교와 중국 불교는 여래장이나 불성, 본각 개념 등을 발전시키면서 붓다의 무아설을 배반하고 『우파니샤드』의 일원론적인 형이상학적 사고를 불교에 도입함으로 붓다의 교설을 변질시켰다고 비판한다. 그리고 바로 그러한 사상에 기초하고 있는 일본 불교로 하여금 현실, 즉 현상계에 대한 비판 정신을 상실하게 만들었을 뿐 아니라. 종교적/사회적 차별까지도 호도하고 정당화하게 만들었다는 것이 비판불교의 주장이다.

그렇다면 『우파니샤드』의 중심 사상을 비롯하여 거기에 영향을 받은 인도 대승불교의 중기 이후 사상과 '기체설'로 변질된 불교사상을 더욱 정교하게 다듬고 발전시킨 중국 불교사상 그리고 이것을 고스란히 수용하다시피한 일본 불교의 사상과 교리가 구체적으로 무엇이 어떻게 잘못되었다는 말인가 하는 것이 당연히 논의의 초점이 될 수밖에 없다. 어떻게 기체설로 변질된 대승불교사상이 일본 불교로 하여금 사회윤리적 비판정신을 상실하게 만들었다는 말인가? 우리는 이러한 주장을 이해하기 위해서 먼저 일원론적 형이상학—그것을 기체설이라 부르든 본각사상이라 부르든 혹은 힌두교 베단타 사상의 아트만/브라흐만론이든—이 도대체 무엇인지에 대한 이해가 필요하다.

서구 사상사에서 일원론적 형이상학을 대표하는 철학은 서력 기원후 3세기에 플로티누스(Plotinus, 205~270)가 플라톤 철학과 아리스토텔레스 철학을 종합하여 수립한 신플라톤주의(Neo-Platonism)로서, 그리스도교를 비롯해서 서구 철학과 신학, 유대교와 이슬람에까지 폭넓게 영향을 끼친 철학이다. 플로티누스에 따르면, 다양한 사물과 천차만별의 현상들로 구성된 우주만물의 배후 또는 근저에는 이 현상계를 하나의 궁극적인 원리로 통일하는 실재인 일자(一者, to hen)가 깔려 있다. 신플라톤주의는 이 궁극적 실재와 현상세계, 즉 본체계(noumenon)와 현상계(phenomena) 혹은 일(一)과 다(多)의 관계를 유출(流出, emanation)로 본다. 곧 우주만물이 모두 일자로부터 마치 태양에서 무수한 햇살이 발하듯 흘러나왔다는 이론이다. 따라서 우주만물은 하나의 공통적 근원 내지 뿌리에 기반을 두고 있다. 이러한 유출론은 그리스도교 신학에서 신이 세계를 창조했다는 창조론(創造論, Creationism)과 공존하면서 성 아우구스티누스나 토마스 아퀴나스 등 그리스도교 사상에 지대한 영향을 주었고, 유대교나 이슬람 신비주의 사상에도 큰 영향을 끼쳤다.

그렇다면 비판불교가 이러한 일원론적 형이상학에 그토록 비판적인 이유는 무엇일까? 일원론적 형이상학에 따르면 다양한 사물과 천차만별의 현상으로 구성된 현상계(現象界)의 배후에는 이 모든 현상을 통일하는 단 하나의 공통적이고 궁극적인 실재가 깔려 있으며, 현상계는 이 본체계(本體界)의 현현(manifestation)으로 간주된다. 따라서 일원론적 형이상학에서는 신과 세계, 절대와 상대, 영원과 시간, 하나(一者, One)와 여럿(多, Many) 사이에는 양자의 존재론적 위상의 차이에도 불구하고 존재론적 연속성이 존재한다. 현상계의 모든 구체적 사물이 시간의 지배 아래 변화하고 무상하지만 그리고 『우파니샤드』 사상을 체계화한 베단타철학의 일파인 불이론적 베단타(Advaita Vedānta)사상이 주장하는 바와 같이, 현상계는 인간의 무지(avidyā)가 만들어낸 환상(māyā)에 지나지 않다고 해도, 실은 일자의 다양한 현현이기 때문에 모든 현상이 절대적 실재에 참여하고 있는 성스러운 존재들이다. 창조주와 피조물을 확연히 구별하면서 신의 초월성(transcendence)을 강조하는 창조론에 비해, 일원론적 형이상학의 세계관은 만물을 신에서 흘러나온 신의 유출 내지 현현으로 간주하기 때문에 신의 내재성(immanence)이 강조된다. 더 나아가서 우주만물이 존재의 근원이고 토대인 신의 현현이자 변형인 한, 만물은 모두 신의 존재와 신성성에 참여하는 성스러운 존재들이다. 궁극적 실재가 만물 안에 내재하고 만물은 실재의 다양한 현현 혹은 얼굴로 간주되기 때문이다.

불성 개념을 힌두교 아트만 개념의 불교적 변형으로 간주하면서 비판하고 있는 마츠모토는 불성과 사물의 관계를 불성내재론(佛性內在論)과 불성현재론(佛性顯在論)으로 구별한다. 전자는 불성이 만물에 내재한다는 이론이고, 후자는 보다 적극적으로 불성이 만물에 드러나 현존하고 있다고 보는 입장이다. 그러나 사실 이 둘이 반드시 명확하게 구별되는 것은 아니다. 왜냐하면 불성이 바로 만물에 내재하기 때문에 만물이 불성의 드러남이라고 말할 수 있기 때문이다. 바로 이러한 이유로 천태 사상에서는 인간뿐 아니라 산천초목(山川草木)이 모두 성불한다고 말한다. 모든 사물이 불성을 품고 있기 때문에 귀하고 아름다우며, 불성의 현현이기 때문에 신비롭고 성스럽다는 것이다. 그러나 비판불교는 바로 이러한 일원론적 형이상학의 존재론이 사물들 사이에 엄연히 존재하는 차이를 그대로 인정하기보다는 하나의 궁극적 실재 내지 원리로 환원시키고 해소해버리기 때문에 오히려 차별의 실상을 무시하게 만든다는 것이다. 결과적으로 사물 간의 차이를 따질 수밖에 없는 비판적 사고를 잠재우고 말살하는 결과를 초래한다고 비판한다. 다시 말해서 일원론적 형이상학은 다(多)의 현상계, 즉 현실을 무시하는 사상이 될 수밖에 없다는 것이다. 한 걸음 더 나아가서 일원론적 사고는 차별적 현상 내지 현실을 부정하고 호도할 뿐 아니라, 차별적 현실 자체를 절대적 실재의 현현(顯現) 내지 현재(懸在)로 절대화하고 신성화하는 경향이 강하다는 비판도 받는다. 이래저래 비판불교에서는 인도의 전통 사상인 『우파니샤드』의 형이상학 그리고 이런 일원론적 형이상학을 재도입한 후대 대승불교사상들—여래장, 불성, 본각, 천태, 화엄, 선불교 등—이 모두 사물과 사물, 현상과 현상 사이의 차이를 도외시함으로써 비판적 사고를 잠재우고 말살할 뿐 아니라 현실 세계를 무비판적으로 신성화하고 절대화하는 잘못을 범했다고 보며, 붓다의 연기설과 무아설에 정면으로 배치되는 사상이라고 비판한다.

비판불교는 불성사상을 위시하여 전통적인 동아시아 불교사상을 폭넓게 비판하고 배격하는 선에 머물지 않고, 현대 불교학을 지배하고 있는 학문의 객관성과 가치중립성의 이념 자체를 배격한다. 비판불교론자들은 불교를 단지 학문적이고 객관적인 연구 대상으로만 간주하지 않고, 참된 불교와 그렇지 않은 왜곡된 불교를 엄격히 구별하고 참된 불교를 택하는 실존적 자세로 불교학을 해야 한다고 주장한다. 다양한 불교 현상을 몰가치적으로 연구하는 대신, 뚜렷하고 과감한 자신의 종교적 결단에 따라 참 불교와 거짓 불교를 가리는 입장에서 불교 연구에 종사해야 한다는 것이다. 이제는 불교 연구에 종사하는 학자들도 불교를 단지 가치중립성이라는 근대 학문의 이념에 따라 연구하는 객관적 연구 자세, 불교를 단지 역사적으로 혹은 문헌학적으로 연구하는 자세를 지양하고 참된 불교와 잘못된 불교를 확연히 구별하고 선택하는 입장에 서야 한다고 주장한다. 그리고 이것이야말로 붓다가 당시 우파니샤드적인 형이상학적 실재를 부정한 비판정신에 부합하는 일이라고 본다. 불교학자도 이제는 불자로서의 자신의 정체성을 뚜렷이 해야 한다는 말이다.

하카마야와 마츠모토는 따라서 붓다의 가르침의 핵심인 연기설과 무아설을 참 불교의 준거로 삼는다. 이를 기준으로 하여 인도 대승불교 중기 이후에 성립된 여래장사상이나 불성사상을 대담하게 비판한다. 평범한 일 같아 보이지만 사실은 매우 엄청난 의미를 함축하고 있는 주장이다.

사실 비판불교를 주도한 두 학자는 자신들이 조동종 종립대학의 불교학자라는 사실을 별로 의식하지도 않고 거기에 특별한 의미를 부여하지도 않은 채 불교 연구에 종사해온 사람들이다.[5] 그들은 불교학자로서 자기들 자신의 불교관이나 불자로서의 신앙이라고 부를만한 어떤 것도 내세우지 않고 여느 학자들과 마찬가지로 '대학'이라는 기관에서 불교를 단지 '연구 대상'으로 삼아 연구 활동에 종사하던 '평범한' 학자들이었고, 나름대로 학자로서 명성도 쌓은 사람들이었다. 하카마야는 유식사상, 마츠모토는 여래장사상과 불성사상을 전공하는 학자였다. 하지만 1979년 마치다(町田)사건을[6] 계기로 불교를 대하는 그들의 자세에 획기적인 변화를 경험하게 된다.

마치다사건은 1979년 미국 뉴저지 프린스턴 대학교에서 개최된 제3회 〈세계종교평화회의〉(WCRP)에서 당시 일본 조동종의 사무총장이면서 일본불교연맹의 회장이었던 마치다 무네오(町田宗夫)가 인권위원회에 참석한 일본 대표단에게 보낸 최종 보고서에서 일본 부락민(部落民) 차별에 대한 언급을 삭제하라고 요구한데서 발단했다. 마치다는 또 일본에는 사회적 차별이 존재하지 않는다고 시종일관 주장했다. 이 소식을 접한 부락민(部落民)들은[7] 격분했고, 부락해방동맹(部落解

5 이 두 학자는 나중에 서로 길을 달리하게 된다. 하카마야는 고마자와(駒澤)대학과 조동종을 떠나게 되었으며, 마츠모토는 고마자와대학에 남아서 계속해서 종단의 개혁과 비판불교 운동에 종사하고 있다. 비판불교에 대한 관심은 양자에 공통적이지만, 두 학자의 학문적 스타일에서도 많은 차이가 있다. 마츠모토는 하카마야의 글이 학문적 명료성과 엄밀성에 문제가 있다고 본다. 본 연구를 수행한 3인의 연구자—길희성, 류제동, 정경일—역시 이러한 마츠모토의 평가에 동의한다.

6 이에 대한 더 자세한 논의는 3장, "비판불교의 일본 사회 비판"을 볼 것.

7 일본의 부락민은 인종적 소수자라기보다는 정(淨)/부정(不淨)의 이분법에 따라 차

放同盟)의 회장 마츠이 히사요시(松井久吉)는 조동종에 공식 항의서한을 보냈다. 이를 계기로 조동종 내의 두 양심적 학자가 이 문제에 개입하면서 '비판불교'라는 전대미문의 운동이 일본 불교계에서 일어나서 큰 파장을 일으키게 된 것이다.

특히 이전까지는 별 비판의식 없이 조동종 종립대학에 몸을 담고 불교를 단지 연구대상으로만 삼아 온 하카마야와 마츠모토 두 학자는 이제 현대학문 그리고 그들이 종사하고 있던 불교학이 지닌 사회적, 종교적 의미에 대하여 심각한 실존적 고민을 하게 되었다. 도대체 불교학자로서 학문 활동을 한다는 것이 무엇을 의미하며, 불교라는 종교를 단순히 연구 차원에서 연구한다는 것과 불교에 대한 실존적, 신앙적 헌신이 어떤 관계가 있는지 관심을 갖게 된 것이다. 하나의 불자로서 불교를 순전히 가치중립적 자세에서 단순히 연구 대상으로만 삼는 행위가 과연 정당한 일이고 당연시해도 좋은 일인지 묻는 자성과 고민을 하게 된 것이다. 이 고뇌의 경험을 마츠모토는 후에 다음과 같이 서술하고 있다.

> 불교, 곧 불교적 가르침, 다시 말해서 붓다의 가르침이란 무엇인가? 이러한 질문을 던지는 것, 혹은 이러한 것을 이슈로 제기하는 것이 나에게는 쓸데없다고, 즉 부조리하다고 여겨졌는데, 왜냐하면 그러한 질문은 개관적(objective) 학문의 관점에서는 결코 해결될 수 없다고 여겨졌기 때문이다.

별받는 소수자들로서, 가죽 가공, 도축, 장례, 화장실 청소, 간병 같은 직업에 종사하는 사람들이다. 그들이 부정한 존재로 여겨지고 차별받는 이유는 죽음이나 몸의 배설물과 관련된 일을 맡아하기 때문이다. Joshua Hotaka Roth, "Political and Cultural Perspectives on 'Insider' Minorities," Jennifer Robertson, ed., *A Companion to the Anthropology of Japan* (London: Blackwell Publishing Ltd. 2005), 75.

그러나 불교 내에서 발견된 차별 문제에 맞닥뜨리면서 나의 관점은 바뀌었다.[8]

두 학자는 아예 조동종을 떠나버리면 될 것이 아닌가 하는 고민도 했지만, 불자로서의 '책임의식' 아래 '참다운' 불교의 길을 따르기 위해서 불교 속에 들어온 비불교적 요소들을 몰아내는 개혁의 길을 선택했다.[9] 이러한 규범적 선택은 곧 불교에 대한 객관적 지식을 추구하는 학문적 관심과 태도를 벗어나 참다운 부처의 가르침이라고 믿는 것을 진리의 기준으로 삼는 실존적 결단을 수반했다.

우리가 생각하기에 불자가 된다는 것은 불자들이 저지른 행동에 책임을 지는 것이었고, 불교적이지 않은 가르침들에 반대하면서 붓다의 가르침을 따르는 것이기도 하였다. 이러한 이유 때문에 우리는 불교와 비 불교 사이의 근본적 차이에 관하여 생각하지 않을 수 없었다… 그리하여 나는 이른바 객관적 학자임을 포기하고 주관적 입장을 택하였다. 그렇지 않았다면 나는 불교가 무엇인지 서술할 수도 없었으리라고 생각한다.[10]

두 비판불교학자가 참다운 불교를 붓다의 연기설(緣起說)과 무아설(無我說)이라고 규정하는 규범적 선택을 했다는 것은 불교 연구에서 '가치중립성'을 표방하는 근대 학문의 성격 자체를 포기한다는 것을

8 "Critique of Tathāgathagarbha Thought and Critical Buddhism,"「駒澤大學佛教學部論文集」Vol. 33(2002), 374.
9 마츠모토와 달리 하카마야는 결국 조동종을 떠났고 호넨(法然)의 정토신앙으로 기울었다.
10 Ibid.

뜻했으나, 그들은 이러한 선택을 두려워하지 않았다. 그들은 더 나아가서 이러한 규범적 선택의 자세를 불교사상과 전통에만 적용한 것이 아니라 종교 연구에서 객관적이고 중립적인 자세를 표방하는 종교학, 그들이 보기에 이에 영향을 받았다고 여겨지는 일본 사회의 무분별한 종교혼합주의 그리고 흔히 화(和)의 정신으로 특징지어지는 일본 문화에 대한 지배적 담론에 비판의 칼날을 들이대게 했다.

이러한 일본 불교계 내지 종교계에 대한 비판불교의 비판이 어느 정도 타당성이 있는 것으로 보인다면, 우리는 자연히 그러한 비판의 대상이 되고 있는 일본 종교계와 한국 종교계를 비교해보게 된다. 우선 우리는 한국 사회에서 종교가 차지하는 위상이 일본 사회보다 훨씬 더 높고 강하다는 사실에 주목할 필요가 있다. 선거철만 되면 정치인들이 하나같이 절이나 교회를 찾는 것은 한국 사회에서 종교가 지니고 있는 이러한 영향력을 잘 말해주는 현상 가운데 하나다. 그뿐 아니라 정치인들이나 유명한 사회인사들 가운데는 그리스도교에 대해 편향된 발언을 했다가 불교계의 거센 반발을 초래하여 사과하는 경우도 우리는 종종 목격할 수 있다. 비록 한국 종교계가 정치와 엄격하게 분리되어 비판적 거리를 유지한다고 말할 수는 없어도, 그런 비판적 긴장관계를 유지하는 종교 지도자들이나 단체들이 상당수가 있어서 각종 시민운동 단체들과 함께 한국 사회를 변혁하는 역동적인 힘 가운데 하나로 작용하고 있는 것은 부인하기 어려운 사실이다. 정치와 야합을 하든 정치와 거리를 두면서 긴장관계를 유지하든, 적어도 한국 사회에서 종교의 힘과 존재감은 뚜렷하다고 말할 수 있다.

역사적으로 볼 때, 한국은 일본에 비해 서구 문명과의 접촉이 훨씬 늦게 이루어졌다. 일본도 도쿠가와 막부(德川幕府) 시대에는 조선 시대처럼 외국에 문호를 닫는 쇄국정책을 폈지만, 그래도 막부는 극히 제한적이나마 실리적 차원에서 화란과 교역의 길을 터놓았기 때문에 서양 문물과 접촉할 수 있었다. 그러다가 도쿠가와 막부 시대가 종말을 고하고 명치(明治) 시대가 열리자 본격적으로 문호를 개방하고 서구 문물과 제도, 사상을 수용하면서 신속하고 효율적인 근대화의 길을 걸었다. 하지만 결국 서구 열강과 대결하는 가운데 '탈 아시아,' '대동아공영권' 등의 기치 아래 제국주의 길을 걷다가 제2차 세계대전의 종전과 함께 패망을 경험했다. 그리고 미국의 주도 아래 천황 중심의 전근대 국가에서 급작스럽게 근대 민주국가로 변모했다.

여기서 우리가 반드시 주목해야 할 한 가지 사실이 있다. 비록 일본이 한국보다 훨씬 먼저 민주국가의 형태와 제도를 갖추게 되었지만, 일본의 민주주의는 패전국이자 전범국으로 전락한 나라에 미국의 절대적 영향을 통해 타율적으로 부과되었다는 사실이다. 이와 대조적으로 한국은 6.25전쟁과 민족 분단의 아픔에도 불구하고 군사독재에 저항하는 국민들의 오랜 민주화 투쟁을 통해서 민주주의를 국민들 자신의 손으로 쟁취했다는 자랑스러운 역사를 가지고 있다. 이런 역사적 차이는 과연 어디서 오는 것일까?

한국 정치와 사회의 민주화에 대한 다양한 분석과 평가가 있겠지만, 적어도 종교학적 관점에서 보면 우리는 한 가지 의미 있는 사실에 주목할 필요가 있다. 그것은 곧 한국 사회와 문화가 지닌 역동성으로서, 가톨릭과 개신교 그리스도교가 이에 미친 영향이 매우 크다는 사실이다. 막강한 제도의 힘을 배경으로 가진 가톨릭과 수많은 신자를 가진 개신교 교회의 힘을 배경으로 가지고 있는 기독교계의 영향이 컸던 것이다. 한국 가톨릭은 초기의 박해 시기에는 한국의 근대화나 민주주의의 토양을 배양하는 데 개신교만큼 영향력을 발휘할 수 없었다. 하지만 70~80년대부터는 군부 독재에 비판적 목소리를 낼 수 있을 정도로 한국 사회의 주류 종교로 성장했다. 개신교는 가톨릭이 겪었던 박해와 순교의 돌풍이 지나간 조선조 말기에 개항/개국과 더불어 주로 외국 선교사들을 통해 들어왔기 때문에, 이렇다 할만한 탄압을 받지 않고 한국 사회에 정착할 수 있었다. 한국 개신교는 아시아 여타 나라들에서 찾아보기 어려울 정도로 괄목할 만한 성장을 이어가다가 1970~80년대부터는 이론의 여지없이 우리나라의 주류 종교의 하나로 자리를 잡게 되었다.

한국 사회와 문화에 관심이 많은 국내외 인사들 가운데는 왜 아시아 국가들 가운데 유독 한국에서만 이렇게 그리스도교가 성장할 수 있었는지에 대해 궁금해하는 사람이 많다. 나 자신도 이런 의문을 품고 있을 뿐 아니라 사람들로부터도 유사한 질문을 받기도 한다. 나는 주로 세 가지 이유를 들어 답하곤 한다. 이 세 가지 이유는 앞에서 제기한 근본적인 문제와 직결된다. 즉 어찌해서 일본에서는 종교가 근대 세계에서 하나의 독자적 세력을 형성하지 못하고 사회 변동의 큰 변수로 작용하지 못하는가 하는 문제이다. 특히 일본이 한국보다 훨씬 더 이른 시기부터 서구 문물을 접했고 민주주의 제도를 갖추었음에도 불구하고, 왜 일본 사회에서는 종교가 우리나라에서와 같은 사회적, 문화적 역동성을 보이지 않는가 하는 문제이다.

세 가지 이유 가운데 첫째와 둘째 이유는 소극적인(negative) 이유, 즉 그리스도교라는 종교 자체의 성격에서 오는 요인이 아니라 그리스도교 외적인 한국 사회와 종교계 일반의 역사적 상황에 기인하는 요소들이다. 반면에 세 번째 이유는 개신교 신앙 자체가 한국 사회와 문화의 근대화 과정 속에서 수행한 적극적인(positive) 역할과 활동이다. 개신교가 가지고 있는 장점 내지 긍정적 역할이라고도 말할 수 있다. 첫째 요인은 한국은 중국, 인도, 인도네시아, 스리랑카와 같은 아시아의 여러 나라와 달리 그리스도교 배경을 지닌 서구 제국주의 국가들의 침탈이나 지배가 아니라 일본 제국주의의 통치를 받았다는 사실이다. 이 때문에 한국 그리스도교는 종전과 함께 찾아온 광복과 더불어 '외세 종교'로 지탄을 받거나 청산의 대상이 되지 않았다. 오히려 개신교 교회들은 일제의 탄압에도 불구하고 대중이 모일 수 있는 거의 유일한 거점으로 역할을 할 수 있었고, 3.1운동의 독립선언서에 이름을 올린 33인 가운데 16명이 그리스도교 신자였을 정도로 많은 신자가 독립운동에 주도적 역할을 했다. 여하튼 그리스도교가 한국에서 민족주의와 함께 갈 수 있었다는 사실은 그리스도교가 번성하는 데 중요한 첫째 조건적 요인이 되었다는 것은 부인하기 어렵다.

둘째 소극적 요인은 그리스도교가 유입되었을 당시 한국 종교계의 상황에서 오는데, 무엇보다도 통일신라와 고려시대에 걸쳐 오랫동안 거의 '국가종교'로서의 지위를 누릴 정도로 막강한 힘을 발휘하고 백성들의 삶에 깊이 침투해 있었던 불교가 조선조로 들어오면서 억불정책으로 심한 탄압을 받고 급격히 쇠퇴하게 되었다는 사실이다. 만약 그리스도교가 유입될 당시 불교가 예전처럼 한국 사회와 종교문화를 주도하고 있었다면 과연 개신교가 그토록 급속히 전파될 수 있었을지 의문이다. 다시 말해서 한말의 종교적 공백이 그리스도교로 하여금 새로운 대안 종교로 역할을 할 수 있는 사회적 조건과 종교문화적인 풍토를 제공해주었다는 말이다. 물론 유·불 교체로 시작한 조선조 500년을 통해 유교가 국가종교 내지 지배적 이념으로서 역할을 수행한 것은 사실이지만, 조선왕조의 멸망과 더불어 유교도 급속히 쇠퇴의 길을 걸은 것은 물론이고, 유교는 그 성격상 결코 불교의 공백을 메꿀 정도로 대중적 신앙으로 한국 사회에 착근한 종교는 아니었다. 따라서 불교가 쇠퇴함으로써 남겨진 공백은 자연히 그리스도교라는 당시의 '신종교'가 메꾸게 된 것이다.

조선조 불교 탄압기에 승려들은 도성 출입이 금지될 정도로 도심에서 밀려나 산간에서 명맥을 유지하다시피 했다. 설상가상으로, 일제가 남긴 불교 유산 가운데 하나인 대처승 제도로 인해 1960년대 초에 촉발된 비구-대처승 간의 치열한 교권다툼은 불교계에 또 다시 큰 타격을 가했다. 1970년대로 들어오면서부터 불교는 활발한 도심 포교 활동을 하면서 '도시 불교'로 탈바꿈하기 시작했고, 점차 대중의 종교로 역할을 회복하기 시작했다. 그럼에도 불교의 사회적 영향력으로 볼 때, 불교가 한국 사회와 문화의 변혁을 주도할만한 세력으로 자리 잡았다고 평가하기는 어렵다. 특히 불교가 1970~90년대까지 치열하게 전개된 한국 민주화운동에 기여한 바는 그리스도교만큼 크지 않았다는 것은 부인하기 어려운 사실이다.

그리스도교가 한국에서 주류 종교로 성장하게 된 세 번째 요인은 19세기 말에 전래된 한국 개신교가 약 100년 동안 한국 사회와 문화에 끼친 긍정적인 영향력에서 온다. 우리는 이 영향력을 다음 몇 가지로 요약할 수 있다.

1) 우선, 그리스도교는 성경 번역을 통해서 한글 보급에 크게 기여했다. 종래 한문을 읽지 못하는 교육받지 못한 민중이나 '아녀자'들의 글로서 언문(諺文)으로 폄하되었던 한글을 그리스

도교는 당당히 하느님의 말씀을 담은 권위 있는 경전의 글로 격상시켰을 뿐 아니라, 교육 받지 못한 사람들도 쉽게 읽을 수 있도록 한글을 널리 보급함으로써 새로운 종교적 의식의 지평을 열어주었고 문맹 퇴치에도 지대한 공헌을 했다.

2) 한국의 전통 사회는 위로는 임금, 중간에는 유학을 공부한 선비나 관료층 그리고 아래로 일반 백성과 수많은 노비로 구성된 삼층 구조를 가졌다. 과거에도 물론 불교의 절이 있었고, 출가수행승이나 무교의 무당들이 하나의 사회계층을 형성하기는 했지만, 개신교 교회는 하나의 조직화된 대중적이고 독자적인 세력을 형성하여 한국의 기층 사회를 역동적으로 만들었다. 성직자들과 교직자들을 배출하여 고등교육을 받게 함으로써 훈련 받은 사회 지도층을 형성하게 만들었으며, 평신도들로 하여금 교회 운영에 능동적으로 참여할 수 있는 기회를 제공함으로써 종래의 수동적 '신민'(臣民, subject)에서 근대 민주사회의 '시민'(citizen)으로 바뀌어 가는 데 결정적인 공헌을 했다. 능동적이고 주체적인 인간관을 구축하고 실현하는 데 중대한 역할을 담당한 것이다. 특히 이 과정에 수많은 여성의 참여를 이끌어냄으로써 남녀평등 사상을 고취하고 여성들로 하여금 사회에서 지도적 역할을 수행할 수 있는 능력을 배양했으며, 실제로 교회라는 제도를 통해서 그러한 길을 여는 데 크게 공헌했다.

3) 이와 밀접하게 관련된 사항이지만 개신교는 배재학당, 이화학당 등 사립학교를 설립하여 한국에서 근대식 교육의 효시가 되었고, 연세, 이화 등 대학교육과 근대 학문의 도입과 발전에도 크게 기여했다. 특히 세브란스 같은 의료기관을 설립하여 근대 서양의

학을 도입했다.

4) 그리스도교는 근대식 교육뿐 아니라 잡지 발간, 스포츠, 음악, 미술, 건축 등 다양한 서구 문물을 도입하고 보급하는 데 기여했으며, 여기에는 외국 선교사들의 역할이 매우 컸다. 이러한 현상은 마치 삼국 시대에 불교의 전래와 더불어 대륙의 문자, 학문, 건축, 공예, 한의학 등이 함께 보급된 것과 유사한 현상이다.

5) 또 불교의 전래와 함께 승가라는 새로운 조직과 제도가 도입됨으로써 주로 왕실과 관료조직으로 구성되어 있던 사회에 새로운 조직과 제도가 더해지면서 한국 사회의 분화와 다극화를 초래했듯이, 교회라는 새로운 제도 역시 한국 사회의 역동성을 제고하는 데 크게 기여했다.

하지만 이런 변화들만으로 개신교가 한국 사회와 문화의 발전에 기여한 바를 제대로 이해하기는 부족하다. 특히 1970~80년대 민주화 과정에서 그리스도교 지도자들이나 단체들이 군부독재에 대항하여 목숨을 걸고 벌인 인권과 민주화운동을 제대로 이해하거나 설명하기는 어렵다. 우리는 최근 일본 사회의 우경화를 불안한 눈으로 지켜보면서 근본적인 의문을 제기하게 된다. 왜 일본은 민주국가이고 그것도 '선진국'임을 자처하는 데도 불구하고. 인류의 보편적 가치를 대변하는 이렇다 할만한 정치 세력이 존재하지 않는가? 왜 동경 한복판에서 버젓이 혐한시위가 벌어지고 있는데도 일본 정부와 시민사회는 이렇다할만한 제재는 고사하고 비판의 목소리조차 제대로 내지 못하고 지켜만 보고 있는 것일까? 왜 일본은 독일과 마찬가지로 제2차 세계대전의 전범국이면서도, 과거에 저지른 만행에 대해 진정성 있는 반성과 사과에 그토록 인색한가? 이에 대한 다양한 분석이 있겠지만, 나는 이것이 일본 종교계의 지배적 풍토와 무관하지 않다고 생각한다. 그리고 이 풍토는 일본 사회에서 그리스도교가 점하고 있는 미미한 힘과도 무관하지 않다고 본다.

그렇다면, 도대체 그리스도교의 어떤 면, 어떤 성격이 일본 종교계에 부재 혹은 미약하다는 것이며, 그리스도교의 어떤 면이 그리스도교 신자들로 하여금 한 사회나 문화 속에서 하나의 독자적 정체성을 지닌 세력으로 역할을 하도록 만드는 것일까 하는 의문이 생긴다. 앞서 지적한 세 가지 요인이 그리스도교가 한국 사회의 근대화 과정에서 수행한 긍정적 사회문화적 요인이라면, 이제는 그리스도교 신앙 자체가 가지고 있는 근본적이고 본질적인 성격 자체에서 오는 역할이 문제가 된다.

그리스도교가 지배했던 서구 사회와 달리 동양 사회와 문화에서는 자연과 초자연, 신과 세계, 창조주와 피조물, 교회와 사회 또는 교회와 국가 그리고 더 나아가서 종교와 문화, 성과 속 그리고 사상적으로 이성(reason)과 신앙(faith) 혹은 이성과 계시, 철학과 신학 사이의 경계와 구별이 뚜렷하지 않다. 따라서 이 두 영역 간의 대립과 긴장과 화해의 문제가 서구 사상사에서처럼 큰 주제로 부각되지 않았다. 『그리스도와 문화』라는 리처드 니버(H. Richard Niebuhr)의 명저는 이점을 잘 보여주고 있다. 그는 이 책에서 그리스도교와 문화의 관계를 '문화에 대적하는 그리스도'(Christ against culture), '문화의 그리스도'(Christ of culture), '문화 위의 그리스도'(Christ above culture), '역설적 관계에 있는 그리스도와 문화'(Christ and culture in paradox) 그리고 '문화를 변혁하는 그리스도'(Christ the transformer of culture)라는 다섯 유형으로 구분하는 유형론적 고찰과 역사적 사례를 들면서 그리스도교와 문화의 관계를 고찰하고 있다.[11] 여기서 우리가 무엇보다도 주목해야 할 점은 이 문제가 이미 예수 자신의 활동에서부터 시작되었다는 사실이다. 유대교 지도자들의 눈에는 예수는 처음부터 '유대 문화'(Jewish culture)에 속한 사람이 아니었다. 산상수훈 같은 데 보이는 예수의 가르침은 현실 세계에서 구현되기 어려운 하느님의 나라(Kingdom of God)라는 초월적 세계를 지향하는 사람들이 살아야 할 길을 제시했기 때문에, 삶에서 지켜야 할 구체적 율법(torah) 내지 규율을 중시하는 유대교의 관점에서는 지나치게 추상적이고 이상적이고 비현실적인 것으로 보였다. 하지만 역설적이게도 바로 이 점이 예수가 벌인 하느님 나라 운동과 후세 그리스도교로 하여금 항시 현세적 사회질서나 문화와 긴장 속에서 존재하도록 만든 것이다. 예수 이후의 역사는 그리스도교가 비록 하느님 나라의 초월적 세계와 가치를 망각하기도 하고 세속의 질서와 타협하기도 했지만 결코 그 정신을 완전히 망각하지는 않았다는 사실을 보여준다.

니버의 또 하나의 저서 『철저한 유일신 신앙과 서구문화』도 이와 무관하지 않다.[12] 사실, 문제의 뿌리로 거슬러 올라가 보면, 그리스도교가 이렇게 현실과 체제에 안주하지 않고 항시 도전적 정신을 유지할 수 있었던 것은 막스 베버(Max Weber)가 이른바 '윤리적 유일신 신앙'(ethical monotheism)이라고 부르는 유대교의 근본정신에 기인한다. 유일신 신앙이 서구 사회에 남긴 가장 중요한 유산은 무엇보다도 '우상'을 거부하는 정신에 있다는 것이다. '우상'이란 단순히 다신숭배 문화에서 흔히 보는 돌이나 나무를 깎아 만든 신들의 형상이나 조각상 같은

11 H. Richard Niebuhr, *Christ and Culture* (New York: Harper & Brothers, 1951).

12 H. Richard Niebuhr, *Radical Monotheism and Western Culture* (New York: Harper & Brothers, 1960).

것을 가리키는 말이 아니라, 인간이 만든 모든 제도나 사상, 전통이나 관습 등을 포함하는 뜻을 지닌다. 오직 신만이 절대적 존재라는 유일신 신앙의 정신은 그 어떤 피조물이라도 신의 절대성과 존엄성, 초월성과 권위를 참칭하거나 찬탈할 수 없다는 것이다. 인간이든 자연이든—사실 성서에서는 '자연'이라는 개념 자체가 존재하지 않는다. 그 대신 창조(creation)와 피조물(creature)이라는 말을 사용한다— 그 자체로 성스러운 것은 하나도 없고, 인간이 만든 것이든 혹은 자연적으로 주어진 것이든 무엇이나 절대화되는 순간 곧 우상으로 전락하고 말기 때문에 마땅히 거부되어야 한다. 이것이 유일신 신앙이 지닌 과격한 우상타파(iconoclasm)의 정신이며, 이 정신은 서구 사회와 문화에서 그리스 철학의 합리주의 정신과 더불어 비판정신의 두 뿌리를 형성하게 되었다.

유감스럽게도 비판불교학자인 하카마야나 마츠모토는 신을 초월적 타자로 간주하는 유일신 신앙이 지닌 이러한 비판정신, 곧 세계, 즉 사회나 문화나 역사에 대한 부정과 초월의 정신을 정확하게 인식하고 있는지 불확실하다. 마츠모토는 유일신 신앙의 비판정신에 대해 명확하게 의식하거나 관심을 가지고 있지는 않은 듯 보인다. 그러나 마츠모토는 붓다가 가르친 참다운 불교의 정신, 그의 표현으로는 절대 타자인 신에 대한 신앙이 없음에도 끊임없이 자기를 부정하는 '허무주의'가 대중이 감당하기에는 너무나 엄한 요구였기 때문에, 후세 불교가 그 대안으로서 불교를 신의 내재성을 강조하는 '기체설'(基體說) 즉 일원론적 형이상학으로 변질시키게 되었다고 본다. 하지만 마츠모토는 끊임없이 반복되는 불교의 자기부정의 정신은 "아마도 신을 기다리고 갈망하는 것과 같은 의의를 지니는 것이 아닐까"라고 의미심장한 말을 하고 있다. 왜냐하면 자기부정은 '타자'를 긍정하는 함의를 암시한다고 보는 것이 자연스러운 시각이기 때문이라는 것이다. 만약 그렇다고 하면, "우리도 역시 끊임없는 자기부정을 통해 존재할 리도 없는 '신'의 출현을 계속해서 기다리는 수밖에 없을 것이다"라고 그는 말한다.[13]

실로 종교적 초월성에 대한 경건함이 담겨 있는 무겁지만 아름다운 말이다. 하지만 그가 간과하고 있는 점은 신을 절대타자로 보면서 일체의 우상숭배를 금하는 유일신 신앙 자체가 인간으로 하여금 부단히 현실의 질서와 자기 자신을 부정하도록 촉구한다는 사실이다. 여하튼 이 문제는 본 연구의 마지막 과제인 비판불교 자체에 대한 우리의 반응에서 좀 더 철저히 논해야 할 주제 가운데 하나다.

유일신 신앙의 두 번째 특징은 강한 윤리의식이다. 이 윤리의식 또한 지상의 현실적 질서에 대한 윤리적 비판정신으로 이어진다. 왜냐하면 정의와 평화가 초월적 하느님의 뜻(의지, will)인 한, 그 자체가 이미 지상에 존재하는 모든 불완전한 사회정치적 제도나 실천에 대한 비판과 심판을 함축하고 있기 때문이다. 하느님의 초월적인 도덕적 의지 앞에서 인간이 만든 일체의 제도는 불완전하기 때문에 늘 비판의 대상일 수밖에 없다. 이러한 도덕적 비판정신은 무엇보다도 정의의 예언자로 불리는 아모스(Amos)를 비롯한 구약성서의 예언자들의 메시지 가운데 가장 잘 나타나 있다. 예언자들에게는 야훼 하느님에 대한 신앙과 불의한 사회와 세상 질서에 대한 윤리적 비판정신은 불가분적이다. 도덕성을 초월적 하느님 자신의 의지와 본성으로 간주하는 예언자들의 비판정신은 그들이 살던 사회의 질서뿐 아니라 하느님의 선민

13 松本史郎, "불교의 비판적 고찰," 『佛教思想論』 上 (東京: 大藏出版, 2004), 45

임을 자처하면서 정의를 외면하던 유대 민족의 종교 지도자들을 향해서는 더 날카로운 칼날을 겨누도록 했다. 비판불교 운동을 주도하고 있는 두 학자에서 이러한 예언자적 의식과 용기를 보는 듯한 감이 없지는 않지만, 그들이 과연 이러한 유일신 신앙의 정신을 잘 이해하고 있는지는 확실하지 않다.

하느님의 나라(Kingdom of God) 혹은 천국(Kingdom of Heaven)이 지상에서 이루어지기를 갈망하고 추구하던 예수는 근본적으로 구약성서의 예언자적 정신을 계승한 유대교 랍비였으며, 예수 이후로 그의 예언자적 정신은 때로는 외면 받고 때로는 현실과 타협하기도 했지만 결코 완전히 망각되지는 않고 미약하게 혹은 힘차게 발휘되기도 했다. 1960년 5.16 군사정권이 들어서기가 무섭게 "생각하는 백성이라야 산다"는 함석헌의 용기 있는 외침은 그 후로 전개된 끈질긴 한국 민주화 운동의 신호탄과 같았고 예언자적 정신의 표현이라 해도 과언이 아니다. 출판된 지 70여 년이 지난 오늘날까지도 한국의 현대적 고전이 될 정도로 많은 사람들의 사랑을 받아온 그의 책, 『뜻으로 본 한국역사』는 이러한 정신을 반영하고 있는 명저다. '성서적 입장에서 본 한국 역사'라는 이 책의 본래 제목이 말해주듯이, 함석헌이 한국 역사를 예언자들의 비판정신과 역사관을 통해서 조명하고 해석한, 함석헌 자신의 말로는 '고난사관'을 통해 조명하고 해석한 일종의 역사철학적 저술이다.

유일신 신앙의 세 번째 특징으로서 우리는 직선적 세계관 내지 역사관을 지적하지 않을 수 없다. 세계와 역사(시간)가 창조로부터 종말에 이르기까지 불가역적인 방향으로 직선적으로 진행된다는 세계관과 역사관은 자연히 미래지향적 세계관과 역사관과 인생관을 낳는다.

창조와 역사의 완성인 이상적 세계가 언젠가는 반드시 이루어질 것이라는 믿음을 낳는 유일신 신앙은 역사의 세계를 도피하기보다는 오히려 신의 뜻이 구현되는 의미 있는 과정으로 본다. 따라서 인간은 역사의 종말을 하느님의 최후심판 못지않게 불의하고 부조리한 인간 역사의 완성에 대한 희망과 기다림을 가지게 되며, 이러한 태도는 자연히 현실의 변혁을 추동하는 역동적 힘으로 작용하게 된다. 이런 역사관과는 대조적으로, 중국이나 인도 그리고 고대 그리스에서도 세계와 역사(시간)는 끝없이 반복되는 순환적(cyclical) 성격을 띤다. 순환적 세계관에서는 시간이 경과함에 따라 세계와 역사가 점점 더 도덕적으로 쇠퇴해 간다고 보기 때문에, 우리가 지향하고 동경하는 이상세계는 미래의 희망이기보다는 먼 옛날 요순시대처럼 신화적 과거에 존재했던 세계로 이해되거나 혹은 플라톤 철학에서처럼 감각적 세계(sensible world)와는 전혀 차원이 다른 초시간적인, 다시 말해 영원불변하고 완벽한 이데아들의 세계로 파악된다. 물론 유교에서도 미래지향적 사고가 전혀 없었던 것은 아니다. 완전했던 세계가 과거 역사에 실현된 일이 있었다는 신화적 역사관은 미래에 이루어질 대동(大同) 사회에 대한 동경과 유교적 낙관주의로 연결되기도 했으며, 이것이 현대로 와서는 마르크스, 레닌을 거쳐 모택동의 공산주의 사상으로 이어졌다고 볼 수도 있다. 또 여기에는 유교 특유의 현실주의적 성격도 중요한 역할을 했다. 역설적이게도, 플라톤적 이데아들의 이상세계는 현실 세계와 차원이 다르기 때문에, 플라톤 사상은 그리스도교 신학으로 유입되면서 그리스도교 신앙으로 하여금 오히려 현실을 도피하도록 만드는 영성에 빠지게 한 측면이 있다는 사실 또한 우리는 간과할 수 없다. 하지만 성서적 세계관이 지니는 미래에 대한 희망과 역사에 대한 관심이 그리스도교 역사에서 완전히 무시되거나 사라진 적은 없었다. 여하튼 니체가 거세게 비판하고 반발한 그리스도교는 바로 세계 부정적 성격이 강한 플라톤적인 형이상학적 그리스도교였다는 사실은 우리가 유의해야 할 점이다.

나는 앞서 일본과 한국 사회의 차이를 논하면서 그 중요한 요인을 일본에서 그리스도교가 점하는 위상이 미약하다는 사실에 비해서, 한국 사회에서 그리스도교가 주류 종교로서 사회와 역사의 다양한 분야, 특히 시민운동과 사회정의와 보편적 인권을 추구하는 민주화운동에 기여한 데서 찾았다. 하지만 이러한 일반적 차이에도 불구하고, 비판불교라는 운동이 1980년대 혜성처럼 등장하여 일본 사회와 불교계에 '비판정신'이라는 새로운 화두를 던진 것은 실로 놀라운 일이다. 특히 비판불교가 조동종에서 세운 종립학교인 고마자와(駒澤)대학의 두 불교학 교수에 의해 주도되었다는 사실은 실로 주목할 만한 점이다. 그들의 과감하면서도 날카로운 비판의 화살이 먼저 선불교를 포함하여 일본의 전통적인 불교사상으로 향한 것은 직설적 비판을 금기시하고 변화를 싫어할 정도로 전통성과 보수성이 짙은 일본 불교계와 지성계를 강타하기에 충분했다. 내가 아는 한, 일본 불교계는 이 뛰어난 실력을 갖춘 두 학자에 의해 제기된 비판적 통찰에 제대로 된 대응을 하지 못하고 외면하다시피 해왔고, 지금은 치열한 논쟁을 기피하는 일본 학계의 풍토와 일본 사회 일반의 성향 탓인지 몰라도 거의 무시될 위기에 처해 있는 듯하다. 또 다시 일본 사회문화의 특성으로 지적되곤 하는 이른바 조화(和)를 중시하는 풍토의 늪에 묻혀버리게 된 것이 아닌가 하는 의구심이 들 정도이다.

여하튼 나는 비판불교를 접하는 순간 비록 그것이 일본에서 대중성을 띠지 못하고 일부 불교학자들 사이에서만 주목을 받았다는 한계에도 불구하고, 1960~80년대 한국 사회에서 그리스도교계가 보여준 사회 비판 정신이나 사회변혁 운동과 유사하다는 사실에 주목하게 되었다. 이것이 지금 이러한 연구를 시작하게 된 직접적인 계기가 되었다는 사실을 밝혀둔다.

비판불교학자들이 불자로서 일본의 불교, 사회, 문화 일반에 가하는 비판에는 그들이 참다운 불교로 상정하고 있는 붓다의 핵심적 가르침, 즉 연기(緣起)와 무아(無我)사상 그리고 도덕적 인과응보에 대한 믿음이 있다. 비판불교 운동이 비록 일반 대중에 영향을 미칠 정도의 영향력을 지니지 못했고, 이런 점에서는 가마쿠라 시대에 천태종(天台宗)이나 진언종(眞言宗) 같은 헤이안(平安)조의 국가 불교 내지 귀족 불교를 떨치고 나와 서민 대중과 재가자 중심의 새로운 불교 운동을 전개한 신불교운동과는 현저한 차이가 있다. 그러나 오로지 하나의 관심에 집중하는 가마쿠라 신불교운동가들의 전수(專修) 정신을 비판불교를 주도하는 두 사람에서도 볼 수 있다는 점에서 유사성이 없지 않다.[14] 도겐(道元, 1200~1253) 선사 역시 그러한 인물 가운데 하나였으며. 그는 송대(宋代) 중국에서 유행하던 유불도(儒佛道) 삼교일치론을 배격하고 오로지 좌선만을(只管打坐) 참된 길로 추구하는 조동종(曹洞宗)의 창시자가 되었다. 그 후 약 800년의 세월이 경과한 지금 우리가 논하고 있는 두 명의 뛰어난 조동종 출신 불교학자가 출현하여 도겐의 정신을 계승하면서 불성사상으로 '오염'되었다고 하는 일본의 전통적

---

14 위의 책, 100-114. '가마쿠라 신불교' 일반이 지닌 개혁적 불교사상에 대한 뛰어난 연구서로서 이에나가 사부로(家永三郎), 『中世佛教思想研究』(京都: 法藏館, 1955)를 참고할 것.

불교사상, 일본의 종교혼합주의, 조화를 중시하는 일본 문화, 심지어 일본에서는 금기시되다시피 하는 천황제까지 비판의 대상으로 삼고 있는 것이다. 우리가 비판불교를 어떻게 평가하든, 특정한 불교적 관점에 서서 일본의 불교사상 전체와 일본 문화 그리고 동아시아의 불교 전통과 종교문화 전체를 싸잡아 직설적으로 비판하는 비판불교학자들의 용기와 비판정신은 일본학계에서는 좀처럼 찾아보기 어려운 현상이라는 점에서 우리의 놀라움을 자아낸다.

더 나아가서 비판불교가 제기하는 여러 문제들은 일본 불교와 종교문화에 국한된 것이 아니라, 중국과 한국까지 포함하여 동아시아 불교와 종교문화 전반에 관해서도 많은 통찰과 시사점을 제공한다는 점에서 그 의의가 자못 크다. 사실 일본이나 한국 불교뿐 아니라 불교라는 종교에서 사회의식 내지 역사의식 그리고 윤리적 비판의식의 부재 문제는 새로운 것이 아니다. 이 문제는 적어도 미국, 일본 등 여러 나라에서 활발히 진행되어 온 불교와 그리스도교의 대화 모임에서 거의 단골 주제로 등장할 정로로 관심의 대상이 되는 주제 가운데 하나이기 때문이다. 이 문제가 특별히 그리스도인들의 관심을 끄는 이유는 결코 불교가 사회 역사적 관심이 약하다고 비판하려는 데 있는 것이 아니다. 오히려 많은 그리스도인들이 바로 그런 불교에 매력을 느끼고 바로 그 점이 좋아서 그리스도교를 떠나 불교로 전향하는 경우가 있을 정도다. 대화에 참여하는 사람들 가운데는 물론 불교가 사회역사 의식과 윤리의식을 강화함으로써 적극적인 사회참여를 통해 정의와 평화에 기여할 수 있기를 바라는 마음이 있는 것도 사실이다. 그러나 대다수의 관심은 어떻게 하면 우리가 마음공부를 통해 사회적 갈등이 끊이지 않는 현실에 참여하면서도 내면의 평화를 유지할 수 있을까,

다시 말해 개인의 평화와 사회의 평화가 같이 갈 수 있는 길을 모색해야 하는 지극히 실존적으로 현실적인 문제의식을 가지고 참여하는 사람이 더 많다.

그뿐이 아니다. 그리스도인이라고 모두가 사회의식이나 역사의식이 강한 것도 아니다. 오히려 그 반대로 그리스도인들 가운데는 사회나 정치 문제에 전혀 관심이 없고 예언자적 정신이 무엇인지, 예수가 전개한 하느님 나라의 운동이 어떤 것인지에 대해 관심은커녕 들어보지도 못한 사람도 허다하다. 대다수 신자들의 관심은 예수 믿으면 아들딸 잘되고, 사업 잘되고, 병도 낫는다는 식의 세속적 욕망을 충족시키는 이른바 '기복신앙'에 젖어 있는 것이 부인할 수 없는 한국 그리스도교의 모습이다. 그리고 이러한 기복신앙과 더불어 "예수 믿고 천당 간다" 혹은 "구원 받는다"는 식의 이른바 '개인의 구원'이나 내세의 문제에 더 많은 관심을 가지고 있다. 이런 것이 한국 그리스도교에서 이른바 '복음주의'신앙(evangelical faith)으로 통하는 것이고, 이런 신앙이 한국 그리스도교의 주종을 이루고 있다는 사실 또한 부인하기 어렵다.

사실 인간 죄악의 문제는 인간 스스로의 힘으로는 결코 해결할 수 없다는 것이 복음주의 신앙의 대전제이며, 이런 신앙은 자연히 사회 개혁은 물론이고 개인의 도덕적 노력이나 영적 수행에도 별로 관심을 기울이기 어렵다. 인간의 구원은 오직 위로부터 수직적으로 주어지는 하느님의 은총, 특히 인간의 죄를 대신해서 십자가에서 대속의 피를 흘리고 돌아가신 예수 그리스도의 공로로 죄 사함을 받는 길 외에는 없다고 믿기 때문이다. 어차피 인간은 어쩔 수 없는 죄인이고, 인간 사회 또한 어차피 죄악이 횡행하는 세상이며, 죄 많은 인간의 역사란 언제나 부조리할 수밖에 없기 때문에 인간은 자기 자신의 힘으로는 구원을 이루지 못할 뿐 아니라, 사회 변혁과 구원은 추구할 수도 없을 뿐 아니라 하려고 해서도 안 된다는 의식이 —신란의 철정한 타력신앙에서처럼— 복음주의 신앙에는 매우 강하다. 도덕적 노력에 대한 자조와 체념, 사회나 역사에 대한 비관주의와 냉소주의가 복음주의 신앙의 필연적 결론이 되기 쉽고, 역사적으로 볼 때 실제로 그러한 결과로 이어지기도 했다.

하지만 그럼에도 불교와 그리스도교 사이에는 엄연히 세계 자체의 존재론적 가치 내지 위상에 대한 평가에서 결정적인 차이가 있는 것이 사실이다. 그리스도교 신앙에서는 세계는 어디까지나 창조주 하느님의 피조물로서, 비록 인간을 위시하여 모든 피조물이 하느님처럼 영원하고 필연적인 존재가 아니라 시간의 지배를 받는 무상한 우연유(偶然有)들이지만, 결코 인간의 무지의 소산인 허망한 환상은 아니다. 또 인간이 아무리 죄악에 물든 존재라 해도 여전히 자신의 도덕적 삶에 책임을 져야 하는 존재라는 것 그리고 인간이 연출한 사회와 역사가 아무리 하느님의 윤리적 의지에 미치지 못하는 타락한 세상이라 해도, 결코 힌두교를 위시한 인도의 종교들처럼 세계를 허망한 환상으로 보는 일은 없다. 불교, 특히 공(空)사상이나 유식(唯識)사상에 근거한 대승불교의 세계관 역시 이러한 힌두교의 일반적 성격에서 완전히 자유롭지 않다.

그리스도교 세계관에 따르면 만물의 존재론적 위상은 영원불변의 존재 자체이신 하느님과 아무것도 존재하지 않는 순전한 무(無) 사이에 떠있는 존재다. 반면에 힌두교 사상을 대표하는 불이론적 베단타(Advaita Vedānta)철학에 따르면 보이는 세계와 만물은 근본적으로 환상이며 오직 영원한 브라흐만-아트만만이 실재한다. 만물이 무상(無

常)하고 괴로운 것임을 말하는(一切皆苦) 소승불교에서는 세계는 근본적으로 벗어나야 할(해탈) 대상이며, 수행을 통해 극복되어야 할 번뇌(貪瞋癡 三毒으로 대표되는)가 지배하는 세계다. 또 대승불교의 반야(般若)사상에서는 인간 존재와 경험세계를 구성하는 오온(五蘊)과 만물은 모두 연기적 존재, 즉 의타적(依他的) 존재로서 그 자체로서는 독자적 실체성이 전혀 없는 무(無)이며 공(空)이다. 또 유식무경(唯識無境)을 말하는 유식사상(唯識思想)에서는 눈에 보이는 현실 세계는 모두 우리의 그릇된 의식(妄心, 亡識)의 투사일 뿐이다. 이러한 존재론과 세계관에서는 세계와 만물, 사회와 역사에서 신의 뜻을 찾는다거나 어떤 적극적 의미나 목적 같은 것을 찾는 일은 어리석은 집착에 불과하다. 비록 그리스도교 내에도 불교적 세계관과 유사하게 세계와 인생을 허무하고 벗어나야 할 장애로 간주하는 도피적 영성이 없는 것은 아니지만—사실 중세 시대의 영성 일반이 그러했지만— 그래도 세계 자체를 허망하게 여기지는 않았다. 세계 만물은 어디까지나 창조주 하느님으로부터 존재를 부여받은 한, 어느 정도 피조물로서의 상대적 독자성을 지닌다. 선(善) 자체인 하느님이 창조한 피조물은 모두 그 자체로서는 근본적으로 선하고 아름답다고 본다. 더 나아가서, 성서적 신앙에 따르면 하느님은 역사의 세계에 적극적 관심을 가지고 개입하고 인도하는 역사의 하느님(God of history)으로서, 역사는 일정한 목적이 실현되는 의미 있는 과정으로 이해된다.

그렇다고 전지전능한 창조주 하느님을 믿는 신앙 자체가 반드시 사회와 역사에 대한 적극적 관심과 참여의 정신으로 이어진다는 말은 아니다. 오히려 그 반대의 결과를 낳을 수도 있다. 인간의 노력과 책임 대신 신앙의 이름으로 모든 것을 신의 뜻으로 간주하고 체념하는 인생관을 낳을 수도 있기 때문이다. 그뿐 아니라 이 세계를 사랑하고 적극적으로 바로잡으려는 노력을 포기하고 내세에 대한 희망을 위로로 삼고 사는 소극적 태도도 신을 믿는 신앙인들 사이에서 쉽게 볼 수 있는 현상이다. 결론적으로 말해, 그리스도인이라고 해서 반드시 사회 역사적 관심이 있는 것이 아니며, 불자라고 해서 반드시 사회적 관심과 실천이 없는 것도 아니다. 부조리한 사회질서를 하느님의 뜻과 섭리로 간주하는 체념을 신앙으로 여기고 살았던 중세 그리스도교는 이 점에서 여타 아시아 종교들과 별반 다른 점이 없었다고도 할 수 있다. 비록 내가 앞의 논의에서 그리스도교의 유일신 신앙이 사회나 역사에 대해 보이는 비판의식이 지닌 적극적이고 개혁적인 면을 강조하기는 했지만, 우리는 이를 결코 과장해서는 안 된다. 사실 오늘날처럼 종교들이 사회와 역사에 대해 적극적 관심과 비판의식과 개혁 의지를 가지게 된 것은 인류역사상 그리 오래된 일이 아니라, 사실상 18세기 서구 계몽주의운동 이후라 해도 과언이 아니다. 계몽주의 사상가들이 주창한 보편적 인권사상과 만인의 자유와 평등의 이념에 기초한 민주의식 그리고 사회정의를 위해 노력하고 목숨까지 바친 수많은 사상가와 혁명가의 역할이 있었기 때문에 가능하게 된 것이다. 우리는 이러한 사실을 결코 무시하거나 당연한 일로 간주해서도 안 된다. 인간의 존엄성과 보편적 인권 개념이 불완전한 형태로나마 그런대로 용납할 수 있을 수준으로 실현된 사회는 지구상에 얼마 되지 않고, 인류의 대다수는 아직도 인간으로서의 존엄성, 인권과는 무관한 삶을 살고 있으며, 지극히 열악한 삶의 환경과 조건 하에서 '인간 이하'의 삶을 살고 있다 해도 과언이 아니다.

여하튼 불교계에서 마츠모토와 하카마야 같은 학자이자 비판적

사상가들이 출현하여 거침없이 자신들의 생각을 표현하면서 일본 불교계와 종교계에 신선한 자극과 충격을 주게 된 것은 실로 놀랄만한 일이라고 생각할 수밖에 없다. 비판불교사상이 일본을 넘어 세계 불교계의 주목을 끄는 것도 당연한 일이다. 사실 비판불교 운동을 주도하는 두 사람의 비판적 의식이 순전히 불자로서 가진 불교적 동기에서 나온 것인지에 대해 나는 다소 회의적이다. 그들 역시 현대 민주주의 사회에서 교육을 받고 자라난 사람들이며, 불교뿐 아니라 서양 사상과 철학에 대해서도 식견을 가진 사람들임에 틀림없기 때문이다. 그뿐 아니라 비판불교학자들은 미국 대학에서 연구 활동을 하는 가운데 미국의 불교학자들과 교류한 경험도 있다. 이런 면에서 보면 그들 자신이 인정하는 것은 아니지만, 우리는 그들의 사회윤리적 비판의식이 그들이 받은 근대적 교육과 세속적 합리주의 내지 휴머니즘에서 받은 영향일 수도 있음을 무시할 수 없을 것 같다. 필시 이러한 근대적 의식—보편적 인권의식, 역사의식, 사회의식 등이 포함된—이 그들로 하여금 대승불교의 사상과 전통을 새롭게 보는 비판적 시각에 영향을 주었으리라 우리는 추측할 수 있다. 또 탈 가치화된 근대 학문과 현대적 불교 연구 태도가 그들의 비판에도 불구하고 그들 자신이 받은 현대 불교학 내지 서구 불교학이 그들의 비판의식에 끼친 영향도 무시할 수 없을 것 같다. 여하튼 그리스도교든 불교든 현대 종교는 어느 종교를 막론하고 계몽주의, 합리주의, 보편적 인권 사상과 평등주의, 자유와 정의를 축으로 하는 민주주의를 무시하고 현대세계에서 살아남기를 기대할 수는 없게 되었다. 비판불교 역시 이러한 현대 종교 일반이 처한 상황과 도전에 대한 일본 불교계 측의 하나의 응답이다.

마지막으로, 비판불교의 정신에 대한 미국 학자 허바드의 말을 인용하면서 본 연구의 서론을 마무리한다.

> 불교가 비판적 사고에 참여해야 한다는 요구에 걸맞게, 하카마야와 마츠모토의 저작의 많은 부분은 사회 비판에 할애되고 있다. 단순히 기술하는(descriptive) 차원에서 처방을 하는(prescriptive) 차원으로 뚜렷하게 이동하면서, 그들은 자신들의 불교적 진리관을 비판의 기준으로 활용하면서 일본에서 불교로 행세하는 문화적 구조물들의 이데올로기적 기원을 적극적으로 폭로하고 있다. 일본의 토착사상들과 이에 관련된 불교적 혼합물들이 사회적 불의, 성차별, 인종주의, 제도적 차별, 제국주의, 정치적 억압 그리고 환경 파괴에 기여하는 것으로 지적한다. 특히 본각(本覺)과 화(和)의 사상, 교토학파의 철학 그리고 현재 유행하고 있는 일본적 특성에 관한 이론들이 불교철학의 정점으로 행세하고 있지만, 사회적 불의와 차별의 이데올로기적 사례들일 뿐이라고 공격하고 있다.[15]

본 연구는 머리글에 이어 1부에서 비판불교 운동의 대승불교 불성사상이나 본각사상, 이른바 비판불교가 '기체설'이라고 부르는 형이상학화된 불교사상에 대한 비판을 검토한다. 본 연구의 몸통격인 셈이다. 이런 불교사상에 대한 비판을 이해하지 못하고는 비판불교 운동이 비판하고 있는 일본의 토착문화나 사회 비판 그리고 혼합주의적인 종교문화에 대한 비판 등에 대한 비판은 이해하기도 어렵고, 그 종교적

---

15 제이미 허바드 · 폴 스완슨 편저/류제동 역, 『보리수 가지치기』 (씨아이알. 1997) xxxvi-xxxvii. 가독성을 높이기 위해 번역문을 약간 수정했음. 이 책의 원본은 Jamie Hubbard and Paul Swanson, eds. *Pruning the Bodhi Tree: Storm over Critical Buddhism* (University of Hawaii Press, 1997).

의미가 드러나지도 않는다. 이것이 비판불교의 대승불교사상에 대한 비판을 먼저 논하는 이유다.

다음 2부에서는 비판불교 운동을 촉발한 계기가 된 마치다사건에 대한 논의로부터 시작해서 3장에서는 "비판불교의 일본 사회 비판"을 검토할 것이다. 또 '장소철학' 등 다양한 이름의 일본 사상에 대한 비판도 고찰한다. 이러한 비판들의 일관된 기조는 인도에서 발생하여 중국에서 발전하고 완성된 대승불교사상이 인도의 지배적 철학인 일원론적 형이상학에 의해 왜곡되었다는 것이다. 4장 "비판불교의 일본 종교문화에 대한 비판"은 일본의 종교혼합주의 현상과 담론에 대한 비판불교의 비판을 다룰 것이며, 5장 "비판불교에 대한 세계 불교학계의 반응"은 문자 그대로 비판불교 운동에 대한 세계 불교계와 일본 불교학계의 반응을 고찰한다. 마지막 장이자 이 책의 결론 부분과도 같은 "종합적 비평"은 비판불교를 주도한 두 학자의 불교관과 이와 관련된 제반 문제들을 세계불교학계의 평가를 참고하면서 한국 종교계의 관점에서 종합적으로 평가한다.

제1부

비판불교의 대승불교사상 비판

| 류제동 |

1장

대승불교사상 비판 (1)

비판불교(批判佛敎)의 주창자 하카마야 노리아키(袴谷憲昭)와 마츠모토 시로(松本史朗)는 사회적 차별의 불교사상적 배경으로서 발생론적 일원론, 곧 기체설(基體說)과 본각사상(本覺思想)이 불교사상사 전반에 영향을 주어온 과정을 비판적으로 고찰하는 작업을 진행한다. 본래는 이 장의 제목을 "비판불교의 대승불교사상 비판"이라고 했는데, 내용을 읽어보면 누구나 알 수 있듯이, 특별히 '일본 불교' 사상에 대한 비판이 아니라 실제로는 '대승불교' 사상 전체에 대한 비판이며, 특히 중국에서 더 정교하게 발전된 중국 불교사상, 따라서 우리나라를 포함한 동아시아 불교사상 전반에 대한 비판이다. 마츠모토에 따르면 대승불교사상 전체가—인도와 티베트 불교의 공사상 내지 반야사상을 제외하고— 힌두교의 베단타 사상에 영향을 받아 기체설(基體說)로 변질되고 왜곡되었다. 하타마나야 보다 엄밀한 학문적 검토 작업을 해온 마츠모토 시로 교수의 연구를 중심으로 이 문제를 고찰한다. 다소 전문적인 논의지만 불교학적 소양과 관심이 많은 분들에게는 매우 흥미 있고 중요한 내용을 담고 있기 때문에 정독이 필요하다.

비판불교의 일본 대승불교사상 비판은 한 장에 다 담기에는 분량이 너무 많아 내용상의 분류를 거쳐 편의상 두 장으로 나누어 소개한다.

1. 유가행파 비판

마츠모토 시로는 유가행파(Yogācāra)사상에서 이미 기체론의 싹이 있다고 생각하면서 그의 비판 작업을 시작한다. 그 주요 개념으로서 그는 『유가사지론』(瑜伽師地論)에 보이는 '본성주종성'(本性住種性)과 '진여소연연종자'(眞如所緣緣種子)라는 말의 의미를 검토한다.[1]

1) 본성주종성(本性住種性)에 관하여

마츠모토는 우선 『유가사지론』(瑜伽師地論) 「본지분」(本地分) 가운데 보살지(菩薩地)의 종성품(種姓品)의 현장(玄奘) 역에서 '본성주종성'(本性住種性)이라는 번역의 원어로서 'prakṛti-sthaṃ gotram'이라는 말이 인정된다는 전제에서 그의 논의를 시작한다.

마츠모토는 이 말을 어떻게 해석할 것인가가 유가행파의 사상 이해에서 극히 중요하다는 사실을 강조하면서, 이 말에 관한 해석을 다음과 같이 제시한다.

---

1 松本史朗, 『佛教思想論(上)』 (大蔵出版, 2004), 66.

'prakṛti-sthaṃ gotram'이라는 말에 대한 나의 해석의 포인트는 이 말을 '본성(prakṛti)에 주(住)하는 종성(種姓, gotra)', '본성에 존재하는 종성'이라고 이해하고 그 경우의 '본성'이란 '기체설' 가설에서 '기체'(dhātu, locus)[A]를 의미한다고 보는 점에 있다. 곧 이 말을 '본성[A]을 기체로 하여 존재하는 종성[B]'이라고 읽는다는 말이다. 다시 말해서, 본성[A]과 종성[B] 사이에는 전자를 후자의 기체로 삼는 어격(於格)적 관계가 인정될 수 있는 것이다.[2]

이와 같은 어격적 또는 소격적(所格的) 관계를 그는 '⊥'라는 기호를 사용하여 제시한다. '본성'과 '종성' 간의 어격적 관계는 다음과 같이 표시한다.

gotra [B] ⊥ prakṛti [A][3]

마츠모토에 의하면 여기서 'prakṛti'(本性)는 『중변분별론』(中邊分別論) 제1장 제1게의 '공성'(空性) 그리고 같은 장 제14게의 '진여'(眞如), '법계'(法界)와 마찬가지로 단일하고 상주(常住)하는 '일체법의 최종적 기체(基體)'[A]다. 그리고 'gotra'(種姓)는 이 '본성'을 '기체'로 하는 것[B]이고, 『중변분별론』 제1장 제1게의 '허망분별'(虛妄分別)과 「보살지」 [1]의 '종자'(種子)와 '알라야식'과 마찬가지로 다(多)이면서 무상한

2 같은 책, 67. 이와는 대조적으로 야마베 노부요시(山部能宣)는 루엑 교수의 번역 사례 등과 마찬가지로 이 말을 그 티베트 역에 따라서 '본성에 의하여 존재하는 종성'(*the gotra existing by nature*)이라고 번역하고, 나아가 '본성'과 '종성'은 동의어라고 논하였다.

3 松本史朗, 같은 책, 118.

'2차적 기체'이며, 생하는 인(因, hetu)이다. 따라서 이 "prakṛti-sthaṃ gotram"이라는 표현은 마츠모토의 기체설 규정 ②에서 기체가 초기체를 생한다(초기체의 원인이다)는 규정을 결여한 '기체설'의 특수 형태를 설한다는 것이 마츠모토의 판단이다.[4] 그는 이것이 '유가행파의 정통적 학설' 내지는 '유가행파의 정통파의 학설'의 기본적 구조라고 생각한다. 이러한 맥락에서 그는 여래장사상과 대조되는 유가행파의 차이점에 대하여 다음과 같이 말한다.

> 나는 "여래장사상은 불교가 아니다"는 논문에서 '기체설'을 '여래장사상의 본질적 구조'를 제시하는 것이라고 하고, 또 '우파니샤드의 브라흐만 · 아트만론'의 구조를 보이는 것이라고 제시했는데, 유가행파의 정통적 학설의 구조를 보이기 위하여 그것을 제시한 것은 아니었다. 곧 '아트만론'과 '여래장사상'과 '유가행파의 정통적 학설' 셋을 비교하였을 때, '아트만론'이라는 단순한 일원론이야말로 인도 사상에서 가장 큰 사상의 흐름이겠는데, 이 단순한 일원론의 구조를 기술하고자 한 것이야말로 기체설이다. 그러나 이 단순한 일원론에서는 "상주하는 것[A]은 사물을 생하는 인(因)이 아니"라고 간주하지 않고 오히려 "상주하는 것[A]이야 말로 일체의 존재를 생하는 인이다"라고 간주한다고 생각된다.

마츠모토는 이어서 말한다.

---

4 松本史朗, 같은 책, 118-119. '초기체'라는 마츠모토의 단어는 다소 오해를 불러일으킬 소지가 있다. 종교에서 '초' 즉 '초월적'이라는 말은 현상계의 다양한 차별성을 초월한다는 뜻으로 사용되는데, 마츠모토가 뜻하는 것과 정반대이기 때문이다. 마츠모토는 초기체를 기체를 바탕으로 출현한 다양한 현상들, 즉 불교 용어로 '제법'을 가리키는 용어로 쓴다.

'여래장사상'도 '유가행파의 정통적 학설'도 단일 · 상주하는 '궁극적 기체'[A]의 실재를 승인하는 점에서 아트만론이라는 단순한 일원론의 영향에 의해 대승불교 내부에 성립된 사상이라는 점에는 변함 없지만, 양자를 구분하는 것은 전자 곧 '여래장사상'이 '아트만론'의 소박한 불교판이었던 것과 대조적으로, 후자 곧 '유가행파의 정통적 학설'은 "상주하는 것은 인(因)일 수 없다"고 하는 불교적 원칙을 지키고자 했다는 점뿐일 것이다. 이렇게 본다면 '기체설'이라는 사상의 큰 흐름은 기본적으로는 '아트만론'으로 확실히 존재했지만, '유가행파의 정통적 학설'에서만은 "상주하는 것[A]은 인(因)일 수 없다"는 불교적 원칙에 의해 제한을 받아 B만이 생인(生因)이라고 되어 기체설에 대한 규정 ②의 결락을 야기했다고 이해해야 할 것이다.[5]

다시 말해서 마츠모토에 의하면, "유가행파의 정통적 학설"은 기체설에 대한 규정 ②에서 기체는 초기체를 생한다[초기체의 원인이다]는 규정을 결여한 '기체설'의 한 형태로 보아야 하며, A의 존재를 인정하고 있는 이상, 그 구조가 기체설이라는 점에는 변함이 없다는 것이다.

마츠모토는 또 유가행파와 그 계보에 이어지는 사람들 가운데는 '아트만론'이라는 인도 사상에서 가장 큰 사상의 흐름의 영향을 강하게 받아 A를 그 자체로 '생인'으로 보고자 하는 사람들이 확실히 존재하였다는 사실은 인정할 수밖에 없을 것이라는 점도 아울러 강조한다.[6]

5 같은 곳.

6 같은 책, 118.

2) 진여소연연종자(眞如所緣緣種子)에 관하여

본성주종성(本性住種性)에 대한 논의에 이어서 마츠모토는 『유가사지론』의 '진여소연연종자'(眞如所緣緣種子, tathatālambanapratyayabīja)라는 표현이 유가행파의 '기체설'을 설하는 것이라는 점을 논증해나간다. 이 표현에 관한 그의 이해는 다음과 같이 제시된다.

bīja [B] ⊥ tathatā = ālambana-pratyaya [A][7]

이는 곧 구조적으로 '본성주종성'에서 설하는 'gotra [B] ⊥ prakṛti [A]'라는 관계와 일치한다. 다만 여기서 마츠모토는 'pratyaya'와 'hetu'가 구별되어야 한다는 점에 주목한다. 'hetu'는 주로 'janana-hetu'(生因)를 의미하기 때문에[8] 'pratyaya'를 'cause'라고 번역하는 것은 적절하지 않다고 마츠모토는 본다. 그는 'pratyaya'라는 말 자체에도 '기체'라는 의미가 있으므로 'ālambana-pratyaya'는 전체로서 '기체'를 의미한다고 이해하는 것도 가능할 것이라는 입장을 밝힌다. 그렇다면 "진여를 소연연으로 하는 것을 종자로 하여서"라는 말은 "진여를 소연연(기체)으로 하는 것은 종자로 하여서"라는 의미가 된다. 그러한 맥락에서 마츠모토는 'tathatā-ālambana-pratyaya-bīja'라는 표현에서 다음과 같은 관계가 인정된다고 본다.

bīja [B] ⊥ tathatā = ālambana-pratyaya[9]

---

7 같은 책, 119.

8 같은 책, 123.

마츠모토에 따르면 여기서 'tathatā'(眞如)는 '일체법의 최종적인 기체'[A]이고 'bīja'는 그 '초기체인 생인(生因)'[B]이므로 이 관계는 다음과 같은 관계로도 이해된다.[10]

bīja [B] ⊥ tathatā = ālambana-pratyaya [A][11]

여기서 마츠모토는 인여가 '일체법의 최종적 기체'[A]이기보다는 그 '초기체'[B]를 '생인'으로 보는 것이 유가행파 독자의 '기체설' 구조로 드러난다는 점을 강조한다. 마츠모토에 의하면 "상주하는 것은 사물을 발생시킬 수 없다"는 것이 불교의 기본적 원칙이고, 정통 유가행파는 이 원칙에 충실하고자 했던 데서 이러한 구조가 성립했다는 것이다.[12] 곧 "상주하는 진여는 사물을 생할 수 없다", "진여는 '생인'이 아니다"는 것이 유가행파의 정통적 입장이다. 이러한 판단에서 그는 다음과 같이 자신의 입장을 밝힌다.

"'진여'는 기체이고 생인이 아니다"는 것이 유가행파의 기본적 입장으로 여겨진다. 즉(그럼에도) "ālambana-pratyaya"는 존재론적으로는 기체(locus)를 의미한다. 따라서 '진여소연연종자'라는 표현은 '기체설', 그것도 상주하는 A가 아니라 무상한 B를 '생인'으로 하는 유가행파의 특수한 기체설을 설하고 있는 것으로 이해된다.[13]

---

9 같은 곳.

10 같은 곳.

11 같은 곳.

12 같은 책, 129.

따라서 마츠모토는 결론적으로, '진여소연연종자'란, "진여[A]라는 '소연연'을 가진 '종자'[B]" 또는 "'진여'[A]를 '소연연'으로 하는 '종자'[B]" 곧 "'진여'[A]를 '소연연'으로 한다고 일컬어지는 '종자'[B]"를 의미한다고 주장한다.[14]

요컨대 마츠모토는 유가행파 사상의 근본적 논리가 여래장사상과 동일하게 기체설이라는 것을 논증하면서도, 동시에 유가행파의 기체설이 '일체법의 기체'[A]를 '생인'(janana-hetu)으로 하는 것이 아니라, A를 기체로 하되 초기체인 B를 '생인'으로 하는 특수한 기체설이라고 본다. 다시 말해서, 그는 주로 『유가사지론』 중의 '본성주종성'과 '진여소연연종자'라는 두 표현의 의미를 해명하는 것을 고찰의 중심으로 삼고 있는 바, 그에 따르면 양자는 각각 "'본성'[A]에 존재하는 '종성'[B]"과 "'진여'[A]를 '소연연'(기체)으로 하는 '종자'[B]를 의미하고, 그 구조가 전적으로 일치한다고 한다.[15] 곧 다음과 같다.

gotra [B] ⊥ prakṛti [A]
bīja [B] ⊥ tathatā [A][16]

다시 말해서 상주하는 A가 아니라, 무상한 B를 '생인'으로 보는 것이 유가행파 독자의 기체설적 구조로 드러난다는 것이다. 유가행파 사상은 '아뢰야식'이라는 개념의 성립 후로는 오직 이 개념을 중심으로

13 같은 책, 150.
14 같은 곳.
15 같은 책, 158-159.
16 같은 곳.

하여 모든 것을 이야기하기에 이르렀는데, '아외야식'도 무상한 것이므로 당연히 B에 해당한다는 것이 마츠모토의 판단이다.[17]

마츠모토에 따르면, 이와 같은 A와 B의 구별이야말로 유가행파의 교의에 대해서 가장 기본적인 것임에도 불구하고, 중국 · 일본에서는 소위 '일승가'(一乘家)로 지목되는 사람들이 법보(法寶, 627?~705?)를 비롯하여 이 A와 B의 구별을 끊임없이 애매한 것으로 만들거나 부정하고 양자의 동일성을 주장하고자 노력해왔다는 것이다.[18] 그러한 노력은 말할 필요도 없이 A는 일체 중생에게 존재하지만 B는 특정 중생에게만 존재하기 때문에 A와 B를 구별하면, 삼승(三乘)진실설과 오성(五姓)각별설이 성립하기 때문이라는 것이 마츠모토의 판단이다.[19] 그는 유가행파의 사상적 경향에 대하여 다음과 같이 말한다.

> 유가행파의 사상이라는 것이 일원론과 비바사사(毘婆沙師, Vaibhāṣika)적인 다원론의 혼합(hybrid)이라는 점은 내가 당초부터 생각해온 것이다. 이와 대조적으로 야마베(山部)는 "유가행파의 종성 이론이 실로 차별적이지만 일원론에 기초하고 있지는 않다"고 하는데, 이것은 나에게는 이해할 수 없는 주장이다. 그는 유가행파의 사람들이 '진여'와 '법계'라는 단일한 원리 (나의 견지에서는 '기체'[A])의 존재를 반복해서 주장하고 있다는

17 같은 곳.

18 같은 책, 160.

19 같은 곳. 그렇지만 마츠모토에 의하면 적어도『유가사지론』에 관하여서는 A와 B를 동일시하는 '일승가'의 이해는 오해라고 볼 수밖에 없다. '진여소연연종자'라는 표현에 관한 슈미트하우젠과 야마베의 "'진여'='종자'"라는 해석도 그 표현에 대한 해석 그 자체를 보자면 '일승가'의 이해와 마찬가지로 A와 B를 동일시하는 것이고, 따라서 마츠모토의 입장에서는 부적절하다고 생각될 것이다.

사실을 어떻게 생각하는 것일까? '종성'(種姓, gotra)[B]의 구별이라는 것도 바로 이 단일한 원리[A]를 '기체'로 하고 있기 때문에 확고부동한 것, 영구히 변할 수 없는 것으로서 비로소 확립되는 것이 아닐까?

유가행파는 확실히 "단일한 기체"로서 상주하는 존재인 A를 '생인'으로 하지 않고, 그것을 기체로 하되 다원적이고 무상한 B가 존재하는 모든 것의 '생인'이라는 관점에 따라 "상주하는 것은 사물을 생하는 '생인'일 수 없다"는 불교적 원칙에 충실하고자 하였다. 그러나 일원론의 영향이라는 것이 유가행파에서도 지극히 근본적인 것이었다. 즉 일원론 없이는 유가행파의 사상을 생각할 수도 없다. 그러한 까닭에 유가행파의 문헌에서는 엄밀히는 "A는 '생인'이 아니다"라고 하면서도 "A도 '생인'이다"라는 해석을 생기게 할 가능성을 가지는 것 같은 애매한 표현이 인정되는 것이다.[20]

마츠모토도 유가행파의 기체설이 A가 아니라 B를 생인으로 하는 독자적인 기체설이라는 점은 인정하면서도 결코 확고하고 순전한 기체설이 아니라는 것을 인정한다. 이러한 입장에서 그는 다음과 같이 결론을 내린다.

그것은 A와 B를 구별하지 않고 동일시하고자 하는 강렬한 일원론적 경향에 의하여 이른바 '침식'될 위험에 늘 처해 있었던 것이다. 중국 불교사에서도 그리고 일본 불교사에서도 법상종(法相宗)이 결과적인 사실로서 '일승가'(一乘家)에 패배했다고 하는 것도 이와 같은 강렬한 일원론적 경향에 저항할 수 없었기 때문일 것이다. 이처럼 유가행파 사상의 기본적 구조란

20 松本史朗, 『佛教思想論(上)』, 160-161.

"일체법의 최종적 기체"[A]를 '생인'으로 하지 않는 한정된 '기체설'이지만, 그 근저에는 순연한 발생론적 일원론으로서의 기체설이 자리 잡고 있다는 나의 견해를 본론의 결론으로 하고자 한다.[21]

다시 말해, "상주하는 것(A)은 사물을 생할 수 없다"는 불교적인 제한을 받았던 유가행파 독자의 기체설보다는, "상주하는 것(A)이 일체법을 생한다"고 하는 단순한 기체설, 곧 발생론적 일원론이라고 부를 수 있는 기체설이 실제 중국과 일본의 불교사상사에서 더 강한 세력을 유지하였다는 것이 마츠모토의 판단이다.

3) '식'(識)에 관하여

마츠모토는 '식'(識)을 근원시하는 사고방식은 나카무라 하지메(中村元) 박사가 제시하였듯이 불교 이전의 '아트만론'에 기원이 있는 것으로 생각한다.[22] 그는 불교사상의 내부에 유입된 '아트만론'의 영향력이 '오온'(五蘊)설을 변질시켜서 '사식주'(四識住)설을 성립시켰고, 그것이 최종적으로는 '식'을 근원시하는 '유식'설과 여래장사상을 산출시켰다고 생각한다. 그에 따르면, 원래 '사식주'설에서는 '식'이 어디까지나 '초기체'였다. 그러나 『해심밀경』(解深密經)에서 '아뢰야식'이 '잠재하는 것'이라고 규정되었을 때 "'식'의 기체화"가 시작된다는 것이다. 이 '아뢰야식'이 『섭대승론』(攝大乘論)에 이르면 '일체법의 기체'라고 언명되고, 여기서 아뢰야식을 '기체'로 하는 기체설이 일단 완성을 보게

21 같은 책, 170.
22 같은 책, 417.

된다. 그는 유식사상에서 아트만론의 영향에 대하여 다음과 같이 설명한다.

유식사상에서 '알라야식'은 궁극적으로는 '기체'가 아니다. 궁극적인 기체로서는 상주하는 '진여'(tathatā)가 고려되기 때문이다. 그러나 '식'을 다른 '사온'(四蘊)으로부터 구별하여 근원시해서 '사식주'설을 성립시키고 본래 '초기체'였던 '알라야식'을 '기체'화해서 '일체법의 기체'로 변화시킨 것은 '아트만론' 곧 '기체설'이라는 인도의 비불교적 사상의 가장 강력한 사상적 흐름의 힘이라는 것이 명백할 것이다. 이러한 의미에서 나는 '알라야식'설을 비불교적인 '아트만론'의 전개라고 볼 수밖에 없다.[23]

요컨대 마츠모토는 유가행파 사상의 '본질적 구조'를 기체설이라고 보고 있지만, 여래장사상과의 차이에 대해서도 주목한다. 그에 따르면 '여래장사상'이나 '유가행파의 정통적 학설'이나 단일·상주하는 '궁극적 기체'의 실재를 승인한다는 점에서는 '아트만론'이라는 단순 일원론의 영향에 의해 대승불교 내부에 성립된 사상이라는 점에는 변함이 없다. 그렇지만 양자를 구분할 수 있는 것은, 전자 곧 '여래장사상'이 '아트만론'의 '소박한 불교판'인 것과 대조적으로, 후자 곧 '유가행파의 정통 학설'은 "상주하는 것은 원인(因)일 수 없다"는 불교적 원칙을 지키려 했다는 것이라는 게 그의 판단이다.[24] 즉 마츠모토는 인도에서 '기체설'이라는 사상의 큰 흐름이 기본적으로는 '아트만론'으로 확실히 존재하였고, 다만 그것이 '유가행파의 정통적 학설'에서만은 "상주하

23 같은 책, 417.
24 같은 책, 118.

는 것은 원인(因)일 수 없다"라는 불교적 원칙에 의해 제한을 받은 형태로 존재한다고 생각하는 것이다. 마츠모토는 유가행파의 기체설은 '일체법의 기체'(A)를 '생인'(生因: janana-hetu)으로 하는 것이 아니라, 이 A를 기체로 하는 초기체인 B를 '생인'으로 하는 특수한, 말하자면 간접적 형태의 기체설이다. 상주하는 A가 아니라 무상한 B를 '생인'으로 매개하는 유가행파 독자의 기체설적 구조를 보인다는 것이다.

2. 여래장(불성)사상 비판

여래장 내지 불성사상에 대하여 마츠모토가 비판하는 것은 모든 사람에게 불성이 있다고 하면서 평등을 주장하는 듯이 보이지만 실제로는 그렇지 않다는 점이다. 간단히 말하자면 『열반경』에서 말하는 "모든 중생에게 불성이 있다"(一切衆生悉有佛性)는 말은 『법화경』의 "일체개성"(一切皆成)과는 다르다는 것이다. 모두에게 불성은 있지만 불성이 있다고 해서 모두가 성불하는 것은 아니기 때문이다. 우선 우리는 마츠모토가 "일체개성"을 긍정하고 있다는 점에서 모두의 성불을 긍정하고 있음에 유의해야 한다. 그는 『불성론』은 일천제(一闡提)가 불성이 있음에도 성불하지 못한다는 것을 명시하고 있으며, 여성에 대해서도 차별적인 입장을 명시적으로 드러내고 있다고 지적하면서 기체설의 이중성을 『불성론』이 그대로 드러내고 있다고 본다.

샐리 킹(Sallie King)의 입장대로라면 이것은 『불성론』 자체의 문제라기보다는 『불성론』의 응용 차원의 문제라고 할 수도 있는데, 마츠모토는 이러한 샐리 킹의 입장에 대해서 비판적이다.[25] 샐리 킹이 『불성론』에 대하여 구원론적 장치라고 주장하는 것에 대해서도 마츠모토는 논박한다.

"여래장사상은 불교가 아니다"라는 마츠모토의 주장은 그 자신의 술회에 따르면 세 가지 측면에서 이루어진다. 첫째로 여래장사상이란 무엇이며, 무엇을 여래장사상이라고 보는가, 둘째로 불교란 무엇이며, 무엇을 불교라고 보는가, 셋째로 첫째와 둘째가 동일한 것이 아니라는 점이다.[26] 이 가운데서 불교란 무엇인가라는 문제는 불교학이 탐구하는 영원한 과제이므로 "나는 X를 불교라고 생각한다"라는 주관적인 판단 형식으로 두는 것밖에는 해답을 제시할 수 없다고 마츠모토는 생각한다.[27] 물론 그 주관적 판단은 불자들이 불전으로 전승해오는 문헌에서 설하는 바에 어느 정도 근거하지 않으면 설득력을 갖지 못할 것이다.

불교란 무엇인가에 대한 마츠모토 자신의 견해는 붓다의 연기설과 무아설이 불교의 근본이라는 것이다. 그는 우이 하쿠주(宇井伯壽)의 말을 인용하여 다음과 같이 말한다.

> 나는 연기설이 붓다가 설한 근본 취지로서 그 이론적 기초로 되어 있는 것이고 근본불교의 근본사상이라고 인정한다.[28]

우이 하쿠주의 말이 시사하고 있듯이, 연기설이 붓다의 가르침의 핵심이라는 것은 일본 불교학계에서 일반적인 것이지만, 연기설에

---

25 松本史郎, "如來藏思想と本覺思想," 「駒澤大學佛教學部硏究紀要」 Vol. 63(2005), 311.
26 같은 책, 316.
27 같은 곳.
28 같은 곳.

관한 마츠모토의 해석이 특이하다. 그는 우선 원시 불교로부터 전해온 것으로 여겨지는 12지 연기설을 중심으로 해서 연기를 이해하며, 더욱이 그것을 일정한 방향성을 지니는 시간적 인과관계로 이해한다. 따라서 중중무진(重重無盡)의 법계연기(法界緣起)나 사사무애(事事無碍)를 설하는 화엄사상(華嚴思想)에 기초해서 연기를 해석하는 우이 하쿠주(宇井伯壽)의 이해는 석존이 설했다고 보는 연기설의 해석으로서는 부적절하다는 것이 마츠모토의 판단이다.[29]

연기설은 또한 무아설을 함의한다.[30] 곧 12지 연기설을 구성하는 요소(支)들인 제법(諸法 dharma 속성), 즉 초기체(超基体, super-locus)는 그것이 소속될 기체(基體, dhātu, locus)인 아트만(ātman, 我)이 존재하지 않기에 실재하지 않는다. 따라서 무명 등의 연기지(緣起支)는 멸해질 수 있다. 무명 등이 멸해지기 때문에 고(苦)가 멸하고, 여기서 고의 멸에 이르는 '종교적' 시간이 성립한다는 것이다. 연기설은 무아설에 기초해서 종교적 시간을 가리킨다고 하는 것이 마츠모토의 해석이다. 우이 하쿠주는 연기설 또는 불교에서 시간을 배제하고자 노력했지만, 마츠모토는 종교적 시간을 가리키는 것이 바로 연기설이라고 생각한다.

이와 같은 마츠모토의 해석은 최근 일본의 불교학계에서 영향력이 있는 나카무라 하지메(中村元)의 해석과 대립된다.[31] 나카무라 하지메는 『숫타니파타』(*Suttanipāta*) 등의 운문 경전을 원시 불전의 가장 오래된 층이라고 보고, 거기서 설하는 바에 기초해서 원시 불교의 사상 및 석존의 사상을 재구성한다. 그는 불교를 연기설과 무아설이 아니라

---

29 같은 곳.

30 같은 곳.

31 같은 논문, 315.

오히려 아설(我說, ātma-vāda)로 해석한다. 반면에 마츠모토는 위와 같은 나카무라의 방법과 해석을 상세히 비판하는데, 그 요점은 나카무라가 원시 불전의 가장 오래된 층으로서 중시하는 『숫타니파타』 등의 운문 경전이 붓다 자신의 사상이 아니라 아설을 설하는 '고행자문학'(苦行者文學, ascetic literature)에 다름 아니라고 본다는 사실이다.[32]

또한 연기설이야말로 불교의 핵심이라고 보는 마츠모토는 "올바른 불교"(正しい仏教)와 "그릇된 불교"(誤った仏教)를 구별하여 불교의 본질을 파악하고자 하는 자신의 노력 자체가 폴 윌리엄스(Paul Williams)의 표현대로, "본질주의적 오류"(essentialist fallacy)이며, 무자성(無自性)·무본질(無本質)을 설하는 불교와 모순된다고 하는 반론까지 의식한다.[33] 폴 윌리엄스 부류의 사고방식은 불교로 이야기되어 온(또는 이야기되고 있는) 다양한 교설, 사상, 실천이 모두 불교라고 인정하는 입장과 다름없다고 마츠모토는 보면서, 스에키 후미히코(末木文美士)가 이야기하는 대로 이러한 입장은 "스스로 불교라고 이야기하니 불교다"라는 무원칙주의로 귀결될 것이라고 비판한다.[34]

또한 무자성(無自性)·공(空)을 단순히 무주장(無主張, a-pratijñā)이라고 파악하는 자체도 마츠모토는 올바른 공 이해라고 생각하지 않는다. 확실히 『근본중송』(根本中頌) 13-8에 "공성의 견해"를 가지는 사람들은 "치료될 수 없는 사람들"이라고 이야기하고 있는 곳아 사실이고, 이에 기초해서 "공에도 집착해서는 안 된다", "최고의 실재는 유(有)도 무(無, 空)도 떠나 있다"는 공 이해, 곧 중국의 삼론종과 티베트의

32 같은 곳.

33 같은 곳.

34 같은 곳.

"이변중관설"(離辺中觀說)에 의한 공 이해가 성립하는 것인데, 이와 같은 공 이해를 부정하고 중관학파에 그리고 불교에, 공과 연기라는 주장(pratijñā)이 있다고 역설한 것이 총카파(Tsong Kha Pa)였음을 마츠모토는 강조한다.[35] 그런 까닭에 총카파의 공 이해를 타당한 것으로 생각하는 마츠모토의 입장에서 본다면, 윌리엄스가 제기하는 "본질주의의 오류"는 부적절한 공 이해에 기초하고 있는 것이 된다.

더구나 마츠모토에 의하면 "공이라는 주장도 또한 집착이다"라는 이해는 반드시 유(有)의 입장에 가까워진다. 이 점은 이토 다카토시(伊藤隆壽)의 「도(道)·이(理)의 철학」에서 제시하는 가설에 의해서도 인정되듯이, 삼론종(三論宗)의 길장(吉藏)에게도 여래장사상이 본질적인 영향을 주고 있다는 사실에 의해서도 알 수 있다고 마츠모토는 단언한다.[36] 적어도 마츠모토는 길장의 사상이 여래장사상의 본질적 논리인 기체설(基體說, dhātu-vāda)을 구조로 하고 있다고 생각한다.

여래장사상에 대해서 우선 마츠모토는 그것이 기체설(基體說, dhātu-vāda)이라는 점을 강조한다. 이에 관해서는 설명이 필요하다. 우선 왜 불성사상이 아니라 여래장사상이라고 하는 용어를 사용해서 그가 논의를 전개하는 것인지를 우리는 먼저 이해할 필요가 있다. 마츠모토는 "불성"(buddha-dhātu)이라는 말을 최초로 사용한 『열반경』(涅槃經)보다는 "여래장"(如來藏, tathāgata-garbha)이라는 말을 처음으로 사용한 『여래장경』(如來藏經) 쪽이 오래된 것이라는 이유 때문이라고 그 이유를 명시한다.

곧 불성사상은 『여래장경』(如來藏經)에서 『열반경』(涅槃經), 『승

---

35 같은 논문, 315-316.

36 같은 논문, 314.

만경』(勝鬘經), 『부증불감경』(不增不減經)으로 발전해가고 『보성론』(寶性論)에서 결실을 맺는 사상의 흐름을 표현하는 말로서는 부적절하다고 그는 생각한다.[37]

다카사키 지키도(高崎直道)는 『여래장사상의 형성』(如來藏思想の形成, 1974)에서 작업적 가설로 『보성론』(寶性論)의 교리 내용을 여래장사상이라고 규정하고 『보성론』(寶性論)에 인용된 여러 경전을 근거로 하여 여래장사상의 형성 과정을 밝히고 있다. 이에 따라 그는 여래장사상을 인도 불교 연구의 한 분야로서 확립하였다고 학계에서 인정받고 있는데, 그때 그가 "여래장사상"이라는 용어의 전거로 삼은 것이 『능가경』(楞伽經)의 '여래장설'(如來藏說)과 법장(法藏)의 『기신론의기』(起信論義記)에 나오는 '여래장연기종'(如來藏緣起宗)이라는 표현이었음을 유념해야 한다고 마츠모토는 강조한다.[38]

이와 관련하여 마츠모토가 여래장사상이란 기체설이라고 생각하는 것은 여래장사상의 본질적인 논리 구조가 기체설이라는 의미다. 기체설(dhātu-vāda)이라는 표현이 인도 불교 문헌에 발견되는 것은 아니다. 즉 "dhātu-vāda"는 어디까지나 여래장사상의 논리 구조를 제시하기 위한 마츠모토의 신조어로서 하나의 가설이다. 이 가설을 그는 주로 『승만경』(勝鬘經), 『법화경』(法華經)의 「약초유품」(藥草喩品) 그리고 『대승장엄경론』(大乘莊嚴經論)에서 설하는 바에 기초하여 구상하였다고 밝힌다.[39] 그는 특히 다양한 식물이 대지(大地)를 기체(基體)로 하여 발생한다고 설하는 「약초유품」의 비유는 이 가설을 구상할

37 같은 논문, 313-314.

38 같은 논문, 313.

39 같은 곳.

때에 중요한 전거가 되었다고 밝힌다. 또한 『대승장엄경론』(大乘莊嚴經論)은 유가행파(瑜伽行派) 곧 유식파(唯識派)의 기본적 문헌이고, 여래장사상도 유식사상도 모두 기체설로서 중관파 계통의 공성설(空性說, Śūnyatā-vāda)과 대립하고 있다는 것이 마츠모토의 기본적 견해다.

마츠모토에 따르면, 기체설이란 간단히 말해서 "단일한 실재인 기체(基體, dhātu)가 다수의 법(dharma)을 발생시킨다"고 주장하는 설이고, 발생론적 일원론이라든가 근원실재론이라고 부르는 것도 가능하다고 한다.[40]

이와 같은 기체설이 우선 힌두교의 아트만(Ātman)론, 곧 아설(我說)이라는 전제 항에 마츠모토는 설명을 전개한다. 그는 여래장사상이란 기본적으로 힌두교 아트만론의 불교 판에 다름 아니라고 본다. 곧 그는 힌두교의 아트만론이 특히 대승불교 성립 이후 불교의 내부에 침입하여 불교적 표현을 외투로 두르고 성립한 것이 여래장사상이라고 보고 있다. 따라서 남전불교, 즉 상좌불교에서는 기본적으로 여래장사상이 존재하지 않는다고 그는 본다.[41] 『열반경』과 『승만경』이 상락아정(常樂我淨)이라는 열반의 사덕(四德)을 긍정하는 것은 잘 알려져 있는 사실인데, 그는 이 가운데서 보다 근본적인 『열반경』의 아트만론에 관하여 논한다. 우선 그는 담무참(曇無讖) 역이나 티베트 역보다 『열반경』의 옛 형태를 제시하는 것으로 간주되는 법현(法顯) 역의 「순타품」(純陀品)에 나오는 다음과 같은 단락에 주목한다.[42]

---

40 松本史朗, "如來藏思想と本覺思想," 312.

41 같은 곳.

42 같은 곳.

여래는 법신이지 육신이 아니다.

如來法身 非穢食身[43]

이 "여래는 법신(dharma-kāya)이지 육신(肉身, 穢食身, āmiṣa-kāya)이 아니다"라는 주장이야말로 『열반경』의 독자적인 설이라고 마츠모토는 강조하면서, 이 경전은 "여래=법신"이 아트만임을 설한다고 지적한다.[44] 그는 법현 역에 다음과 같이 이야기가 있는 사실에도 주목한다.

저 불(佛)이라는 것은 아(我)라는 뜻이고, 법신(法身)은 상(常)이라는 뜻이다.

彼仏者是我義 法身是常義[45]

마땅히 알지니, 아(我)라는 것은 실(實)이고, 아라는 것은 상주이며, 변하지 않는 법이고, 마멸하는 법이 아니다. 아라는 것은 덕이고, 아라는 것은 자재(自在)이다.

当知 我者是實 我者是常住 非変易法 非磨滅法 我者是德 我者自在[46]

마땅히 알지니, 여래는 상주하며, 변하지 않는 법이며, 마멸하지 않는 법이다.

当知 如來常住 非変易法 非磨滅法[47]

---

43 大正12, 860b11.

44 松本史朗, "如來藏思想と本覺思想," 312.

45 大正12, 862a13-14.

46 同, 86 3a13-14.

47 同, 86 5a9-10.

위와 같은 4개 경문에서 마츠모토는 다음과 같은 등식을 도출한다.

> 여래=법신=아(我)=상주(常住)=실(實)=비변역법(非變易法)=자재(自在)[48]

곧 "여래는 법신이고 변역이나 마멸이 없이 상주하는 스스로 존재하는 자아이다"라는 것이다. 마츠모토는 이와 같이 명확한 아트만론을 『열반경』이 설하고 있는 것을 고려하면, 샐리 킹(Sallie King)의 "구원론적 장치"라는 다음과 같은 주장이 성립하지 않는다는 것이 분명해질 것이라고 역설한다.[49]

> 그러므로 나의 우선적 결론은 불성사상을 일종의 기체설이라고 하는 주장이 오류라는 것이니, 왜냐하면 불성은 구원론적 장치이며 존재론적으로는 중립적이기 때문이다.[50]

곧 마츠모토에 의하면 『열반경』에서 설하는 "여래=법신=불성"은 결코 "존재론적으로 중립적"(ontologically neutral)이지 않고 바로 존재론적인 실재, 곧 영원불변의 아트만을 가리킨다. 여래장사상이 "흠잡을 데 없이 불교적이다"라는 샐리 킹의 성급한 주장은 중관사상을 기조로 하는 티베트 불교와 대비해 볼 때, 여래장사상을 주류로 하는 중국,

---

48 "如來藏思想と本覺思想," 312.

49 같은 논문, 311-312.

50 Sallie B. King, *Pruning the Bodhi Tree: The Storm Over Critical Buddhism*, (University of Hawaii Press, 1997), 190. 류제동 역 『보리수 가지치기: 비판불교를 둘러싼 폭풍』 (씨아이알, 2015), 282 참조.

한국, 일본이라는 동아시아 계통의 불교사상을 불교의 정통사상이라고 옹호하고자 하는 호교론적 의식(일본의 다수 불교학자에 의해서도 공유되고 있는)에 의해 지지되고 있다는 것은 충분히 이해할 수 있다. 그러나 아트만론이 『열반경』에서 명확히 긍정되고 있는 이상 불성을 '구원론적 장치'(soteriological device)라고 평가하는 것은 부적절하리라는 것이 마츠모토의 입장이다.[51]

마츠모토는 말하기를 연구자는 항상 연구 대상에 관하여 비판적 관점을 가져야 하며, 그것을 옹호하거나 찬미하거나 해서는 안 된다고 한다. 그렇지 않으면 일본의 불교학자들이 일본 불교를 대승불교 발전의 궁극점이라고 찬미했다고 하는 과거의 오류를 되풀이할 우려가 있다는 것이 그의 입장이다.[52] 우리는 이러한 마츠모토의 태도를 눈여겨볼 필요가 있다.

또한 마츠모토에 의하면 여래장사상의 한 기점을 이룬다고 여겨지는 『여래장경』도 아트만론을 설하고 있다. 마츠모토에 의하면, 이 경의 주제는 "연화(蓮華, padma) 중에 여래가 있는 것과 마찬가지로 일체 중생 가운데 여래가 있다"고 설하는 데 있다는 것이며, 여기서 "연화"란 "심연화"(心蓮華) 곧 인간의 "심장"(心臟, hṛdaya)을 뜻한다.[53] 곧 "'연화'의 형태를 한 '육단'(肉团)인 '심장' 중에 아트만이 존재한다"라고 하는 것은 『우파니샤드』 이래 아트만론의 정설이므로, 『여래장경』에서 '연화' 가운데 있는 '여래'라고 말하는 것은 곧 '심장' 가운데 있는 아트만을 가리키고 있다는 것이다. 따라서 "여래=아(我)"라고 하는 『열반경』의

51 松本史朗, "如來藏思想と本覺思想," 311.

52 같은 곳.

53 같은 곳.

명확한 아트만론은 『여래장경』에서 불명확하게 표현되고 있던 아트만론을 명확하게 한 것에 다름 아니라는 것이 마츠모토의 주장이다.

더구나 '심장'이 '연화'의 형태를 한 '육단'이라고 하는 것에 기초하여 마츠모토는 "적육단상 유일무위진인"(赤肉団上 有一無位眞人)이라고 하는 『임제록』(臨濟錄)의 "적육단"(赤肉団)이 "심장", "무위진인"(無位眞人)을 아트만이라고 생각한다.[54] 곧 『임제록』에서 제시되는 임제(臨濟, ?~867)의 사상을 아트만론이라고 그는 본다. 이에 대해서는 앞으로 좀 더 상세히 논할 것이다.

마츠모토는 위와 같이 여래장사상을 아트만론이라고 간주한다. 그는 여기서 한 걸음 더 나아가 여래장사상을 차별 사상이라고 주장한다. 여래장사상은 "일체중생여래장"(一切衆生如來藏)과 "일체중생실유불성"(一切衆生悉有仏性)을 설하기 때문에 인간을 차별하지 않는 평등사상으로 간주되어 왔지만 이러한 이해는 『열반경』의 내용과 일치하지 않는다고 마츠모토는 지적한다.[55] 그는 이 경전의 담무참 역에 다음과 같은 말이 있다는 사실에 주목한다.

> 일체 중생이 다 불성이 있으며, 이 불성으로 인하여 헤아릴 수 없는 온갖 번뇌의 묶임을 끊고 곧 아뇩다라삼먁삼보리를 성취한다. 일천제는 제외하고.
> 一切衆生皆有仏性 以是性故 斷無量億諸煩惱結 卽得成阿耨多羅三藐三菩提 除一闡提[56]

54 같은 곳.

55 松本史朗, "如來藏思想と本覺思想," 310.

56 大正12, 404c4-6.

저 일천제에 비록 불성이 있으나 헤아릴 수 없는 죄의 더러움에 묶여서 벗어날 수 없으니, 마치 누에가 고치에 놓여 있는 것과 같다. 이러한 업의 인연으로 인해 깨달음의 묘한 원인을 낼 수 없어 생사에 유전하기를 다함이 없다.

彼一闡提雖有仏性 而爲無量罪垢所纏 不能得出 如蚕處繭 以是業緣 不能生於菩提妙因 流轉生死 無有窮已[57]

여기서 "일천제는 제외한다"(除一闡提)라는 표현의 뜻이 문제가 된다. 마츠모토에 의하면 이 표현을 "일천제는 불성을 갖지 않는다"라는 의미로 이해하는 것은 가능하지 않다.[58] "저 일천제가 비록 불성이 있더라도"(彼一闡提雖有仏性)라고 설하고 있기 때문이다. 그러면 '제외'[除]란 일천제를 무엇으로부터 제외한다는 표현일까? 마츠모토에 따르면, 그것은 "성불할 수 있다"라고 하는 것, 곧 "아뇩다라삼먁삼보리를 성취할 수 있다"(得成阿耨多羅三藐三菩提), "보리(菩提)의 묘인(妙因)을 능히 생한다"(能生於菩提妙因)는 데서 제외된다는 뜻이다. 즉 일천제란 불성을 갖고 있지만 영구히 '성불'하는 것이 불가능하고 윤회를 계속하는 존재다. 따라서 여기서 마츠모토에게 중요한 사실은 다음과 같은 부등식이 성립한다는 점을 인식하는 일이다.

일체 중생이 다 불성이 있다 ≠ 모두가 다 성불한다.

一切衆生悉有仏性 ≠ 一切皆成[59]

57 同, 419b5-7.

58 松本史朗, 같은 논문, 310.

59 같은 곳.

다시 말해서, 『열반경』은 "일체중생실유불성"을 설하고 있지만 "일체개성" 즉 "일체중생이 모두 성불할 수 있다"고는 설하지 않으며, 따라서 "일분불성"(一分不成), 즉 "중생 가운데 일부분("일천제")은 영구히 성불할 수 없다"는 입장을 설한다는 것이고, 이 입장을 마츠모토는 차별 사상이라고 부르는 것이다.

물론 마츠모토도 도생(道生)이 "일천제성불"(一闡提成仏)을 주장하였다고 하는 것 그리고 담무참 역 40권본 『열반경』 내에 제11권 이후 제30권에 이르는 부분, 곧 법현 역과 티베트 역에 대응 부분이 없는 부분에 일천제의 '성불'을 허용하는 표현이 보인다는 사실을 모르는 것은 아니다.[60] 예를 들면 그 부분에는 다음과 같은 말이 있다.

불성으로 인하여 일천제 등은 본래의 마음을 버리고 떠나서 모두 마땅히 아뇩다라삼먁삼보리를 성취한다.

以仏性故 一闡提等 捨離本心 悉当得成阿耨多羅三藐三菩提

(大正12, 505c14-16)

일천제의 무리 또한 아뇩다라삼먁삼보리를 얻는다.

一闡提輩 亦得阿耨多羅三藐三菩提(同 `519a7-8)

그러나 이 부분은 마츠모토에 의하면 명확히 증광된 부분이고 그 원전의 인도 성립도 확정되어 있지 않다.[61] 따라서 그에 의하면 『열반경』 본래의 입장은 "일천제는 영구히 성불하는 것이 불가능하다"는

60 같은 곳.

61 같은 논문, 309-310.

'일분불성'의 입장이었다는 것을 부정하기 어렵다.

이와 같은 사정은 마츠모토에 의하면 삼승각별설(三乘各別說)을 주장하는 유가행파의 『대승장엄론』(大乘莊嚴論)에 대해서도 말할 수 있다. 곧 이 논서는 어떤 개소에서는 "일체중생여래장"(IX, 37)이라고 설하면서도 다른 개소에서는 "무인"(無因 III, 11), 곧 영구히 열반할 수 없는 중생의 존재를 인정하고 있다.[62]

마츠모토는 이와 같이 원리로서는 평등을 설하면서도 현실로서는 차별을 긍정하는 입장이 바로 기체설의 본질적 구조에 기초하고 있다고 주장한다. 기체설에서는 기체(基體)의 단일성(평등)이 초기체(超基體)의 다성(多性: 차별)을 해소하기는커녕 오히려 그것을 확고하게 하고 근거 짓는 원리가 되기 때문이다. 곧 "불성"이라는 기체의 단일성(평등)이 그 위에 놓이는 "종성"(種姓, gotra)이라는 초기체의 다성(차별)을 근거 짓고 있다는 것이다.

마츠모토에 따르면, "기체의 단일성(평등)이 초기체의 다성(차별)을 근거 짓는다"는 기체설의 구조는 실은 힌두교의 일원론(아트만론)의 근본 구조이며, 힌두교의 카스트 제도 또한 이 구조에 기초하고 있다는 사실을 이해할 필요가 있다. 그는 우선 대승불교의 어느 단계에서부터인가, 특히 유가행파에 의하여, 아마도 힌두교의 강한 영향 아래 빈번하게 사용하게 된 "sama"(평등)라는 표현에 주목한다. 그에 의하면 이 표현은 "같다"(same, equal)를 의미하지만, "같다"는 동시에 "하나"(one)를 의미하기도 한다. 곧 "sama"라는 표현은 일원론과 불가분리적으로 사용되고 있으며, 일원론을 지시하고 있음을 이해할 필요가 있다. 이

62 같은 논문, 309.

점을 명시하는 것이 대승경전의 편찬이 이루어지기 전에 그 중심을 이루는 부분이 성립된 것으로 여겨지는 『바가바드기타』(*Bhagavadgītā*)라는 힌두교 경전이라고 마츠모토는 주장한다.[63] 이 문헌에는 "sama"라는 표현이 극히 자주 사용되고 있으며, 'sama'(평등)는 『바가바드기타』의 중심적 테마가 되고 있다고 마츠모토는 주장한다. 그러나 그에 따르면 『바가바드기타』는 결코 현실의 차별을 부정하는 문헌이 아니다. 그러기는커녕 그 차별을 긍정하고 옹호하고 있는 것이 『바가바드기타』다. 마츠모토는 이 문헌의 다음과 같은 단락에 주목한다.

> 사성제도(四姓制度, cāturvarṇya)는 나(Kṛṣṇa = 神)에 의하여 창조되었다(IV, 13).

이렇게 서술할 뿐 아니라, 다음과 같은 극히 차별적인 "평등"설도 설하고 있다.[64]

> 현자는 지혜와 수양을 갖춘 바라문에서도, 소, 코끼리, 개, 개를 먹는 자(犬喰, śvapāka)에서도 평등인 것(sama)을 본다(V, 18).[65]

마츠모토에 의하면 이 게송 이상으로 힌두교에서의 "평등" 주장이 차별 사상이라는 사실을 명시하는 것은 없다.[66] 여기서 그는 "평등인

---

63 松本史朗, "如來藏思想と本覺思想," 309-308.
64 같은 논문, 309.
65 같은 논문, 308-309.
66 같은 논문, 308.

것"을 샹카라(Śaṅkara)가 "단일(eka)하고 변화가 없는 브라흐만(brahman)"을 의미한다고 주석하고 있다는 사실에 주목한다. 곧 이 게송은 "일체중생에 단일 브라흐만이 있다"고 설하고 있는 셈인데, 이것은 마츠모토에 의하면 "일체중생에 불성이 있다"고 하는 『열반경』의 주장과 구조가 일치한다. 그렇다면 이 게송이 현실의 차별을 부정하고 있는 것이 아닌가 생각하기 쉽지만, 전혀 그 반대다. 곧 "개를 먹는 자"(犬喰, śvapāka)는 문자 그대로는 "개를 요리하는 자"를 의미하지만 라다크리슈난(Radhakrishnan)은 이것을 "아웃카스트"(outcaste)라고 번역하고 있다고 마츠모토는 지적한다. 그들은 카스트제도에서 최하층의 사람들이고, 게송에서 열거하고 있는 순서를 고려한다면 개보다도 저열한 존재로 간주되고 있음이 뚜렷하다고 그는 강조한다. 따라서 이 게송에서는 "단일(평등)한 실재가 현실의 차별을 근거 짓는다"는 기체설의 기본적 구조가 제시되고 있다는 것이 그의 견해다.

마지막으로 마츠모토는 여래장사상을 단순하게 평등사상이라고 이해하고 있는 사람들에게 『열반경』의 "일체중생실유불성"이라는 경문뿐 아니라 열반경 그 자체를 읽기를 촉구한다. 예를 들면 『열반경』 담무참 역에는

> 일체의 여인은 모두 많은 사람이 싫어하는 소주처(所住処)다.
>
> 一切女人 皆是衆惡之所住處67

라는 말이 있는데 이 말 뒤에는 더욱 한탄스러울 정도로 여성에 대한

67 大正12, 422a16-17.

차별적 주장이 반복되고 있다고 그는 지적한다.[68] 그는 아마도 그것을 읽는다면 『열반경』이 평등사상을 설하고 있다고 단순히 찬미할 수 있는 사람은 사라질 것이라고 말한다.

이처럼 마츠모토에 따르면 여래장사상은 차별적인 아트만론인 기체설을 기저로 한다. 그런데 그에 의하면 불교의 본질인 연기설은 이 기체설과 다르다. 오히려 기체설을 부정하기 위하여 구상된 설이라고 생각되기 때문에 "여래장사상은 불교가 아니다"라는 주장이 성립한다는 것이 마츠모토 교수의 주장이다.

3. 본각사상(本覺思想) 비판

본각사상은 일본 불교에서 핵심적인 중요성을 지니는 사상으로서 당연히 하카마야와 마츠모토의 중심적 비판 대상이 된다. 다만 하카마야는 '본각사상'이라는 용어를 그 자체로 전면에 내세워서 비판하는 반면, 마츠모토는 전체 불교사상사의 맥락에서 여래장사상의 범위 안에 본각사상의 좌표를 위치시키는 것이 중요하다는 것을 강조한다는 점에서 양자 사이에 차이가 있다. 여기서는 우선 하카마야 노리아키의 본각사상 비판을 살펴보고 이어서 마츠모토 시로의 본각사상 비판을 살펴보기로 한다.

68 松本史朗, "如來藏思想と本覺思想," 308.

1) 하카마야 노리아키의 본각사상 비판

하카마야 노리아키는 본각(本覺)이라는 말을 처음으로 명료하게 정의하여 그 체계의 근간으로 삼은 것이 『대승기신론』이라고 하면서 다음과 같은 부분을 인용한다.

> 언급된바 깨달음의 뜻이라는 것은 마음의 체가 생각을 떠난 것을 말한다. 생각을 떠난 상이라는 것은 허공의 경계와 같으며 두루 다 미치지 않는 바가 없고 법계의 일상(一相) 바로 이것이 여래의 평등한 법신이다. 이 법신에 의거하여 설하되 본각이라고 이름하는 것이다. 왜 그런가 하면 본각의 뜻은 시각의 뜻에 상대시켜서 설하는 것으로서 시각으로써 바로 본각과 같아지는 것이다. 시각의 뜻은 그것이 본각에 의거하는 것이기 때문에 또한 불각이 있고 불각에 의거하기 때문에 시각이 있다고 설한다. 所言覺義者 謂心體離念 離念相者 等虛空界 無所不偏 法界一相 卽是如來平等法身 依此法身說名本覺 何以故 本覺義者 對始覺義說 以始覺者 卽同本覺 始覺義者 依本覺故而有不覺 依不覺故說有始覺[69]

여기서 깨달음의 정의에 관하여 하카마야 노리아키는 일반적으로 "깨달음의 지혜"라는 등으로 해석되고 있다는 점을 인정하면서도 그 지혜가 "불교에서 엄밀하게 사용되는 올바름과 사악함[正邪]을 구별하여 아는 지혜(智慧, prajñā)와는 전혀 상관없음을 특히 주의할 필요가 있다"고 역설한다.[70] 하카마야는 게다가 지혜가 아니기 때문에 깨달음

69 袴谷憲昭, 『本覺思想批判』(大藏出版, 1990), 6.
70 같은 책, 6-7.

은 구별도 언어도 기억도 상관없는 "마음의 체가 생각을 떠난 것"이라고 정의될 수 있다고 단언한다.

이러한 정의에서 '마음'이 '생각을 떠난 것'이라고 이야기하는 것이 아니라 '마음의 체'가 생각을 떠난 것이라고 이야기하는 것은 극히 교묘하다고 하면서, "마음은 끊임없이 생각을 떠나지 않고 항상 생멸하고 있을 수밖에 없는데 그 마음의 배후에 마음의 체가 있어서 그 자체는 '상항불변'(常恒不變)의 진여로서 일체법을 지지하고 있다는 것이 『대승기신론』의 입장"이라고 하면서 "이러한 진여는 뒤에 어떻게 해석되어 '마음'과 결부되든 간에 일반적인 '마음'과는 관계없는 것으로서 처음부터 짜여 있었다고 단정한다.[71]

그러므로 이 '마음의 체'와 '심진여'라는 것은 일상적인 '마음'과 전혀 관계없는 '허공의 경계와 같은' 것으로 규정된다. 이처럼 아무런 전제 없이 처음부터 존재하는 것으로 간주되는 '체'와 '진여'가 '법신'이라고 하는 지혜의 결과 '마음'의 변화와의 관계에서 어느 정도 의식되면서 '본각'이라고 하는 표현으로 변화되는데, 어떻게 달리 말하든 '본각'은 본질적으로 마음의 '체'와 '진여'와 전혀 다르지 않다는 점은 말할 필요도 없다는 것이다.[72] 그런데도 이 하나의 '체'와 '진여'에 포함된 일체법 가운데 보통의 마음이 변화한 결과 비로소 깨달음에 닿는 것 같은 체험을 하게 되면 그것을 '시각'이라고 할 뿐이라고 비판불교는 본다. 이것 또한 '체'와 '진여'로서의 '본각' 가운데 포함되어 있음은 물론이다.

무엇보다도 이 점을 명확하게 포착하지 않고 '본각'과 '시각'을 마치 대립되는 개념으로 취급하면서 어느 쪽을 취할 것인가와 같은 우스운

71 같은 책, 7.

72 같은 곳.

논의도 횡행하고 있는데, '시각'도 '본각' 안에 있다는 점을 결코 잊어서는 안 된다는 것이 마츠모토의 판단이다. 특히 일본의 경우 수행 과정을 중시해서 인(因)에서 과(果)로 향하는 종인향과(從因向果)가 시각법문이라고 불리는 것에 대하여, 당초부터 범부의 본성이 깨달음과 다르지 않다는 과불(果佛)의 자각에 입각해서 인을 보는 종과향인(從果向因)이 '본각법문'이라고 불리면서, 마치 두 가지 대립하는 '법문'이 있는 듯 착각하는데, 전자라 하더라도 이론적으로는 '본각'을 무조건적인 전제로 받아들이고 있다는 점에서는 전혀 다르지 않다.73

다만 현실적 문제로서 이 둘이 자못 다른 두 가지 사조인 듯 취급되어 온 오랜 역사적 경과가 있기 때문에 이제 와서 양자가 본질적으로 같은 것이라고 이야기하더라도 역점을 두는 차제에 따라 여전히 두 가지 서로 다른 방식이 있는 듯이 보이는 것이 사실이다. 그럼에도 그 역점을 두는 방식에 따라서 '본각사상'의 정의도 학자에 따라 그 뉘앙스가 다르다는 것은 충분히 예상되는 것이다. 적어도 하카마야 노리아키가 '본각사상'이라고 할 경우에는, 본질적으로 말해서 일체법의 근저에 하나의 '체'이자 '진여'로서의 '본각'을 설정하고 그 안에 일체의 것을 포함하는 구조를 보인다면 동일한 '본각사상'이라고 간주할 수 있으며, 그 경우 다소간의 정도의 차이는 무시해야 한다고까지 마츠모토는 생각한다.

하카마야가 '본각사상'이라고 규정할 때 다른 학자와 가장 크게 다른 점은 그 용어에 '천태'라고 하는 한정어를 결코 붙이지 않는다는 사실이다. 하카마야에 의하면 본각사상은 본질적으로 '불교'의 특징을

---

73 같은 곳.

조금도 보이고 있지 않기 때문에 올바른 '불교'로부터는 철저히 배제되지 않으면 안 된다. 이러한 맥락에서 하카마야는 본각사상을 대략 다음과 같이 규정한다.

> 본각사상은 모든 것이 하나의 '본각'(근원적인 깨달음)에 포함되어 있음을 전제로 하고, 게다가 그 전제는 정의상 언어에 의해서는 표현될 수 없다는 사고방식인 까닭에, 그것은 언어에 의한 논증이나 믿음이나 지성과는 관계없이 그저 아무렇게나 되는 대로 사고방식을 압박하는 권위주의로 기능하는 것에 불과하다.[74]

하카마야는 이와 같은 규정을 더 논리적으로 부연하여 다음과 같은 세 가지 점을 제시한다.

(1) 모든 것을 포함하는 '하나의 본각'은 무조건적으로 전제되는 것인데, 인도에서는 브라흐만과 아트만을 근본적인 기반으로 하는 『우파니샤드』의 철학이며, 불교는 이러한 공간적으로 불변하는 하나의 '장소'를 부정하고 시간적인 '연기'만이 실재라고 주장한다.

(2) 토착사상을 어떤 논증도 거치지 않고 자기 긍정적으로 전제하는 본각사상은 단순히 자기 전통의 영속성을 자부하는 권위주의에 불과한데, '장소'를 부정하고 '연기'를 주장하는 불교는 당연히 '무아'설을 표명하고 권위주의를 부정하기 때문에 자기부정적

74 같은 책, 8-9.

으로 이타를 지향하며 언어를 소중하게 선택하게 된다. 역으로 자기긍정적인 본각사상은 이론상 이타가 성립할 수 없고, '모두가 성불한다'는 주장은 단순한 속임수에 불과하다.

(3) '하나로서의 본각'은 생각을 떠난 세계에서 체득된 진여이기 때문에 언어로 표현할 수 없다는 본각사상은 '신앙'과 '지성'을 전적으로 경시하고 언어를 무시하는 반면, 불교는 석가모니의 '지성'에 의해 깊이 숙고된 '연기'의 가르침이 처음 설해진 데서 유래한다. 따라서 불교는 '신앙'과 '지성'에 의해서 '연기'를 숙고하는 지성주의에 다름 아니며, 본각사상은 그와 정반대로 무위자연(無爲自然)을 숭상하고 '득의망언'(得意忘言)의 깨달음이라는 체험주의에[75] 불과하다.[76]

---

75 체험주의라는 하카마야 노리아키의 판단에 관련하여 다음의 연구가 주목된다. Barry Stephenson, "The Koan as Ritual Performance," *Journal of the American Academy of Religion* (June, 2005), Vol. 73, No. 2, 475-496. Barry Stephenson은 이 논문에서 불교가 유럽과 북미에서 이해되는 과정에서 특정한 이론적이고 방법론적인 사조의 영향이 컸음을 지적한다. 특히 선불교의 공안의 이해에 있어서 체험주의자들(experientialists)과 문헌론자들(textualists)의 양 진영으로 나뉠 수 있다고 하면서 새로운 접근으로 의례적 접근을 제안한다. 체험주의자들의 접근은 심리학, 신비주의, 종교적 경험의 차원에서 선불교의 공안에 접근한다. 문헌론자들은 문헌학적이고 역사비평적이며 해석학적인 방법과 이론을 활용한다. 양 진영 사이에는 방법론적이고 해석적인 긴장이 존재하는데 종종 언어의 문제를 중심으로 그러하다. 이 논문에서 D. T. Suzuki는 체험주의 진영의 대표자로 언급된다. Steven Heine는 문헌론자 진영의 지지자로서 "공안의 본질과 기능은 무엇인가? 그것은 언어를 무력화시키는 심리학적 장치인가 아니면 텍스트성을 자극하는 문학적 장치인가?"라는 질문을 던진다.

76 다음 논문도 참조할 필요가 있다. Stuart Lachs, "Hua-t'ou: A Method of Zen Meditation"(http://terebess.hu/english/lachs.html). Stuart Lachs는 Buswell의 *The Korean Approach to Zen: Collected Works of Chinul*(University of Hawaii Press, 1983)에 실린 지눌의 저작을 인용하면서 수행의 목적으로서 깨달음 체험에 집착하는 것에 대한 경고가 그 저작에 뚜렷이 나타나고 있음에 주목하면서, "우리는

2) 마츠모토 시로의 본각사상 개념에 대한 비판과 불성현재론(佛性顯在論)

본각사상에 대하여 마츠모토는 우선 다음과 같이 논한다.

> 더욱이 "본각사상"이라는 말 그 자체에 대해서도 이 표현이 오늘날 일본에서 상당히 널리 사용되게 되었다는 점은 인정하지만, 나 자신은 이 개념으로는 천태본각법문의 사상적 해명조차도 할 수 없다고 생각한다. 다른 곳에서 논하였듯이 천태본각 법문의 『삼십사개사서』(三十四箇事書) 에는 '불성현재론'에 의해서 '불성내재론'을 비판하는 개소가 있지만, 이 비판은 역시 천태본각법문에 속하는 『진여관』(眞如觀)을 대상으로 하는 것이라고도 이해될 사정이 존재한다. 그러한 까닭에 '본각사상'이라는 표현은 엄밀한 학문적 논의에서는 사용해서는 안 된다고 하는 것이 나의 현재 생각이다. 특히 '본각사상'이라는 표현의 사용에 수반되는 폐해는 '본각사상'에 관한 논의라는 것이 인도 불교의 여래장사상과 분리되어 행해지는 동시에 그렇게 행해도 무방하다는 착각을 연구자 및 일반 독자에게 품게 한다는 점에 있다. 그리고 이것이 또한 일본 불교 및 일본의 단순한 자연 찬미로 이어지는 것으로도 되기 때문에, 불교학자로서는 역시 여래장사상이라는 표현을 사용해서 논의를 해야 한다고 생각한다.[77]

우리의 행동을 재단해야 하고, 우리의 습기(習氣)를 자각해야 하며 세상을 대면할 때 어떻게 행동하고 생각할지 스스로 뚜렷이 인식해야 한다"라고 조언한다. 그는 "말과 행위가 불일치할 때 자신의 수행의 올바름과 올바르지 않음이 드러날 수 있다"라는 종밀의 말을 거듭 인용하여 강조한다. 아울러 그는 자비에 대한 지눌의 강조에도 주목한다.

77 松本史朗, "書評·袴谷憲昭著『法然と明惠』," 「駒澤大學仏教學部論集」 29(1998),

마츠모토는 여기서 제시한 자신의 생각에 줄곧 변화가 없다고 밝히면서, '본각사상'이라는 표현이 1920년대에 시마지 다이토(島地大等)에 의해 일본 불교학계에 도입된 이래 오늘날에 이르기까지 다수의 학자에 의해 '본각사상'을 둘러싼 우수한 연구가 축적되어 왔음에도 불구하고 한 번도 명확히 규정된 적이 없었다고 비판한다.[78] 더 나아가서, 본각사상 자체가 명확히 규정될 수 없다는 것이 마츠모토의 기본적 이해이다.

마츠모토가 '본각사상'이라는 용어의 타당성을 의문시하게 된 것은 하카마야 노리아키의 설에 의문을 품게 된 것에 기인한다. 하카마야 노리아키는 1989년 『본각사상비판』(本覺思想批判)에서 "본각사상은 불교가 아니다"라고 주장하는 '본각사상비판'을 전개하여 학계에 충격을 주었는데, 당초에 이 주장에 찬동하고 있던 마츠모토는 차츰 이 주장의 비논리성에 주목하게 된다. 문제의 발단은 하카마야가 '본각사상비판'을 개시한 1986년의 "차별 현상을 산출하는 사상적 배경에 관한 나의 견해"라는 논문에 있다. 이 논문에서 하카마야는 "도겐은 '본각사상'을 비판했다"라고 했는데, 이 때 '본각사상'에 관한 그의 정의가 극히 불명확한 것이었다고 마츠모토는 지적한다.[79]

마츠모토는 여기서 우선 하카마야가 "도겐은 '본각사상'을 비판했다"고 논한 것은 도겐이 『변도화』(辨道話)에서 소위 '심상상멸'(心常相滅)설을 비판했다는 사실을 가리킨다는 점을 지적한다.[80] 마츠모토는

473-474.

78 松本史朗, "如來藏思想と本覺思想," 307.

79 松本史朗, 같은 곳. 다만 우리는 하카마야가 이 논문에서 마츠모토가 말하는 기체설을 '본각사상'이라고도 서술하고 있다는 점에 유의할 필요가 있다.

80 松本史朗, "如來藏思想と本覺思想," 307-308.

이 ‘심상상멸’ 설은 정확히는 ‘신멸심상’(身滅心常)설이라고 불러야하는 것이라고 하면서, 그 다음부터는 줄곧 ‘신멸심상’(身滅心常)설이라는 표현을 사용한다. 이것은 『변도화』에서 “생멸로 옮겨지지 않는 심성이 우리 몸에 있으니”[81]라는 표현이 제시하고 있는 사고방식인데, 마츠모토에 의하면 여기서 ‘심성’이란 ‘불성’을 의미하므로 바로 여래장사상이 되고 기체설이 된다.[82] 다만 마츠모토에 따르면 이 논문에서 하카마야의 논의에는 큰 문제점이 두 가지가 있었다. 그것은 ‘신멸심상’설을 ‘본각사상’이라고 부른 것 그리고 ‘신멸심상’설을 비판할 당시 도겐 자신의 사상적 입장에 대하여는 전혀 고찰하지 않았다는 점이다.[83] 마츠모토에 의하면 특히 중요한 것은 후자로서, 하카마야는 ‘본각사상’이 여래장사상이며 곧 기체설임으로 도겐의 사상적 입장은 불교 즉 붓다의 가르침 그 자체라고 생각해버렸다는 것이다. 그런 까닭에 하카마야는 도겐을 본각사상을 비판한 희유의 인물로 찬미하게 되었다고 마츠모토는 지적한다.

이와 같은 하카마야의 설에 대한 마츠모토의 최초의 비판은 1991년의 “심신인과(深信因果)에 관하여”라는 논문에 제시되었는데, 도겐이 『변도화』에서 ‘신멸심상’ 설을 비판할 당시의 그의 입장을 문제삼았다. 곧 ‘신심일여’(身心一如), ‘성상불이’(性相不二), ‘생사가 곧 열반’, ‘심성대총상의 법문’(心性大總相の法門), ‘일대법계’(一大法界) 등의 말로 표현되는 도겐 자신의 입장도 역시 ‘본각사상’이 아닌가를 논한 것이다.[84] 여기서 마츠모토는 ‘심성대총상의 법문’ 및 ‘일대법계’라는

---

81 같은 논문, 306.

82 같은 곳.

83 같은 곳.

도겐의 말이

> 심진여라는 것은 곧 일법계의 대총상법문의 체다.
> 心眞如者 卽是一法界大總相法門体[85]

라는 『기신론』의 말에 기초하고 있음이 명확하다고 하면서, 『기신론』이야말로 '본각'이라는 말을 최초로 사용한 문헌으로서 '본각사상'을 탄생시킨 부모라고 일반적으로 생각된다는 사실에 주목한다.[86] 그렇다면 『변도화』에서 도겐이 비판한 대상인 '신멸심상'설이나, 또 그것을 비판할 때의 도겐 자신의 입장인 '신심일여'설, 어느 것이나 다 '본각사상'이라는 것이 되어버린다는 문제가 발생한다.

여기에 이르러 마츠모토는 '본각사상'이라는 말이 정의하기가 불가능함을 통감하고, 또한 중국에서 찬술되었다고 생각되는 『기신론』의 '본각'이라는 말에 기초한 '본각사상'이라는 용어에 의해서는 도겐의 '신멸심상'설 비판의 사상적 의미를 해명하는 것이 불가능하다고 생각하고, 인도 불교 이래의 전통을 명시하는 '여래장사상'이라는 말을 사용해서 문제를 고찰해야 한다는 입장에 서게 된다. 이에 따라 그는 '여래장사상'에는 '불성내재론'과 '불성현재론'이라는 두 유형이 있다는 가설을 제시하기에 이른다.[87] '불성내재론'(佛性內在論)이란 "불성이 중생(유정), 특히 그 육체에 존재하고 있다"는 설이고, '불성현재론'(佛性顯

84 같은 논문, 306.
85 大正32, 576a8.
86 松本史朗, "如來藏思想と本覺思想," 306.
87 같은 곳.

在論)이란 "불성이 사물(무정을 포함한)에 전면적으로 드러나 있다", 또는 "사물 자체가" 불성의 드러남이라는 설이다.

마츠모토에 따르면 인도의 여래장사상이 '불성내재론'이라는 것은 『열반경』 담무참 역에 대응하는 법현 역의 다음과 같은 경문에 의하여 명확하게 드러난다.

> 일체 중생은 다 부처의 성품이 몸 안에 있다. 헤아릴 수 없이 많은 번뇌가 다 멸하면 부처가 곧 밝게 드러난다. 일천제는 제외하고.
>
> 一切衆生皆有仏性 在於身中 無量煩惱悉除滅已 仏便明顯 除一闡提[88]

그런데 마츠모토에 의하면 이 '불성내재론'으로서의 인도 여래장사상은 중국에 들어와서 아마도 노장(老莊)사상의 영향을 받아 '불성현재론'으로 발전한다.[89] 이는 여래장사상이 구조적으로 갖추고 있는 기체설의 일원론적 경향을 더욱 발전시킨 것이라고 볼 수 있다. 곧 기체설은 "기체로부터 만물(제법)이 발생한다"는 발생론적 일원론이며, 여기서는 기체(基體)와 만물(所生)이 일단 구별된다는 점에서 이원론적 성격이 아직 남아 있었다. 그런데 이 양자가 중국에서 이(理, 진리)와 사(事, 개물)로 파악되었을 때 그 이원론적 성격이 불식되게 되었다는 것이다. 왜냐하면 '이'는 '사'에 관통하고 있다고 생각되기에 '이'와 '사'는 동시적이고 양자 사이에 능생(能生)과 소생(所生)이라는 시간적 인과관계가 인정되지 않기 때문이다. 그리하여 기체설이라는 발생론적 일원론(불성내재론)이 '이'와 '사'의 사이에 여하한 시간적 관계나 구별을 결여한

88 大正12, 881b24-26.

89 松本史朗, "如來藏思想と本覺思想," 305.

이른바 절대적 일원론으로 발전한다. 이것은 야마우치 슌유(山內舜雄, 1920~)가 말하는 '오직 사(事)만이 진리의 전현(全現)이다'라고 보는 입장인데, 이 표현에 따라서 마츠모토는 그것을 '불성현재론'이라고 부르는 것이다.[90]

마츠모토는 『조론』(肇論)의 "천지가 나와 한 뿌리이고, 만물이 나와 한 몸이다"(天地与我同根′万物与我一体)[91]라는 말, 길장의 『대승현론』(大乘玄論)의 "의(依)와 정(正)이 둘이 아니니 초목에도 불성이 있다"(依正不二 草木有仏性, 大正45, 40c13-14), 『마하지관』(摩訶止觀)의 "하나의 색, 하나의 향기, 중도 아닌 것이 없다"(一色一香 無非中道, 大正46, 1c24-25), 담연(湛然)의 『금비론』(金錍論)에 나오는 "만법이 진여이고 진여가 만법이다"(万法是眞如 眞如是万法, 大正46, 782c19-20) 등의 표현이 모두 이 '불성현재론'을 설하는 것이라고 보고 있다.[92] 또한

> 담벼락이나 기와 돌 같이 의식이 없는 사물에도 다 옛 부처의 마음이 있다.
>
> 牆壁瓦礫無情之物 並是古仏心[93]

> 나의 불성은 몸과 마음이 한결같으니… 남방의 불성은 몸은 무상하나 마음의 성품은 상주한다.
>
> 我之仏性 身心一如… 南方仏性 身是無常 心性是常[94]

---

90 같은 곳.

91 大正45, 159b28-29.

92 松本史朗, "如來藏思想と本覺思想," 305.

93 『祖堂集』, 「慧忠」章.

그렇다면 초목이나 기와돌이나 산하대지나 대해와 허공이나 모두 다 진여이고 부처가 아닌 사물이 없다.

サレバ草木瓦礫山河大地大海虛空 皆是眞如ナレバ 仏ニアラザル物ナシ95

모든 존재가 불성이다.

悉有は仏性なり96

라는 문장 등도 마츠모토에 따르면 모두 '불성현재론'을 설하는 전형적인 표현들이다. 따라서 그는 문제의 발단이 되는 『변도화』에서 다음의 두 가지 설을 인식한다.

'신멸심상'설 = '불성내재론' = 도겐의 비판 대상

'신심일여'설 = '불성현재론' = 도겐 자신의 입장97

마츠모토는 특히 중국선종사(中國禪宗史)에서 본래의 인도적인 여래장사상인 '불성내재론'을 설하는 신회(神會), 마조(馬祖), 종밀(宗密), 임제(臨濟) 등의 계통과 대립하여 노장사상의 영향에 의하여 발전한 중국적인 여래장사상인 '불성현재론'을 설하는 혜충(慧忠), 장사(長沙), 현사(玄沙), 굉지(宏智) 등 선사(禪師)들의 계통이 존재한다는 사실을 논증하였는데, 다만 주의해야 할 점은 '불성내재론'과 '불성현재론'의

94 같은 곳.

95 『眞如觀』.

96 『正法眼藏』, 「仏性」 卷.

97 松本史朗, 「如來藏思想と本覺思想,」 304.

구별이라는 것이 반드시 단순하지만은 않다는 사실도 마츠모토는 인정한다.[98]

이 점을 마츠모토는 여래장사상의 두 유형이라는 가설을 처음으로 제시한 논문에서 이미 다음과 같이 서술하고 있었다.

> 다만 이곳에서 한가지 주의해 두고 싶은 것은 불성현재론 또는 절대적 일원론은 불성내재론 곧 인도적인 여래장사상(dhātu-vāda)으로부터 전개되었다는 것이고, 어디까지나 논리적으로 거기에 기초해 있다는 점이다. 나의 관점에서 불성현재론은 하나의 논리적 철저성으로서 이른바 관념적인 가공의 존재이고 따라서 불성내재론에서 완전히 격절된 순수한 불성현재론은 현실 문헌 어디에도 존재하지 않을 것이다.[99]

마츠모토는 예컨대 『진여관』은 명확히 '불성현재론'을 설하고 있기도 하지만 『진여관』에는 또한 '일법'에서 '만법'의 '유출'이 이야기되고 있으므로 거기에는 발생론적 일원론(기체설) 곧 '불성내재론'이 설해지고 있음에도 주목해야 한다고 한다.[100] 그렇다면 『진여관』은 '불성내재론'도 '불성현재론'도 설하고 있는 셈인데, 마츠모토는 『삼십사개사서』가 『진여관』에서 설하고 있는 것과 같은 '불성내재론'을 비판하여 다음과 같이 말하고 있는 것에 주목한다.

> 여러 가르침에는, 상이 없는 하나의 이법으로부터 만법이 출현하고 법신이

---

98 같은 곳.

99 松本史朗, 『禪思想の批判的硏究』 (大蔵出版, 1993), 592.

100 松本史朗, "如來藏思想と本覺思想," 304.

라는 한 이법으로부터 제법이 나온다[고 한다]. 이 뜻은 능기(能起)와 소기(所起)가 앞과 뒤가 있고, 원인과 결과가 때를 같이 하지 않으며, 또 동체불이(同體不二)도 아니니, 따라서 한 사람의 생각과는 같지 않다.

諸教中 自無相一理 出生万法 自法身一理 生諸法 此意 能起所起有前後 因果不俱時 又不同体不二 故不同一家意[101]

여기서, '일리'(一理)에서 '만법'이 '출생'(出生)한다는 말은 '불성내재론'을 가리키며, '능기'(能起)의 '인'(因)과 '소기'(所起)의 '과'(果)가 전후와 시차가 있기 때문에 동체불이(同體不二)을 설하는 '불성현재론'(佛性顯在論)과는 다르다. 따라서 둘이 한 사람의 입장[一家意]이 될 수는 없다는 것이다. 따라서 '불성내재론'과 '불성현재론'의 관계는 단순한 것이 아니지만, '천태본각법문'이라고 일컬어지는 제 문헌의 사상적 독자성은 인도적인 여래장사상인 '불성내재론'이라기보다는 발전된 여래장사상인 '불성현재론' 쪽에 있다고 하는 것이 적절한 이해일 것이며, 초기의 도겐도 중국 선종의 '불성현재론'과 함께 이 '천태본각법문'의 '불성현재론'을 계승했다고 보는 것이 마츠모토의 견해이다.[102]

그리하여 마츠모토는 '천태본각법문'이라고 일컬어지는 문헌의 사상적 해명에서조차 '본각사상'이라는 용어를 사용하는 고찰이 논리적으로 성립되지 않는다고 생각한다. 그는 여래장사상에는 '불성내재론'과 '불성현재론'이라는 두 유형이 있다고 하는 가설에 의거하여 중국, 한국, 일본에서 여래장사상의 전개를 해명해야 한다고 생각한다.[103]

---

101 田村芳朗 校注, 『天台本覺論』(岩波書店, 1973), 363.

102 같은 곳.

3) '본각사상'과 『대승기신론』(大乘起信論)

위와 같은 논의 전개를 바탕으로 마츠모토는 『대승기신론』(大乘起信論)으로 이어지는 사상의 전개를 검토한다. 그는 먼저 하나노 주도(花野充道)의 논문 "본각사상과 본적사상"(本覺思想と本迹思想)[104]에 제시된 몇 가지 중요한 견해에 대해서 검토한다. 마츠모토는 우선 이 논문에서 제시된 하나노 주도의 불교사상 이해에 기본적으로 찬성하지 않는다는 자신의 입장을 선명히 한다. 하나노에 의하면 불교사상은 '연기론'과 '실상론'으로 양분되는데, 양자는 '진여연기론'과 '제법실상론'을 가리킨다. 그런데 마츠모토의 견해에 의하면 이 둘은 모두 여래장사상의 범위 내에 있다.[105] 곧 전자는 '불성내재론', 후자는 '불성현재론'에 해당한다. '연기론'과 '실상론'이라는 구분에서는 인도와 티베트의 중관파(中觀派)로 대표되는 공사상이라는 것이 누락되어 버리는 문제가 발생한다고 마츠모토는 비판한다.

마츠모토는 우선 하나노가 '실상론'의 연원을 '공사상'에서 구하여 다음과 같이 주장하는 것에 주목한다.

> 용수의 당체즉공(當體卽空)사상을 계승하여 당체즉중도(當體卽中道 當體卽空卽假卽中)의 제법실상론을 설한 것이 지의(智顗)이다.[106]

---

103 松本史朗, "如來藏思想と本覺思想," 304.

104 『駒澤短期大學仏教論集』 9(2003). 앞으로 「本覺」이라고 약칭.

105 같은 곳.

106 "本覺," 35上.

지의의 교학은 공사상에 기초한 실상론(相卽論)이어서, 연기론이 아닌 것이다.[107] 지의는 이와 같은 공사상의 흐름 위에서 더욱 더 현실적이고 실천적인 '즉(卽)의 사상'을 수립한 것이다.[108]

마츠모토는 위와 같은 하나노의 주장에 대하여, 오늘날 지의의 사상을 나가르주나(Nāgārjuna)의 공사상을 계승한 것이라고 보는 데는 상당한 문제가 있다고 할 수밖에 없다는 점을 우선 지적한다. 양자는 '공사상'과 '즉(卽)의 사상'으로서 구별될 수밖에 없다는 것이다. 구체적으로, 그는 나가르주나 이후의 중관파는 이제(二諦)를 설하는 것과 대조적으로 지의는 삼제(三諦)를 설하였음을 지적한다.[109] 이 사실만으로도 나가르주나의 공사상과 지의의 '즉의 사상' 사이에는 상당한 거리가 있다는 것을 알 수 있을 것이라고 마츠모토는 지적한다. 마츠모토 자신은 『마하지관』(摩訶止觀)의 "하나의 색, 하나의 향기, 중도 아닌 것이 없다"(一色一香 無非中道, 大正46, 1c24-25)라든가 '일체법이 곧 불법'(一切法卽佛法, 大正46, 9a13)이라는 표현을 '불성현재론'을 설하는 것으로 간주한다.[110]

또한 이 점에 관련하여 마츠모토는 하나노 주도의 다음과 같은 『유마경』(維摩經) 해석에도 찬동하지 않는다.

『유마경』은 여래장사상(기체설)의 계보에 이어지는 것이 아니라 공사상에

107 같은 논문, 42上.

108 "本覺," 49上.

109 松本史朗, "如來藏思想と本覺思想," 302.

110 같은 곳.

서 제법실상사상으로 전개되는 계보에 이어지고 있음이 명백하다.[111]

다시 말해서 마츠모토는 『유마경』을 하카마야와 마찬가지로 바로 '기체설'을 설하는 것이라고 보는 것이다. 그는 그 근거를 다음 경문에서 찾는다.

> apratiṣṭhānamūlapratiṣṭhitāḥ sarvadharmāḥ.
> 무주(無住)라는 근본을 따라 일체법을 세운다(從無住本立一切法).[112]

이 산스크리트 문장을 마츠모토는 "일체법은 무주(apratiṣṭhāna)라는 근본(基體)에 의존하지 않는다"고 번역하는데, 여기서 '무주'(無住)는 '기체(基體, apratiṣṭhāna)를 갖지 않는다는 것'을 의미한다고 본다. 그렇다면 '무주'는 '기체'가 아니라는 말인가? 마츠모토는 그것이 '(그것 이상의) 기체를 갖지 않는 것'이기에 바로 '만물의 최종적 기체'라고 역설한다. 따라서 그에게는 이 문장이 기체설을 설하고 있다는 것이 명확하다. 그는 이 점이 길장의 『대승현론』(大乘玄論)에 다음과 같이 서술되고 있는 것에 의해서도 확인된다고 주장한다.

> 『정명경』에 이르기를, 머무름 없는 근본에 따라 일체법을 세운다. 머무름이 없음은 곧 근본이 없음이다. 능(能)이든 소(所)이든 다 머무름이 없음을 근본으로 삼는다. 『대품』(大品)에 이르기를, 반야는 비유하자면 대지와 같아서 만물을 생한다. 반야와 정법과 머무름이 없음, 이 셋은 안(眼)과

---

111 "本覺," 67上.

112 大正14, 547c22.

목(目)이 이름만 다른 것과 같다.

淨名経云 從無住本立一切法 無住卽無本 若能若所 皆以無住爲本 大品云 般若猶如大地 出生万物 般若正法無住 此三眼目之異名[113]

곧 마츠모토에 의하면, 여기서 "반야(般若) = 무주(無住)"는 '만물'을 '출생'하는 '대지'에 비유되는데, 이 '대지'가 그에게 기체설의 가설을 구상하는 계기가 되었던 『승만경』과 「약초유품」의 '대지'와 마찬가지로 만물의 근저에서 만물을 '출생'하는 기체라는 점은 명확하다. 따라서 마츠모토는 길장이 『유마경』의 기체설을 정확히 이해함과 동시에 그 기체설을 자기의 입장으로 설하고 있는 것이라고 주장한다.

마츠모토는 『유마경』의 사상적 입장에 관해서는 일찍이 '본각사상'의 유력한 연구자인 다무라 요시로(田村芳朗)가 하나노 주도와 마찬가지의 이해를 보이고 있음에 주목한다. 곧 다무라는 다음과 같이 이야기한다.

우선 천태본각사상의 절대적 일원론에 관하여 그 유래하는 바를 찾아보면, 앞에 언급하였듯이 생사즉열반(生死卽涅槃), 번뇌즉보리(煩惱卽菩提), 범성불이(凡聖不二), 생불일여(生佛一如) 등의 상즉불이론(相卽不二論)이 발단이 되고 있음을 알 수 있다. … 거기서 불교에 있어서 어떠한 관점에서 상즉론이 주장되게 되었는가에 대하여 말하자면, 근본은 공관(空觀)에 기초한다고 할 수 있다.[114]

113 大正45, 16c28-17a2.

114 田村芳朗, "天台本覺思想概說," 『天台本覺論』(岩波書店, 1973), 480.

다무라는 하나노와 마찬가지로 '공관', 즉 공사상에 기초하여 '상즉론'(하나노의 용어로는 '실상론')이 성립하였다고 생각하고, 이 '공관'에 기초한 '상즉론'을 '공(空)적인 상즉론'이라고 부르며, 『유마경』의 '불이법문'을 그 공적인 상즉론의 대표로 본 것이다. 그러나 마츠모토는 여기에 치명적인 오류가 있다고 주장한다. 곧 '불이'(不二)라든가 '즉'(卽)이라는 말이 불교의 진의를 나타내고 있다고 하는 사고방식은 일본 불교의 전통에서는 전적으로 당연한 것으로 인정되어 왔기 때문에, 이러한 말들이 불교가 본래 부정한 일원론과 불가분리적으로 사용되고 있다고 하는 이해가 누락되어 있다는 것이 그의 견해다.

곧 다무라도 하나노도 '상즉론'이 근거하는 곳으로서 『근본중송』(根本中頌)을 언급하는데, 마츠모토는 『유마경』에서 사용되고 있는 '불이'(不二)나 '무이'(無二)라는 말이 『근본중송』에서는 전혀 사용되고 있지 않다는 사실에 주목한다.[115] 이 용어는 『근본중송』보다 뒤에 성립된 유가행파의 문헌, 예를 들면 『보살지』(菩薩地)와 『중변분별론』(中邊分別論) 등에서나 왕성하게 사용되게 된다는 것이다.

마츠모토에 의하면 이러한 사실은 대승불전에서 'advaya'라는 말의 사용이 'sama'라는 말의 사용과 마찬가지의 의미를 갖고 있음을 시사한다.[116] 곧 'advaya'도 'sama'도 힌두교의 일원론의 영향을 받아서 대승불전에서 빈번하게 사용되게 되는 말이라고 한다. 곧 "A와 B(非A)는 같다(sama)"든가 "A와 B는 불이(不二, advaya)다"라는 동일성을 설하는 표현은 기본적으로 일원론 없이는 성립할 수 없다. 곧 동일성은 일원론에 기초한다는 것이다. 이 점은 힌두교의 일원론으로부터의

115 松本史朗, "如來藏思想と本覺思想," 301.

116 같은 곳.

영향이 기본적으로 인정될 수 없는 대승불교 성립 이전의 불전에는 그러한 종류의 표현이 보이지 않는 사실을 통해서도 이해될 수 있다고 마츠모토는 지적한다.[117]

마츠모토는 하나노가 "『유마경』은 여래장사상(기체설)의 계보에 이어지는 것이 아니다"고 서술하고 있는 다음과 같은 주장에 주목한다.

『유마경』은 유식 경전도 여래장 경전도 아니다.[118]

여기서 마츠모토는 『유마경』이 여래장사상의 발전에서 중요한 위치를 점하고 있음이 다카사키 지키도에 의하여 해명되어 있다는 점을 강조한다.[119] 곧 「여래종성품」(如來種姓品. 이는 티베트역 품명으로, 한역으로는 佛道品이다)에서는 '여래의 종성'(tathāgata-gotra, tathāgata-vaṃśa)을 주제로 설하고 있다는 것이다.

마츠모토에 따르면 『유마경』은 한편으로는 'advaya'(不二)라는 말에 의하여 일원론을 설하며, 다른 한편으로는 '근패지사'(根敗之士, 大正14, 549b20)라는 말에 의하여 성문(聲聞)의 성불 가능성을 배제하는 차별적인 종성(種姓, gotra)론을 설하고 있다.[120] 일원론과 차별, 이것이 바로 기체설의 구조 그 자체이고, 따라서 『유마경』의 사상을 기체설이라고 보는 해석은 타당하다고 마츠모토는 생각한다.

마츠모토는 위와 같이 하나노의 불교사상에 관한 기본적 이해와는

117 같은 곳.
118 "本覺," 43下.
119 松本史朗, "如來藏思想と本覺思想," 301.
120 같은 곳.

다른 견해를 서술한 다음, 『대승기신론』의 '본각'에 관한 하나노의 견해에도 의문을 표시한다. 그는 하나노의 다음과 같은 말에 주목한다.

> 『대승기신론』을 읽으면,… 본각(本覺)은 시각(始覺)과 불각(不覺)에 대한 용어이므로 기체(基體)는 어디까지나 진여(眞如)이다.[121] 『대승기신론』에서 설하는 기체는 진여와 법신이고 본각이 아니다. 하카마야 선생은 아마도 『진여관』 등에서 설하는 '본각진여'(本覺眞如)라는 용어를 가지고 본각을 진여와 같은 기체라고 생각할 수 있었던 것은 아닐까.[122]

여기서 하나노는 『대승기신론』에서 기체가 되는 것은 '진여'와 '법신'이기 때문에 '본각'이 아니라고 역설하고, 이에 기초하여 하카마야의 '본각사상'이라는 용어 사용을 비판하고 있다. 마츠모토는 하카마야의 '본각사상' 규정을 비논리적인 것이라고 거듭 비판하여 왔지만, 『대승기신론』의 '본각'이라는 용어에 관한 하나노의 해석에 대해서도 의문을 느끼지 않을 수 없다고 말한다.[123] 곧 그는 '본각'이 '시각'에 대한 개념이라고 하는 것은 하나노가 말하는 대로일 것이라고 인정하면서도, "본각은 기체가 아니다"는 귀결을 도출할 수 있을지 의문을 제기한다. 예를 들면 '사'(事)와 '리'(理)는 대립하는 개념이라고 생각할 수 있다. 그런데 '사'는 무상(無常)이고, '리'는 상주(常住)이므로 양자는 차원이 다른 존재다. '시각'과 '본각'도 이와 마찬가지로 생각할 수 있는 것이 아닐까라는 점이 마츠모토의 의문이다.

---

121 "本覺," 12上.

122 "本覺," 20上.

123 松本史朗, "如來藏思想と本覺思想," 300.

마츠모토는 특히 하나노의 다음과 같은 주장에 이의를 제기한다.

'진여'는 '무위법'이고 '만법'은 '유위법'이다. 그러나 '본각'은 '무위법'이 아니다.[124]

마츠모토는 '본각'이 무상(無常)한 '유위법'이 아니라 상주하는 '무위법'이라는 입장에 서 있다. 그에 따르면 여기서 당연히 『기신론』의 다음과 같은 문장을 어떻게 이해할 것인지가 문제로 부상한다.

법계의 일상(一相)은 곧 여래의 평등법신이다. 이 법신에 의거하여 본각을 설명한다. 어째서인가? 본각의 뜻은 시각의 뜻에 대조하여 설한다. 시각이란 곧 본각과 같기 때문이다. 시각의 뜻이란 본각에 말미암기 때문에 불각(不覺)이 있고 불각에 의거하기에 시각이 있음을 설하는 것이다.
法界一相 卽是如來平等法身 依此法身 說名本覺 何以故 本覺義者 對始覺義說 以始覺者 卽同本覺 始覺義者 以本覺故 而有不覺 依不覺故 說有始覺[125]

우선 마츠모토는 서두의 문장에서 '법계 = 법신'이라는 등식이 도출되는 것은 확실할 것이라고 인정한다. 그에게 문제는 "依此法身 說名本覺"이라는 표현이 '법신 = 본각'이라는 등식을 인정하고 있는가 여부이다. 그는 이 표현이 그 등식을 배제하고 있다고는 생각하지 않는다. 소박하게 독해하면, 이 표현 중에서 "依"라는 단어는 기체와 초기체의

124 "本覺," n.5, 58上.
125 大正32, 576b13-16.

관계를 나타내고 '법신'이라는 기체 위에 '본각'이라는 초기체가 놓여 있는 듯이 읽을 수도 있지만, 그에 따르면 '依'라는 단어에 관한 이와 같은 해석이 부적절함은 말미의 "依不覺故 說有始覺"이라는 표현에 의해 시사되고 있다.[126] 그렇다면 "依此法身 說名本覺"이라는 표현이 "법신 = 본각"이라는 등식을 설하고 있을 가능성이 충분히 있다는 것이 마츠모토의 견해이다.

여기서 마츠모토는 법장의 『기신론의기』의 주석에 다음과 같은 기술이 있음에 주목한다.

> 각(覺)의 뜻을 밝히고자 하여 얽힘에서 풀려난 모습을 드러내는 것이다. 그러므로 이르기를 "곧 여래평등법신이다"라고 한다. 이것은 이미 법신의 각이니, 이치가 새로이 이루어진 것이 아니다. 따라서 이르기를, "이 법신에 의거하여 본각을 설명한다"고 하는 것이다. 무성(無性)의 『섭론』(攝論)에 이르기를, "더러움과 막힘이 없는 지혜를 이름하여 법신이라 한다"고 말한다. 『금광명경』(金光明經)은 대원경지(大圓鏡智)를 이름하여 법신이라고 하는 등, 모두가 다 그 뜻이다.
>
> 欲明覺義 出纏相顯 故云 即是如來平等法身 旣是法身之覺 理非新成 故云 依此法身 說名本覺 無着攝論云 無垢無碍智 名爲法身 金光明経 名大円鏡智爲法身 等皆此義也[127]

마츠모토는 여기서 '非新成'이란 '本覺'의 '本'을 설명하는 말일 것이라고 본다. 그렇다면 '非新成'이라는 술어의 주어인 '法身之覺'이란

126 松本史朗, 같은 논문, 299.

127 大正44, 256b25-29.

'본각'이고 또한 '이'(理)라고 말하고 있다는 것이 그의 판단이다.[128] 그렇다면 다음과 같은 등식이 인정된다는 것이 그의 결론이다.

'법신의 깨달음' = '이치' = '새로이 이루어진 것이 아님' = '본각' = '법신'
「法身之覺」 = 「理」 = 「非新成」 = 「本覺」 = 「法身」[129]

마츠모토는 이 "법신 = 본각"이라는 해석이 부당하지 않은 것은 『기신론의기』의 주석인 자선(子璿)의 『필삭기』(筆削記)의 해당 부분에 다음과 같은 주석문이 보이는 것에 의해서도 알 수 있다고 주장한다.

『소(疏)』에서 '욕명'(欲明) 등은 재전(在纏)의 본각을 드러내고자 하여 마침내는 출전(出纏)의 법신을 드러내는 것이다. 이것은 곧 과(果)에 의거하여 인(因)을 드러내는 것이다. 이름은 비록 인(因)과 과(果)가 다르지만 진실한 체(體)는 둘이 아니므로, 논(論)에 이르기를, '즉시'(卽是)라고 하였다. 논에서 "의차"(依此) 등은 '체'(體)에 의거하여 명을 세우는 것이다. … 지금 이 체(體)에 의거하여 각의 이름을 세우는 것은 법신이 늘 굳고 적멸하며 지가 없고(無知) 깨달음이 없는(無覺) 것이 아님을 드러내는 것이다.

疏 「欲明」等者 欲顯在纏之本覺 遂擧出纏之法身 此則約果以顯因也
名雖因果有殊 而眞實之体無二故 論云卽是也 °論依此等者 依体立名也
…今依此体而立覺名者 以顯法身非是 一向凝然寂滅 無知無覺也

128 松本史朗, "如來藏思想と本覺思想," 298.
129 같은 곳.

또한 이 각이 유위(有爲) 생멸의 법이 아님을 드러내는 고로, 법신에 의거하여 [각을] 세우는 것이다. 그런즉 하나의 체가 고요한 까닭에 법신이라 이름하고 비춤이 있으므로 본각이라 이름 하는 것이다. 이른바 '의'(依)란 다만 의거한다는 뜻이고, 초목이 뿌리에 의지하여 싹이 자라나서 능(能)과 소(所)가 나뉘는 것과는 같지 않다. 또한 여래장에 의지하여 생멸심이 있고 진(眞)과 망(妄)이 있는 것과도 같지 않다. 이것이 곧 하나의 체가 진실하다는 것이다. …

又顯此覺 非是有爲生滅之法 故約法身以立 是則一体之上 寂故名法身 照故名本覺 所言依者 但是依約之義 不同草木依根有苗 分能所也 亦不同依如來藏 有生滅心 有眞妄也 此乃一体眞實 …

『소』(疏)에서 '기시'(既是) 등이란 법신의 이치이고, 삼승의 가르침 가운데 불생불멸(不生不滅)을 동등하게 허용하니 이것이 본유(本有)의 법이다. 이미 이 법을 각(覺)이라고 하였으니 이것은 근본이 되어 마땅하다. '무성'(無性) 이하에서 인증하는 것은 본각이 곧 법신이라는 뜻이다.

疏旣是等者 法身之理 三乘教中 同許不生不滅 是本有之法 旣目 此法爲覺 是可爲本 無性下引証 本覺卽法身義也[130]

마츠모토에 의하면 이 주석의 취지는 말미의 "本覺卽法身義也"라는 말이 명시하듯이 "법신 = 본각"이라는 동일성을 서술하는 데 있고, 이 동일성이 '眞實之体無二'라든가 '一體眞實'이라고 표현되고 있다는 것이다. 곧 『보성론』에서 '유구진여'(有垢眞如)와 '무구진여'(無垢眞

130 大正44, 342a13-27.

如)가 전적으로 동일한 '진여'이듯이 '재전지본각'(在纏之本覺)과 '출전지법신'(出纏之法身)은 동일한 것, 곧 '일체'(一體)라는 것이다.[131] 또한 "一体之上 寂故名法身 照故名本覺"이라고 하는 것도 동일한 '체'(體)가 '법신'이라고도 '본각'이라고도 불린다는 의미이고, 이 점이 "단시의약지의"(但是依約之義)라는 말이 뜻하는 바라고 마츠모토는 말한다. 그는 "依此法身 說名本覺"이라는 표현 가운데 '依'도 "법신을 기체로 하여 본각이 있다"는 어격(於格, locative)적 관계로 보는 것이 아니라는 점이 "不同… 亦不同…"이라는 설명이 뜻하는 것이라고 주장한다.[132]

또한 여기서 "此覺非是有爲生滅之法"이라는 말은 "본각은 유위법이 아니다"라는 해석을 하고 있는 말인데, 이는 "본각 = 법신"인 이상 당연한 해석이라고 마츠모토는 주장한다.[133]

마츠모토는 더욱이 『기신론』에서 "진여 = 법계 = 법신"이라는 등식이 성립하는 한 당연하다고 할 수도 있지만, 『필삭기』에서도 '본각'이 명확히 '진여'와 동일시되고 있다고 본다. 그는 우선 『기신론의기』에 나오는 다음과 같은 말에 주목한다.

> "자체의 상용"(自體相用)이라는 말에서 '체'(體)란 생멸문 중에서 본각의 뜻이니, 이것은 생멸의 자체이고, 생멸의 인(因)이므로 생멸문 가운데서 또한 변화의 체(變體)이다.
>
> 自体相用者 体謂生滅門中本覺之義 是生滅之自体 生滅之因故
> 在生滅門中 亦弁体也[134]

131 松本史朗, "如來藏思想と本覺思想," 298.

132 같은 곳.

133 같은 곳.

마츠모토는 이에 관하여 『필삭기』에서 다음과 같이 서술하고 있음에도 주목한다.

『소』(疏)에서 '체의 뜻'(體謂) 이하는… '본각'이란 곧 앞의 진여(眞如)인데, 이 문 가운데 이르러서 본각(本覺)이라고 이름을 바꾼다. … 곧 이 본각은 생멸가(生滅家)의 체 자체이다. 이는 생멸에 별도로 그 체가 없음을 드러내며 전적으로 본각을 체로 삼기 때문이다. 혹 묻기를, '생멸인'(生滅因)이란 만약 이 본각이 생멸의 체라면 본각은 곧 진여이니, 어째서 생멸의 체 자체라고 설하는가? 따라서 여기서 이것을 풀어서, 생멸의 상(相)이 일어날 때에 실로 진여가 인(因)이 된다고 믿는다고 일컫는다. … 이와 같이 염(染)과 정(淨)이 모두 진여로 말미암는다. 이런 까닭에 진여는 생멸의 체(體)이다. 그러므로 아래의 글에서 이르기를 "여래장에 의지하여 생멸심이 있다"라고 하는 것이다. … 또한 변화의 체(變體)란 앞의 진여문의 당체가 곧 체라고 일컫는다. 이 생멸문은 진여를 체로 삼는다. 만약 진여의 체가 없다면 생멸은 마침내 이루어질 수 없기 때문이니, 이 문 가운데 모름지기 변체가 필수적인 것이다.

疏体謂下… 本覺者 卽是前之眞如 至此門中 轉名本覺… 卽此本覺 是生滅家之自体也 此顯生滅 別無其体 全攬本覺 爲自体故 生滅因者 或問若此本覺是生滅体者 本覺卽是眞如 何故說爲生滅自体耶 故此釋之 謂生滅之相起時 實賴眞如爲因… 如是染淨皆由眞如 是故眞如 是生滅体 故下文云 依如來藏有生滅心… 又弁体者 謂前眞如門 当体是体 此生滅門 以眞如爲体 若無眞如之体 生滅終不能成故 此門中須弁体也[135]

---

134 大正44, 250c-27.

135 大正44, 327b26-c12.

여기서 마츠모토는 '진여'를 '체'(體)라고 말하고 있다는 사실에 유의한다. 그것은 '생멸'의 '체'라고도, '인'(因)이라고도 하는데, 그 의미는 "진여는 생멸의 기체이기 때문"이라는 것이 마츠모토의 해석이다. 그는 이 점이 『기신론』의 다음과 같은 인용문에서도 제시된다고 본다.

> 여래장에 의지하는 까닭에 생멸심이 있다.
>
> **依如來藏故 有生滅心**[136]

마츠모토는 여기서 "여래장은 생멸심의 기체이다"라는 기체설을 말하고 있으며, 이 점은 다카사키 지키도가 마츠모토의 견해에 대해 다음과 같이 논술하고 있다는 사실에 의해서도 알 수 있다고 본다.[137]

> 마츠모토는 여래장사상을 하나의 절대적인 실재를 기체로 하고(法界), 그 위에 실재하지 않는 제 현상(法)이 발생한다고 하는 구조를 가진 것으로, 그것에 '법계(法界)의 계(界, dhātu)'라는 단어를 취하여 '기체설'(基體說, dhātu-vāda; 'vāda'는 '이론, 학설'이라는 뜻)이라고 명명하였다. 『기신론』을 예로 들자면, "여래장에 의거하는 까닭에 생멸심이 있다"(19쪽)라든가 "진여법에 의거하는 까닭에 무명(無明)이 있다"(39쪽) 등의 표현이 그[기체설] 구조에 실로 딱 맞는 표현이다.[138]

여기서 마츠모토는 『필삭기』에서 이 기체인 진여가 본각과 동일시

136 大正32, 576b8.

137 松本史朗, "如來藏思想と本覺思想," 297.

138 高崎直道, 『大乘起信論を讀む』, 岩波書店(1991), 207.

되고 있다고 하면서, "앞의 진여가 이 문에 이르러서 본각이라고 바뀌어 불린다"(前之眞如 至此門中 轉名本覺)고 이야기되고 있다는 사실을 그 근거로 제시한다.[139] 또한 그는 거기서 '본각'이 '자체'(自體), '체'(體)라고 이야기되고 있는 것도 『필삭기』의 저자 자신이 질문에 제시된 "본각이 곧 진여"(本覺卽是眞如)라는 주장을 인정하고 있기 때문이라고 한다. 여기서 마츠모토는 『기신론』이 "진여 = 법계 = 법신 = 본각"이라는 등식으로 기체설을 인정하고 있다는 해석이 실제로 이루어져 왔음을 알 수 있을 것이라고 주장한다.

더 나아가서 마츠모토는 『진여관』에서 '본각진여의 이(理)'라는 표현이 보이고, 또한 안연(安然)이 『보리심의초』(菩提心義抄)에서 『기신론』의 '즉동본각'(卽同本覺)이라는 말을 해석해서 '본각리'(本覺理)라는 말을 사용하여 다음과 같이 서술한 것도 하나노에 의해 지적되고 있음에 주목한다.

> **탐(貪)의 체가 곧 각(覺)의 체이고, 이름하여 본각의 리(理)라고 한다.**
> **貪体卽覺体 名本覺理也**[140]

여기서 마츠모토는 『필삭기』가 '재전지본각'과 '출전지법신'이 '일체'라고 언급하듯이, '탐'(貪)의 '체'와 '각'(覺)의 '체'가 동일하고 그것이 '본각'이고 '이'(理)라고 설한다고 본다.[141] 곧 여기서 "체 = 본각 = 이(理)"라는 등식이 인정되고 있다는 것이다. 그리하여 마츠모토는 『기신

139 松本史朗, "如來藏思想と本覺思想," 297.
140 大正75, 454a, 28-29.
141 松本史朗, "如來藏思想と本覺思想," 296.

론』의 본각을 '진여' 그리고 '이'(理)와 동일시하는 해석이 상당히 일반적인 해석이었다고 주장하는 것이다.

하나노에 의하면 이 해석은 오해이지만, 마츠모토는 안연과 『진여관』과 『필삭기』의 해석보다 하나노의 해석이 옳다고 하는 확실한 근거가 있다고 인정할 수는 없다고 주장한다.[142] 그는 더욱이 『기신론』의 '본각'을 '진여'와 '법신'으로 불리는 기체라고 보는 해석은 『석마하연론』(釋摩訶衍論)에서도 인정되고 있다고 강조한다. 그는 그곳에서 다음과 같이 말하고 있는 것에 주목한다.

> 본각에 각각 10개가 있다. 어떻게 10개의 근본인가? 하나는 뿌리라는 글자(根)가 사물의 근본으로서, 본래부터 법신이 있어서 능히 일체공덕을 잘 주지(住持)한다. 비유하자면 나무의 뿌리가 일체의 가지와 잎과 꽃과 열매 등을 잘 주지하여 무너지거나 잃어버리지 않는 것과 같다.
> 本覺各十 如何十本 一者根字事本 本有法身 能善住持一切功德 譬如樹根 善住持一切枝葉及花果等 不壞失故[143]

마츠모토는 여기서 본각이 기체라는 것을 '주지'(住持)라는 용어가 명시적으로 말하고 있다고 주장한다. 요컨대, 그는 『기신론』에서 '본각'은 '진여', '법계', '법신'과 마찬가지로 단일 기체를 의미한다고 보는 것이 타당하다는 주장이다.[144]

더 나아가서 마츠모토는 하카마야가 '본적사상'(本迹思想)이라는

---

142 같은 곳.

143 大正32, 614a8-10.

144 松本史朗, 같은 논문, 296.

용어를 사용하는 데 대한 하나노의 비판을 반박한다. 하나노의 입장은 "본적사상은 기본적으로 불신론(佛身論)이다"라는 주장을 근간으로 하고 있는데,[145] 이에 대하여 마츠모토는 비판적이다. 구체적으로 마츠모토는 불전 가운데 가장 오래된 '본'(本), '적'(迹)의 용례를 보이는 것으로 간주되고 있는 승조(僧肇)의 『주유마』(注維摩) 서문에 나오는 다음과 같은 기술이 불신론을 언급하고 있다는 것을 인정할 수 없다고 말한다.

> 근본은 아무것도 없이 자취를 드리우는 것이 아니고, 자취 또한 아무것도 없이 근본을 드러내는 것이 아니다. 근본과 자취가 비록 다르지만 불가사의하게 하나이다.
>
> **非本無以垂迹 非迹無以顯本 本迹雖殊 而不思議一也**[146]

마츠모토는 이 직전에 다음과 같이 이야기하고 있다는 사실에 주목한다.

> 무릇 이 무리가 설하는 것은 다 불가사의한 근본이다. 차좌등왕(借座灯王), 청반향토(請飯香土), 수접대천(手接大千), 실포환건상(室包患乾象)에 이르러서는 불가사의한 자취이다.
>
> **凡此衆說 皆不思議之本也 至若借座灯王 請飯香土 手接大千 室包患乾象 不思議之迹也**[147]

---

145 "本覺," 41下.
146 大正38, 327b3-5.
147 大正38, 327b1-3.

마츠모토는 또한 길장(吉藏)이 『정명현론』(淨名玄論)의 다음과 같은 기술에서 『주유마』(注維摩, 51)의 '본'(本)과 '적'(跡)을 '무언'(無言)의 '이'(理)와 '유언'(有言)의 '교'(敎)로 해석하고 있다는 사실에 주목한다.

> 무릇 불이(不二)의 이치라는 것은 불가사의한 본(本)을 일컫는다. 만물에 응하여 가르침을 드리우니, 불가사의한 자취를 일컫는다. 근본이 없이 자취를 드리우는 것이 아니니, 따라서 이치로 말미암아 가르침을 설하는 것이다. 자취가 없이 근본을 드러내는 것이 아니니, 따라서 가르침에 의지하여 이치에 통하는 것이다. 그러하다면 모름지기 체(體)와 리(理)는 무언(無言)이라도 래도 연후에 곧 만물에 응하여서는 마땅히 말이 있을 따름이다.
> 夫不二理者 謂不思議本也 応物垂教 謂不思議跡也 非本無以垂跡 故因理以說教 非跡無以顯本 故籍教以通理 若然者 要須体理無言 然後乃得 応物有言耳[148]

따라서 마츠모토는 하카마야의 '본적사상'이라는 용어의 사용은 이 길장의 해석에 따르는 것으로서는 적절하다고 생각한다.[149] 그러면서도 그는 '본각사상'이라는 용어보다는 인도 이래의 전통을 명시하는 '여래장사상'이라는 용어를 사용하여 논의를 전개하기를 기대한다. 이것은 무엇보다도 일본 불교의 사상적 연구가 천태의 '본각사상'을 일본의 독자적인 것으로 찬미하는 일본주의적인 경향에서 탈각해야 한다는 그의 생각을 반영하는 것이다. 예컨대 다무라 요시로는 일찍이 『일본 불교사입문』(日本仏教史入門)에서 다음과 같이 천태본각사상

---

148 大正38, 853c9-12.

149 松本史朗, "如來藏思想と本覺思想," 296.

을 극찬한다.

> 천태본각 사상은 존재의 극상(極相)이 불이일체(不二一體)임을 이론화하여 절대적 일원론을 수립하였다. 이것은 불교사상사의 차원만이 아니라 세계철학사의 차원에 있어서도 구극(究極)적인 최고의 철학적 이치라고 할 수 있을 것이다.[150]

마츠모토는 이러한 평가 또는 찬미의 배경에는 "일본 불교의 사상과 그 현상을 무비판적으로 긍정하고자 하는 의식과 '천태본각사상'의 기초를 이루는 여래장사상의 비불교성에 대한 인식의 결여가 있음이 명확하다"고 비판한다.[151]

150 田村芳朗, 『日本仏教史入門』(角川書店, 1969年), 88.
151 『仏教思想論 上』, 41.

2장

대승불교사상 비판 (2)

비판불교의 대승불교사상에 대한 폭넓은 비판, 좀 더 정확히 말해서 기체설 또는 본각사상이라 불리는 왜곡된 불교사상에 대한 비판은 인도의 대승불교 중기에 형성된 유식사상, 여래장사상, 불성사상뿐 아니라 길장의 삼론종으로 대표되는 중국 불교의 공사상이 『열반경』의 불성사상과 밀접히 연계되어 있다는 사실도 밝힌다. 또 『금강경』과 『유마경』의 무주(無住) 개념도 기체론적 사고에서 자유롭지 않다는 파격적인 주장도 한다. 마츠모토는 더 나아가서 불성사상과 불가분의 관계에 있는 선불교사상에 대한 날카로운 분석과 비판으로 나아간다. 그는 『육조단경』이나 『임제록』에 대한 철저한 검토를 통해 이들 문헌으로 대표되는 선불교사상이 불성사상의 강한 영향 아래, 심지어 힌두교 베단타 사상의 아트만론에까지 연계된다는 놀라운 사실을 매우 설득력 있게 보여주고 있다.

1. 길장(吉藏)의 공사상 비판

마츠모토에 따르면, 중국 공사상을 대표하는 길장(549-623)의 사상도 불성사상, 특히 『열반경』에 의해 오염되었다는 사실을 여실히 보여주고 있다. 그는 우선 히라이 슌에이(平井俊榮)의 연구에 주목한다.[1] 마츠모토는 길장의 사상적 특징에 관한 히라이의 연구서 『중국반야사상사연구 — 길장과 삼론학파』[2]에 나오는 다음과 같은 말에 주목한다.

> 이와 같이 길장의 장소(章疏)에서 『열반경』(涅槃經) 인용의 문제는 단순히 수식하는 것으로서 인용된 것이 아니라 그의 사상의 본질에 관한 문제를 포함하고 있다는 것을 알 수 있다. 그리고 이것은 중국 불교에서 삼론의 공관사상의 전개를 고려할 경우, 『열반경』 사상과의 융합이라는 형식에서 비로소 그 대성(大成)을 길장에서 보았다고 하는 점에서, 중국 불교에 수용된 공관사상의 체질이 어떠한 것이었던가 하는 점과 관련하여, 길장 이후의 전개도 포함하여, 새삼 중요한 시사점을 제공하고 있다고 할 수 있다.[3]

여기서 마츠모토는 삼론종과 『열반경』 사상과의 융합에 주목한다. 그에 의하면, 『열반경』이 여래장사상을 설하는 대표적 경전이라는 점에서 길장의 사상적 본질에 여래장사상이 깊이 관련되어 있다는 것이다.[4] 이러한 점에서 마츠모토는 길장의 사상이 자

1 松本史朗, 『禪思想の批判的硏究』, 546.

2 12) 『中國般若思想史硏究-吉藏と三論學派』.

3 平井俊榮, 『中國般若思想史硏究-吉藏と三論學派』 (春秋社, 1976), 548-549.

신이 말하는 '기체설'과 구조가 거의 같다는 점을 다음과 같이 주장한다.

곧 그는 기본적으로 "하나(一)는 다(多)를 생하는 근원이다"라고 이해하고, 하나와 다(多)를 대비시킨다. 그리고 그 하나를 불가설무명상(不可說無名相)의 리(理), 실상(實相), 체(體)라고 이해하고, "다"(多)를 그 체의 용(用)으로서의 교(敎)라고 본다. 따라서 그에게 "하나"라는 것은 비유비무(非有非無)의 중도(中道), 또는 교(敎)를 결여한 리(理)이고, "다"라는 것은 유무(有無)라는 이제(二諦)의 교(敎)이다. "다"인 일체의 교는 "하나"인 본(本), 체(體)에 근거를 두기 때문에, 다 같이 어느 정도의 실재성과 진리성을 지닌다. 곧 무차별평등인 "하나"에 의하여 차별인 현실의 "다"의 실재성이 근거 지어진다. 이것은 '기체설' 공통의 현실 긍정의 논리이고, "조화(和)를 존중하는" "산천초목 실개성불"(山川草木悉皆成佛)의 사상이다.[5]

다시 말해서, 마츠모토의 기체설이란 기본적으로 "단일한 실재인 기체(基體)가 다(多)이며 비실재인 제법(諸法)을 생한다"고 설하는 것인데, 길장 사상의 구조가 이러한 틀에서 잘 조명된다는 것이다.[6] 이러한 맥락에서 마츠모토는 『열반경』(涅槃經)에서 '일미약(一味藥)의 비유'를 제시하는 다음과 같은 단락에 초점을 맞춘다.

이와 같은 일미약이 그 흐르는 처소에 따라서 종종의 다름이 있다.

---

4 松本史朗, 같은 책, 546.

5 松本史朗, 『縁起と空—如来蔵思想批判』, (大蔵出版, 1989), 84.

6 松本史朗, 『禪思想の批判的研究』, 547-548.

如是一味藥 隨其流處 有種種異[7]

이 한역에 상당하는 문장이 마츠모토에 의하면 열반경의 티베트 역판(북경판, 788番)에서는 다음과 같이 제시된다.

그러한 일미(一味)의 약즙(藥汁)으로부터 상이한 맛이 생기고, 그러한 맛은 서로 혼합되지 않는다.[8]

마츠모토는 이러한 티베트어 번역에 유의하면서 이 일절을 포함하는 『열반경』 자체의 논지의 흐름을 살피고자 한다. 그에 따르면 이 일절은 가섭보살(迦葉菩薩)이 붓다에 대해 이야기하는 다음과 같은 의문에 대한 답으로 이해될 때 그 의미가 제대로 드러난다.

만약 여래계(tathāgata-dhātu)가 상주(常住)한다 하더라도 상이한 구별도 거기에 현현한다. 곧 바라문과 크샤트리야(왕족)와 바이샤(서민)와 슈드라(노예)와 챤달라와 축생의 자궁에 생하는 업(karman)의 구별에서, 상이한 출생(jāti, 카스트)의 구별도 거기에 현현한다. 만약 아트만이 존재한다면 구별을 결여한 아트만은 평등(sama)이고, 그렇다고 한다면 거기에 계(界, dhātu)는 존재하지 않는다.[9]

이것은 상당히 난해한 대목이지만, 마츠모토는 기본적으로 단지

7 『涅槃經』, 大正12, 649中.

8 松本史朗, 『禪思想の批判的研究』, 548 (Tu, 108b6-7).

9 같은 곳.

'하나와 여럿(多)의 관계'를 다룬 것이라는 데 주목한다. 그는 다음과 같이 해설한다.

> 곧 무차별하고 평등한 단일 실재로서 불성(여기서는 tathāgata-dhātu, ātman, dhātu라는 말에 의해 표현되고 있는)이 있다면, 왜 태어남의 구별 등 다(多)로서의 차별이 현실로 성립하는 것인가? 만약 다로서의 차별을 현실로 인정한다면 하나인 불성의 존재는 부정되는 것이 아닌가? 가섭보살은 이렇게 서술하고 있는 것이라 여겨진다. 따라서 앞에서 본 "일미약의 비유"에서 붓다는 이 가섭의 질문에 답하여 "단일한 것과 다(多)의 관계"를 명확히 하지 않으면 안 되었던 것이다. 그런데 그 비유는 "다인 것은 하나인 것에서 생긴다"고 명확히 언급하고 있다. 이것은 명백하게 기체설을 설하는 것이라고 할 수 있을 것이다.[10]

마츠모토는 이 해설에서 일미약의 비유가 기체설의 구조를 드러낸다고 주장하는데, 그는 보다 구체적으로 이를 논증하고자 다음과 같은 기체설의 구조적 특징 여섯 가지를 상기시킨다.

① 기체(locus)는 초기체(super-locus)의 기체(locus)이다.
② 따라서 기체는 초기체를 생한다[원인이다].
③ 기체는 단일하고, 초기체는 다(多)이다.
④ 기체는 실재이고, 초기체는 비실재이다.
⑤ 기체는 초기체의 본질(ātman)이다.

---

10 松本史朗, 『禪思想の批判的研究』, 549.

⑥ 초기체는 비실재이지만, 기체에서 생한 것이기에 그리고 기체를 본질로 하기에 어느 정도의 실재성 내지 실재성의 근거를 지닌다.[11]

마츠모토에 의하면 일미약의 비유에서 우선 명백한 것은 "다인 것이 하나인 것에서 생한다"는 주장은 기체설의 위 특징들 가운데서 ②와 ③에 해당한다.[12] 나아가서, 하나라는 것이 '아트만'이라고 언급되고 있기 때문에 ⑤의 특징도 충족시키고 있다. 또 하나라는 것은 'dhātu', 'tathāgata-dhātu'라고 언급되며, '일미약'도 티베트역에서는 '약즙의 계(dhātu)'로 표현되는 경우가 많고, 'dhātu'는 '기체'를 의미하므로 ①의 특징도 구비하고 있다. 곧 마츠모토에 의하면, 기체설의 구조적 특징 가운데 ①, ②, ③ 그리고 ⑤까지 드러내고 있다는 점에서 일미약의 비유는 기체설 그 자체를 설한다는 것이 명확하며, "이와 같은 일미약이 그 흐르는 처소에 따라 종종의 다름이 있다"(如是一味藥隨其流處 有種種異)는 한역도 그러한 취지를 잘 전달한다고 본다.

마츠모토는 길장이 이 일미약의 비유가 설하는 기체설을 정확히 이해하고 계승해서 자신의 사상의 중심으로 삼고 있다고 추정하면서, 길장이 『중관론소』(中觀論疏)에서 이 비유를 사용하여 다음과 같이 말하고 있다는 사실을 주목한다.

득실문의 세 번째로 묻노니, 팔불(八不)은 다만 중성(衆聖)의 득원(得源)인가, [아니면] 군생(群生)의 실본(失本)이기도 한가? 답하기를 무생(無生)을 깨달으면 곧 삼승(三乘)의 중성(衆聖)이 있게 되고, 팔불에 미혹하면 곧

11 같은 곳.

12 같은 곳.

육취(六趣)가 분연(紛然)하다. 그래서 『열반경』에 이르기를, 이 일미약이 그 흐르는 처소에 따라서 여섯 종의 맛이 있다고 하였다. 일미약은 곧 중도의 불성이요. 중도의 불성은 불생(不生)과 불멸(不滅)과 불상(不常)과 불단(不斷)이 곧 팔불이라. 그러므로 알지어다. 팔불에서 잃으면 육취가 분연하다.

得失門第三 問 八不但是衆聖得源 亦是群生之失本 答 悟無生卽有三乘衆聖 迷八不卽 有六趣紛然 故涅槃云 是一味藥 隨其流處 有六種味 一味藥者 卽中道佛性 中道佛性 不生不滅不常不斷 卽是八不 故知 失於八不 有六趣紛然[13]

길장의 이 논술에 대한 정확한 이해를 돕기 위해서 마츠모토는 자신이 만든 기체설 도해와 '리이변중도(離二邊中道)의 도(圖)'라는 도해를 다음과 같이 제시한다.

〈도표1〉 기체설 도해[14]

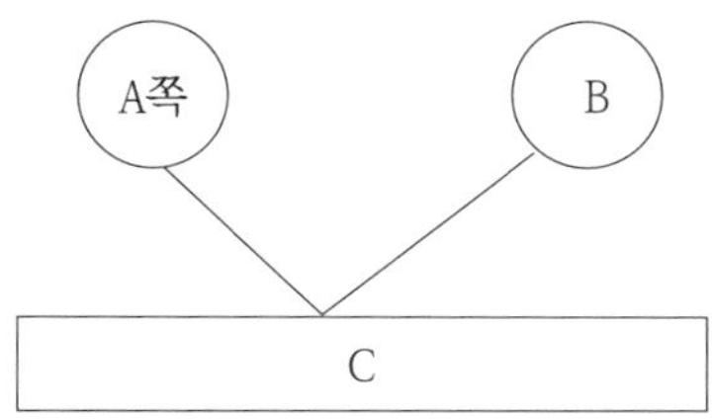

13 大正42, 21中.

14 松本史朗, 『禪思想の批判的研究』, 550.

〈도표2〉 리이변중도(離二邊中道)의 도해[15]

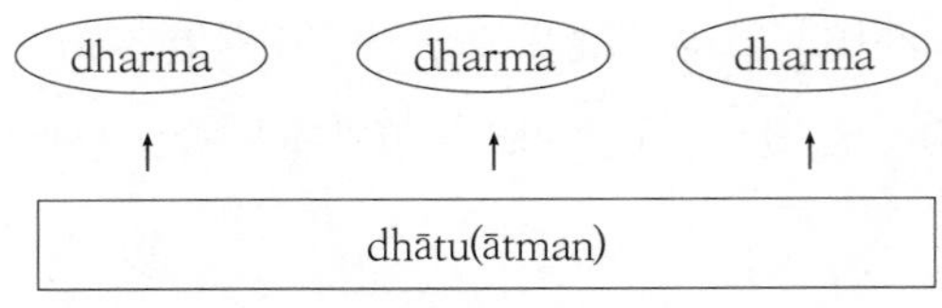

여기서 마츠모토는 '팔불'(八不)이라는 것이 그저 중성(衆聖)의 득원(得源)일 뿐인가, 아니면 군생(群生)의 실본(失本)이기도 할 것인가를 묻는 것, 즉 '팔불'이란 단지 성인들의 깨달음의 근원일 뿐인 것인가, 아니면 범부들의 미혹의 근본이기도 한가를 묻는 질문의 취지를 이해하는 것이 중요하다는 점을 강조하면서, "무생(無生)을 깨달으면 곧 삼승(三乘)의 중성(衆聖)이 있게 되고, 팔불에 미혹되면 곧 육취(六趣)가 분연(紛然)하다"(悟無生卽 有三乘衆聖 迷八不卽 有六趣紛然)는 길장의 답은 '팔불'이 군생의 실본(失本)이기도 하다는 점을 명확히 수긍하는 것이라고 말한다.[16]

마츠모토는 길장의 이러한 입장이 기체설을 설하고 있는 것으로 본다. 곧 기체설의 도해에 따라서 '팔불'이라든가 '무생'이라고 이야기되는 것이 '기체'로 간주될 수 있다는 것이다. 그는 이 '팔불' 또는 '무생'이 기체라는 사실은 '원'(源)과 '본'(本)이라는 기체를 의미하는 단어에 의해서도 명시되고 있다고 주장한다.[17]

---

15 같은 곳.

16 같은 책, 550-551.

17 松本史朗, 『禪思想の批判的硏究』, 551.

그렇다면 이 '무생'이라는 기체('본'과 '원') 위에 초기체로서 있는 제법은 무엇인가? 그 제법은 '중성'과 '군생'이라는 것이 마츠모토의 해석이다.[18] 그에 의하면 이 초기체로서의 제법은 (a) 다(多)인 것으로서도 (b) 둘(二)인 것으로서도 이해될 수 있다. 그는 (a) 전자의 경우 제법의 다성, 즉 복수성은 '중성'과 '군생'이라는 표현에 나타나는 '중'과 '군'이라는 말이 단적으로 시사하고 있다고 본다. 그러나 그는 길장이 초기체로서 다수의 제법을 특히 (b) 둘(二)인 것으로서도 파악하는 경향이 강하다는 데 주목한다.

마츠모토가 이 초기체를 둘로 파악하는 기체설의 특수형태를 도표로 제시하는 것이 '리이변중도의 도해'이다.[19] 그에 의하면 이 형태에서 초기체의 수가 둘로 한정되고, 그 양자 A와 B 사이에 일반적인 모순의 관계가 상정된다. 곧 B는 A가 아닌 것으로 상정될 수 있다. 여기서 마츠모토는 일체의 이원대립적인 것을 이 A와 B에 배당하고, A도 아니고 B도 아닌 '중도'를 C에 배당하는 것이 길장의 가장 상투적인 논법이라고 본다. 마츠모토에 따르면, "불생(不生)과 불멸(不滅)과 불상(不常)과 불단(不斷)이 곧 팔불이다"(不生不滅不常不斷卽是八不)라는 길장의 서술은 "不A不B, 不A不B=C(八不)"와 같이 '생' '멸'과 '상' '단'이라는 서로 대립되는 모순개념을 부정하는 데 초점이 있다. 마츠모토는 또 '중성'과 '군생'이라는 말이 깨닫는 자와 미혹된 자라는 서로 대립되는 모순개념을 이루고 있다는 데 주목한다.

다만 마츠모토는 길장이 이 '모순' 관계를 오히려 '상대'(相待)라는 말로 표현하고 있다는 데 유의한다. 그는 다음과 같은 길장의 말에

18 같은 곳.

19 같은 곳.

주목한다.

> 만약 곧바로 말한다면 작음에 대조하여 큼을 일컫는다. 이것이 상대(相待)이다. 만약 큼이 아니라면 작음도 아니고, 큼과 작음이 모두 절멸한다. 어떻게 형용할지를 알지 못한다. 억지로 칭하여 크다고 일컬으니, 이것이 절대(絶待)라고 이름 한다. 모두 앞의 것과 대조하여 상대(相待)하는 것이다. 그러므로 절대(絶待)를 일컫게 된다. 만약 일체의 이름과 말이 아직 끊어지지 않기를 바란다면 모두가 대(待)인 것이다. … 열반 또한 이와 같다. 이름과 모양이 없으나 억지로 이름과 모양을 이야기한다. 그러므로 일체의 이름과 말은 다 상대(相待)이다.
>
> 若往直言 對小名大 此是相待 若非大非小 大小雙絶 不知何以美之 强 稱云大 此名絶待 蓋是對前相待 故云絶待 若望一切 名言未絶 悉是待 也… 涅槃亦爾 無名相 强名相說 故一切名言 皆是相待[20]

마츠모토는 이 단락에서 길장 사상의 기본적 구조가 명쾌히 제시되고 있다고 본다. '리이변중도의 도해'는 마츠모토가 이러한 길장 사상의 기본적 구조를 도표화 한 것이다. 이 도해에 따라서 길장의 논술을 해석하기를, '대' '소'가 A, B에 해당하고 '절대'(絶待)가 C에 해당한다고 말한다.[21] 마츠모토는 A와 B가 '상대'(相待)하여, 곧 "서로 다른 존재를 기다려서 비로소 성립된다"는 상호의존적이고 상관적인 관계에 있다고 한다. 그에 따르면, C는 이와 같은 상대의 관계에 있는 양자 가운데 하나가 아니므로 '절대'라고 할 수 있는데, 본래는 언어로 표현될 수

---

20 『十二門論疏』, 大正42, 180下.

21 松本史朗, 『禪思想の批判的硏究』, 551-552.

있는 것이 아니다. 다시 말해서, 그는 길장이 모든 언어로 표현되는 것들을 기본적으로 A와 A가 아닌 것(B)이라는 양자의 모순개념(이 양자의 관계를 그는 '상대'라고 부른다)으로 이해한다(一切名言 皆是相待)고 본다. 그리고 길장에게 참인 것은 '단일한 것'(C)이며, 이것은 언어에 의해 표현될 수 없다(言語道斷 言忘絶慮). 이 단일한 것이 '절대'라는 이름을 얻는 것도 본래 이름 붙일 수 없는 것을 A와 B라는 '상대'적 관계에 따라 임시로 이름 붙인 것이(無名相强名相說)라는 것이다.

마츠모토는 위와 같은 해석에서 길장 사상의 가장 기본적인 구조가 드러난다고 주장한다. 그는 길장이 C를 '실상' '실체' '체' '팔불' '중도' '일도' '리' '불성' '무주' 등으로 다양하게 부르지만, 길장이 C라는 단일자의 실재를 긍정하는 일원론이라는 점은 명백하다고 역설한다.

그에 따르면 동일한 논법이 『중관론소』(中觀論疏)의 다른 개소에서도 제시된다.

> 묻기를 팔불은 다만 부처와 보살의 근본인가, 아니면 이승과 인천(人天)의 근본이기도 한가? 답하기를, 팔불로 말미암아 이제(二諦)가 바르게 된다. 이제가 바르게 되므로 두 가지 지혜가 생한다. 두 가지 지혜가 생하므로 부처와 보살이 있게 된다. 부처와 보살이 있게 되므로 이승 및 인천의 가르침을 설하게 된다. 그런즉 알지어다. 팔불은 이승과 인천의 근본이기도 하다.
>
> 問 八不但是佛菩薩本 亦是二乘人天本耶 答 由八不卽二諦正 二諦正卽二慧生 二慧生卽 有佛菩薩 有佛菩薩 故說二乘及人天之教 卽知 八不亦是 二乘人天之本[22]

이것의 실상이 곧 미혹됨과 깨달음의 근본이다. 깨달으면 곧 삼승의 현성이 있게 된다. 그러므로 『열반경』에 이르기를, 중도를 보는 자에 무릇 세 종류가 있다. 아래의 지혜로 바라보니 성문의 깨달음을 얻게 된다. 중간의 지혜로 바라보니 연각의 깨달음을 얻게 된다. 위의 지혜로 바라보니 위없는 깨달음을 얻게 된다. 이러한 실상에 미혹되면 곧 육도의 생사가 분연하다. 그러므로 『정명경』에 이르기를, 무주의 근본을 따라 일체법을 세운다고 한다.

此之實相 是迷悟之本 悟之則 有三乘賢聖 故涅槃云 見中道者 凡有三種 下智觀故 得聲聞菩提 中智觀故 得緣覺菩提 上智觀故 得無上菩提 迷此實相 便有六道生死紛然 故淨名經云 從無住本 立一切法[23]

마츠모토에 의하면 위 두 단락 중 전자에서는 앞에서 본 논술에서 '중성'(衆聖)과 '군생'(群生)이라고 언급되었던 A와 B가 각각 '불보살'(佛菩薩)과 '이승인천'(二乘人天)으로 표현되고, 후자의 단락에서는 '삼승현성'(三乘賢聖)과 '육도생사'(六道生死)로 제시되고 있다.[24] 또한 기체(本)인 C는 전자에서는 '팔불'(八不)이라는 말로 제시되고, 후자에서는 '실상'(實相) 내지는 '무주'(無住)라는 말로 호칭되고 있다. 이처럼 마츠모토는 길장의 사상구조 내지 그의 사고가 기체설과 완전히 일치하고 있다고 본다. 여기서 그는 '팔불'과 '실상' 등으로 불리는 기체(C)가 '미'와 '오' 내지 '불보살'과 '이승인천' 등이라 불리는 이법(二法, A와 B)의 '본'(本)이 된다는 점에 대해 특히 주목한다. 여기서 그는 기체설의

22 松本史朗, 『禪思想の批判的研究』, 552.

23 같은 곳.

24 같은 곳.

현실 긍정적이고 차별 긍정적인 성격과 관련하여 다음과 같은 자신의 서술을 환기시킨다.

> 여래장사상의 차별적 구조에 관하여 중요한 점은 성불이 예정되어 있는 존재(보살)와 영원히 성불할 수 없는 중생('因缺'이라든가 '無種姓'이라든가 '一闡提'라고 불리는 존재)이 모두 함께 나란히 유일 실재인 기체(dhātu) 위에 초기체로 놓여 있다는 것, 곧 존재론적으로 근거지어 있다는 것이다.[25]

마츠모토의 이 서술은 직접적으로는 『대승아비달마경』(大乘阿毘達磨經)에 나오는 "무시시(無始時)의 계(界, 基體)는 일체제법의 [평등한] 소의(기체)이다. 그것이 있으면 일체의 취(趣, gati)가 있고 또 열반의 증오(nirvāṇādhigama)도 있다"는 게(偈)에 대해서 열반을 dhātu로의 귀멸이라고 해석하는 츠다 신이치(津田眞一)의 견해에 대한 비판으로 제시된 것이다. 위에서 본 길장의 제 논술에 대해서도 같은 지적이 성립한다고 마츠모토는 보고 있다.[26] 그는 『대승아비달마경』의 게가 설하는 바를 '리이변중도의 도'에 상응시켜서 '열반의 증오'(A)와 '일체의 취'(B)가 '계'(C)에 근거지어 있다고 해석한다. 그에 의하면 길장에서는 '불보살'(A)과 '이승인천'(B)이 '팔불'(C)에 근거 지어 있고, '삼승현성'(三乘賢聖)(A)과 '육도생사'(B)는 '실상'(C)에 기초하고 있다. 그는 길장의 경우 독각과 성문의 이승(二乘)이 가치적으로 선한 존재로서 A에 배당되고, 악한 존재로서 B에 배당되기도 하는 등 혼란스러운 점이 있다는 사실을 인정하면서도, 문제의 본질은 영원히 성불할 수 없는

25 같은 책, 553.

26 松本史朗, 『禪思想の批判的硏究』, 553.

자와 성불이 결정되어 있는 자가 두 초기체로서 함께 나란히 제시된다는 점이라고 주장한다. 마츠모토는 이것은 말할 필요도 없이 현실적 차별의 고정화와 절대화, 악의 합리화로 이어진다고 역설한다. 곧 현실에 존재하는 차별과 악을 배제하고 철폐하는 것이 아니고 평등하고 선한 현실을 창출하고자 하는 것이 아니라, 선악을 넘어선 '일원'(一元)의 입장에서 악을 있는 그대로 용인하는 현실 긍정적이고 낙관주의적인 철학을 낳는 것이 길장의 사상이라는 것이다.

2. 『유마경』 비판

더 나아가서, 마츠모토는 무주(無住) 개념도 기체설의 입장에서 해석해야 함을 논증한다. 그는 우선 『중관론소』(中觀論疏)의 최후 문례에서 『유마경』으로부터의 인용문 가운데 나오는 단어로서 '무주'(無住)라는 개념이 보이는 것에 특별히 주목한다. 이 단어는 무엇을 의미하는 것인가? 그는 이 문례에서 '무주'가 확실히 '본'(本, C)으로서 규정되고 있다는 것을 염두에 둘 필요가 있다고 이야기한다.[27] 그에 의하면 거기서 '무주'는 '오미지본'(悟迷之本)이고 '일체법'을 세우는 본(本)이다. 그는 일체법에서 '삼승현성'과 '육도생사'라는 A와 B의 두 법이 강하게 의식되고 있으며, 이 점에서는 『대승아비달마경』(大乘阿毘達磨經)의 '일체법'과 일치하지만, '육도생사분연'이라는 다수성도 함의하고 있다고 해석한다. 이러한 맥락에서 마츠모토는 '종무주본'(從無住本)을 '무주=본'으로, 곧 '무주'와 '본'을 동격으로 보아 '무주라는 본으로부터'

27 松本史朗, 같은 책, 554.

라고 읽어야 할 것이라고 주장한다. 그는 산스크리트 원전에서 보아도 '무주=본'이라고 동격으로 독해하는 것이 타당하다고 말한다.

마츠모토는 길장 교학에서 '무주'라는 단어의 중요성을 지적하고, 이 단어를 매개로 하여 길장 교학이 남종선 사상에 깊이 관계된다는 것을 논증한 점에서 히라이 슌에이의 기여를 인정하면서, 그의 지적을 극히 예리하고 중요한 것으로 받아들인다. 그러나 길장에서 '무주'라는 단어가 무엇을 의미하는지에 대한 해석은 히라이의 해석과 상당한 차이가 있다는 점을 지적한다. 구체적으로, 마츠모토는 히라이가 "반야는 무주를 종(宗)으로 삼는다. 왜냐하면 도(倒)는 주착(住著)을 본으로 삼을 뿐이다"는 등의 『대품경의소』(大品經義疏)에 나오는 길장의 말을 인용하여 다음과 같이 말하고 있는 것에 주목한다.

> 곧 전도의 주착을 파하는 무착무집의 정신을 여기서 길장은 명확히 '무주'(無住)라는 말로 제시하고, 이것으로 반야의 종지라고 말하는 것이다.[28]

이 단락에서 '무주'라는 말을 무착무집, 곧 '무집착'의 의미로 해석하는 상당히 일반적인 이해에 대하여, 마츠모토는 과연 이것이 정당한 것인지 의문을 제기한다.[29]

이러한 의문에서 마츠모토는 우선 앞에서 본 『유마경』의 "종무주본 입일체법"(從無住本 立一切法)이라는 경문에서 '무주'(無住)라는 단어의 의미에 초점을 맞춘다. 그는 이에 관하여 하카마야가 「유마경 비판」과 "유마경 비판자료」라는 두 논문을 저술하였으며, 후자에서는 해당

---

28 같은 곳.

29 松本史朗, 『禪思想の批判的研究』, 555.

경문의 산스크리트 원문과 티베트역 텍스트를 제시하면서 "일체법은 무주(無住)라는 근본을 주(住)로 하고 있다"라고 번역하고 "임시로 '무주'(無住)라고 하는데, 이것이 일체법의 기체(基體, dhātu)인 것은 명백하다"고 서술한 사실에 주목한다.[30] 곧 마츠모토는 하카마야가 『유마경』의 기본주장이 '기체설'에 합치한다는 사실을 처음으로 논증하였다는 사실을 받아들인다. 다만 그는 하카마야가 제1 논문에서 '무주'라는 단어 자체의 의미에 대한 해석을 제시하고 있지 않으며, 제2 논문에서는 마츠모토의 해석이 사신(私信)에 의한 인용 형태로 소개되면서 이에 대한 시인이 이루어졌다는 사실을 지적하면서, 이 논증에서 자신의 입장이 토대가 되고 있음을 명시한다.

여기서 마츠모토는 문제의 '무주'(無住)의 '주'(住, pratiṣṭhāna)를 티베트역의 'rten'에서 명시되는 '기체'(住處, 所住)라는 의미로 파악하여 '무주'(無住)를 '기체를 갖지 않는 것'이라고 해석한다.[31] 그런데 이 경우에는 그에 따르면 '기체를 갖지 않는 것'이란 곧 '일체만물의 최종적 기체'이기 때문에 '[그 이상의] 기체를 갖지 않는 것'이라는 뜻이다. 이러한 입장에서 그는 무주[처](apratiṣṭhāna)라는 말 자체가 『팔천송반야경』(八千頌般若經)의 'asthāna'와 『보성론』(寶性論)의 'apratiṣṭhita' 등과 마찬가지로 '일체만물의 최종적 기체'를 의미하는 것이라고 주장한다.

그렇다면 『유마경』의 "종무주본 입일체법"이라는 경문에서 '무주'라는 단어가 중국 불교에서 '일체만물의 최종적 기체'라는 의미가 아니라 '무집착'이라는 의미로 이해되었다는 말일까? 그와 같은 것은 있을 수 없다고 마츠모토는 단언한다.[32] 히라이 슌에이도 언급하였지만

30 같은 곳.

31 같은 곳.

앞에서 서술한 '무주'에 대하여 구마라습(鳩摩羅什)은 『주유마힐경』(注維摩詰經)에서 다음과 같이 언급한다.

> 법은 자성이 없이 연에 감응하여 일어난다. 일어나지 않은 곳에서는 의지하는 바를 알지 못한다. 의지하는 바를 알지 못하니 주(住)하는 곳이 없다. 주하는 곳이 없으니 곧 있음과 없음이 아니다. 있음과 없음이 아니면서 있음과 없음의 근본이 된다. 주함이 없으니 그 근원을 궁구하여 더 이상 출원하는 곳이 없다. 그러므로 근본이 없다고 한다. 근본이 없으면서 사물의 근본이 된다. 그러므로 일체법을 세운다고 한다.
>
> 法無自性 緣感而起 當其未起 莫知所寄 莫知所寄故 無所住 無所住故 則非有無 非有無而爲 有無之本 無住則窮 其原更無所出 故曰無本 無本而爲物之本 故言立一切法也[33]

요컨대 마츠모토는 구마라습이 『유마경』의 '무주'를 '무기체'='일체만물의 최종적 기체'라는 의미로 정확히 이해하여 설명하고 있다고 판단한다. 그에 따르면, 구마라습이 설하는 바는 다음과 같이 해석될 수 있다. 곧 법은 무자성이고 연에 의해 일어난다. 그런데 연에 의하여 아직 일어나지 않은 것, 즉 일체법의 궁극적인 연(緣), 제일원인이라고도 해야 할 것에 대해서는 그 소기(所寄) 즉 연이 존재하지 않는다.[34] 따라서 그것은 '주(住)하는 곳(所住)=기체'를 가지지 않는다. 그 자체로서 어떠한 기체도 가지지 않는 최종적 기체이기 때문에 그것 자체가

32 松本史朗, 『禪思想の批判的研究』, 555.

33 大正38, 386下.

34 松本史朗, 『禪思想の批判的研究』, 556.

유와 무가 생기게 하는 기체(本)인 것이다. '무기체'(無基體)[無住, apra-tiṣṭhāna]라는 말은 그 이상의 원인(原)을 탐구해도 그것을 생하는 원인이 존재하지 않는다는 말이다. 따라서 '무기체'(無本)라고 부르는 것이다. 그 자체는 기체를 지니지 않으면서 만물이 생하기 위한 기체(本)가 된다. 따라서 그것에 만물을 세운다고 하는 것이다.

여기서 마츠모토는 특히 구마라습이 『유마경』의 '종무주본'(從無住本)이라는 경문에서 '무주'(無住)를 '무집착'을 뜻하는 막연한 말이 아니라 '무기체'(無基體)='일체만물의 최종적 기체'로 정확히 이해하고 명시하고 있는 부분이 "주함이 없으니 그 근원을 궁구해도 더 이상 나오는 곳이 없다"(無住則 窮其原 更無所出)는 부분임을 적시한다.[35] 마츠모토에 의하면 이 문장은 논리적으로는 『유마경』의 '종무주본…'이라는 경문 직전에 나오는 "문수여, 무엇인가 무기체(無基體, apratiṣṭhāna)인 것, 그것에는 어떠한 기체(基體, mūla 즉 뿌리, 근본)도 존재하지 않는다"(無住卽無本)는 문장에 대응하는 것인데, 이것은 기체설 문헌에 '반드시'라고 말해도 좋을 정도로 많이 보이는 "그 이상의 근거(기체, 시원)를 가지지 않기 때문에 바로 그 자체가 궁극적 근거이다"라는 논리를 명확히 제시하고 있다.

마츠모토는 "주하는 곳이 없은즉 있는 것(有)도 아니고 없는 것(無)도 아니다. 있음과 없음이 아니되 있음과 없음의 근본이 된다"(無所住故則非有無 非有無而 爲有無之本)는 기술을 '리이변중도의 도해'에 해당시켜 '있음'과 '없음'이 A와 B(A가 아닌 것)이며 '주하는 곳이 없으니'(無所住)라는 '근본'(本)은 C에 해당하는 것이고, 이 C는 '있음과 없음이 아님'

35 같은 곳.

(非有無), 즉 A도 아니고 B도 아니라고 간주될 수 있다고 해석한다.[36] 요컨대 구마라습의 논술은 명확히 기체설을 설하고 있다는 것이 마츠모토의 판단이다.

마츠모토에 의하면 구마라습의 논술에서 더욱 주의해야 할 것은 그가 '무주'라는 단어를 해석하면서 우선 '무소주'라는 논리적으로 정확한 단어로 그 어의를 설명하고 있다고 생각된다는 것이다. 그는 특히 '무주'라는 단어는 '주(住)하는 것이 없다'라고도 읽히기 때문에 논리적 애매성을 불식시킬 수가 없는데, '무소주(無所住)'라고 하면 '무주처'(無住處)라는 한역어와 마찬가지로 '무기체'라는 의미로만 해석할 수 있게 된다고 본다.[37] 그는 또 이 점에서 구마라습역 『금강반야경』의 유명한 "응무소주 이생기심"(應無所住 而生其心)이라는 구절에도 주목한다. 중국 불교에서 '무주'(無住)라는 개념은 『유마경』의 "종무주본(從無住本)…"이라는 경문과 『금강반야경』의 "응무소주…"라는 경문을 주요한 전거로 성립하였으리라는 것을 히라이 슌에이가 이미 지적하고 있다는 사실을 언급하면서, 마츠모토는 이 두 경문의 '무주'와 '무소주'가 똑같이 '무기체'='일체만물의 최종적 기체'라는 의미로, 곧 기체설을 설하는 것으로 이해되었으리라고 주장한다.

마츠모토는 이와 같이 주장하면서 이른바 남종선(南宗禪)에서 『금강반야경』을 중시한다고 하는 것에 대해 종래와는 다른 관점에서 바라볼 것을 요구한다. 곧 『금강반야경』의 '응무소주'의 선(禪)이란 결코 공사상을 설하는 것이 아니라 철저한 유(有)의 입장인 기체설에 입각하는 것이었으리라는 것이 마츠모토의 해석이다.[38] 그는 남종선이 여래

36 같은 책, 557.

37 같은 곳.

장사상적이고 기체설적인 유의 입장을 극단까지 밀고 나가는 것에 의해서 이구청정(離垢淸淨)의 수도(修道)를 중시하는 북종선을 배제하고 수도를 부정하고 돈오적 선을 형성했다고 추정한다.

마츠모토에 의하면 구마라습이 『유마경』의 '무주'를 명확하게 그리고 정확하게 '무기체'라는 의미로 이해한 이상, 그 이후의 중국 불자들이 이 해석에 따르지 않았다는 것은 생각할 수 없다고 한다. 더욱이 그는 길장에게 구마라습이 가장 권위 있는 인물로 간주된다는 점을 상기시킨다.[39] 따라서 길장의 '무주' 해석도 '무기체'라는 의미로 이해하는 방향으로 이루어졌으리라고 보아야 한다는 것이다. 그는 구체적으로 길장이 『유마경의소』(維摩經義疏)에서 다음과 같이 말하고 있는 것에 주목한다.

> 이 글은 이미 무주(無住)를 일컬어 사구(四句)를 끊고 백비(百非)를 잊는다고 했다. 말이 끊어지고 생각이 막다르게 되었으니 곧 제법의 실체(實體)이며 일체법의 근본이 된다. 그러나 이 실상에 다시 근본이 있지는 않다. 今文旣稱無住 則絶四句忘百非 言斷慮窮 卽是諸法實體 爲一切法本 而此實相 更無有本 (大正38, 967中)

이 논술의 전반은 '무주'라든가 '실체'라든가 '실상'이라고 일컬어지는 기체(C)가 불가설(不可說)이고 사려와 언어를 절(絶)하고 있다고 서술한다.[40] 왜 기체(C)가 불가설이라고 하는가를 이야기하자면, 길장

---

38 같은 곳.
39 松本史朗, 같은 책, 558.
40 같은 곳.

은 언어로 표현된 것은 기본적으로 두 상대적 모순개념(A와 A가 아닌 것, 예컨대 有와 無)이라고 간주하고, 이 양자를 초기체로서의 이법(二法, A와 B)이라고 이해하기 때문이다.

3. 선불교 비판

1) 『육조단경』 비판

대승불교사상이 여래장사상 내지 불성사상, 즉 마츠모토가 기체설이라고 부르는 것에 의해 오염되고 왜곡되었다는 그의 주장은 선불교에 대한 비판에서 절정을 이룬다.

마츠모토는 선불교에 대한 자신의 견해의 타당성을 보강하기 위하여 790년 무렵에 성립되었다고 간주되는 돈황본(燉煌本) 『단경』(壇經)의 다음과 같은 한 구절을 제시한다.

> 대사께서 이르시기를, 대중들이여, 대중들이여, 집중하여 들어라, 세상 사람들 자신의 몸이 성(城)이니, 밖으로 다섯 문이 있으며, 안으로 의문(意門)이 있다. 마음은 땅이고, 성(性)은 왕이다. 성이 있으면 왕이 있고 성이 떠나면 왕은 없다. 성이 몸에 있으면 마음이 존재하고, 성이 떠나면 몸은 무너진다.
>
> **大師曰 大衆 大衆作意聽 世人自色身是城 眼耳鼻舌身卽是城門 外有五門 內有意門 心卽是地 性卽是王 性在王在 性去王無 性在身心存 性去身壞**[41]

41 松本史朗, 『禪思想の批判的研究』, 296.

여기서 마츠모토는 '색신'(色身, 신체)이 '성'(城)이고, 육근(六根)이 '성문'(城門)이고, '심'(心)이 '지'(地)이고, '성'(性)이 '왕'(王)이라고 설하고 있는 데 주목한다. 그는 무엇보다도 『찬도갸 우파니샤드』의 한 구절을 참조하여야만 이러한 내용의 의미를 정확히 이해할 수 있다고 주장한다. 놀랍게도 그는 돈황본 『단경』이 『찬도갸 우파니샤드』라는 힌두교의 대표적 경전에서 직접적으로 영향을 받고 있음을 주장하고 있는 것이다. 그가 인용하는 해당 절의 내용은 다음과 같다.

> 곧 이 브라흐만의 성(brahmapura) 가운데 작은 연화(蓮華)로 된 주거(puṇḍarīkaṃ veśma)가 있다. 그 가운데 작은 내부의 허공이 있다. 그 가운데 있는 것, 그것을 탐구해야 하고, 그것을 인식할 수 있기를 바라야 한다. (ChāUp, VIII-1-1)[42]

마츠모토는 샹카라(Śaṅkara)가 이 가운데 '브라흐만의 성'을 '신체'(śarīra)라고 해석하고 있으며, 또한 '작은 연화로 된 주거'를 '심연화'(心蓮華, hṛdaya-puṇḍarīka)라고 부르고 '심장'(心臟, hṛdaya)이라고 해석하고 있다는 사실을 상기시킨다. 마츠모토는 또 샹카라가 '작은 연화로 된 주거'를 '왕의 주거'라고도 부르며, '왕'인 '브라흐만'이 '심장'에 주거하고 있다고 하는 이해도 제시하고 있다는 사실에도 주목한다. 이러한 주목에 따라 마츠모토는 이 절이 샹카라에 의하면 다음과 같이 해석되고 있는 것이 분명하다고 역설한다.

---

42 같은 곳.

① 브라흐만의 성(brahma-pura) = 신체(śarīra)

② 연화(puṇḍarīka) = 왕의 주거(veśma rājño) = 심장(hṛdaya)

③ 브라흐만 = 왕 = 아트만[43]

여기서 마츠모토는 ③의 '브라흐만'이 '아트만'과 동일하다고 하는 것은 범아일여(梵我一如) 설에 입각하는 샹카라의 입장으로서, 새삼 언급할 필요도 없을 정도로 당연한 일이었을 것이라고 지적한다.[44] 이러한 입장에서 마츠모토는 『단경』의 기술이 기본적으로 『찬도갸 우파니샤드』의 내용과 동일한 것을 서술하고 있음에 틀림없을 것이라고 생각하면서 그 내용을 다음과 같이 정리한다.

① 신체 = '색신'(色身)

② 심장 = '심'(心), '지'(地) (心地)

③ 아트만 = '성'(性) (王)[45]

위와 같이 정리하면서 그는 『단경』의 '심'(心) = '지'(地)는 '심장'을 의미하고, '성'(性)은 '아트만'을 가리킨다고 본다. 그 가운데, '지'(地)란 어떠한 의미일까? 마츠모토는 그것이 '성' 곧 '아트만'이 존재하는 장소를 의미한다는 것이 『단경』 가운데 다음과 같은 단락에 의하여 명확하다고 주장한다: "자기 심지(心地) 위에 있는 각성여래"(自心地上覺性如來).[46]

---

43 같은 책, 297.

44 같은 곳.

45 같은 곳.

마츠모토는 『단경』의 이 단락이 '성'(性) 곧 '아트만'이 '심'(心) 곧 '심장'(心臟)에 있다는 점을 말하고 있다고 주장한다. 그에 의하면 여기서 '심'(心)은 '성'(性)이 있는 장소이므로 '지'(地)라고 일컬어지며 따라서 '심지'(心地)라는 호칭이 있다는 것이다.[47]

앞서 인용한 돈황본 『단경』에 나오는 "심즉시지(心卽是地) 성즉시왕(性卽是王)"이라는 표현도 마츠모토는 '심'(心)과 '성'(性)의 위치관계를 명시하는 것으로 해석한다. 그는 여기서 '지'(地)란 '장소' 곧 '기체'(基體)의 의미이고, 따라서 '심즉시지, 성즉시왕'은 '성'이라는 '왕'이 '심'이라는 '지'(장소)에 있다는 것을 제시한다고 본다.[48]

마츠모토는 『단경』의 '자심지상 각성여래'(自心地上 覺性如來)에 대한 위와 같은 이해에서 한 걸음 더 나아가서, 이 단락이 『대일경』(大日經)이라는 밀교의 경전과 연계되어 있을 가능성을 추적한다. 곧 그는 『대일경』의 "대연화왕이 출현하니 여래법계성신이 그 가운데 안주한다"(大蓮華王出現 如來法界性身 安住其中)라는 문장 그리고 『대일경소』(大日經疏)의 "이 심 만다라에 부처님이 그 가운데 계시니 일컬어 대아라 한다. 대아는 부처님의 다른 이름이다"(此心漫茶羅之上 有佛在中 故曰大我 大我者 佛之別名也)라는 구절과 『단경』의 이 단락이 기본적으로 동일한 주장을 서술하고 있다고 추정한다.[49] 그 동일한 주장이란, "아트만(我)이 심연화(心蓮華, hṛdaya-puṇḍarīka)에 있다"는 것이다. 따라서 '심지'(心地)란 '아트만이 있는 장소(地)로서의 심장(hṛdaya)'을 뜻

---

46 같은 곳.

47 같은 책, 297-298.

48 같은 책, 298.

49 같은 곳.

한다는 것이 그의 결론이다.

마츠모토는 '심지법문'(心地法門)이라는 단어가 『마조어록』(馬祖語錄)과 『전심법요』(傳心法要) 그리고 『역대법보기』(歷代法寶記)와 종밀(宗密)의 저작에 보이고, 또 『임제록』에도 '심지법'(心地法)이라는 단어가 있음에 주목한다. 그는 이들 '심지법문', '심지법', '심지' 등의 단어의 전거로서 『대일경』과 그에 수반하는 『대일경소』가 가장 중요하다고 역설한다.[50] 그의 해석에 의하면 여기서 '심지'(心地)는 '심'(心)='지'(地)이고, '아트만'이 있는 장소로서의 '심장'(心臟, hṛdaya)을 의미하는 것이 분명하다.

마츠모토는 또 돈황본 『단경』(壇經)의 다음과 같은 단락에도 주목한다.

> 자성(自性)의 심지(心地)를 지혜로 관조하여 안과 밖이 두루 밝으면 스스로의 본심(本心)을 알게 된다. 본심을 알게 되면 곧 이것이 해탈이다.
> **自性心地 以智慧觀照 內外明徹 識自本心 若識本心 卽是解脫**[51]

마츠모토는 이 단락에서 일견 '자성'(自性)과 '심지'(心地)와 '본심'(本心)이 동의어로 되어 있는 듯이 보이지만 엄밀히 살펴서 이 단어들을 이미 본 『단경』의 '자심지상 각성여래'(自心地上 覺性如來)에 대응해서 이해해야 한다고 주장한다.[52] 그러한 대응에서 '심지'(心地)는 어디까지나 '자성'(自性)이 있는 장소를 가리킬 것이다. 마츠모토에 의하면

50 같은 곳.

51 같은 책, 300.

52 松本史朗, 『禪思想の批判的研究』, 300-301.

'자성심지'(自性心地)란 '자성이라는 심지'가 아니라 '자성의 심지'라는 뜻이고, 구체적으로 '자성(自性)의 지(地, 場)로서의 심(心)'을 의미하게 된다고 한다. 여기서 그는 '자본심'(自本心)과 '본심'(本心)이 무엇을 가리키는지는 반드시 명확하지는 않다고 거리를 두면서도 '심지'에 있는 것으로서의 '자성'을 가리키는 것이라고 해석하고 싶다는 입장을 피력한다.[53]

다음으로 마츠모토는 돈황본 『단경』(壇經)의 다음과 같은 단락에도 주목한다.

> 심지(心地)에 의혹이 없음이 자성(自性)의 계이고, 심지에 어지러움이 없음이 자성의 선정이고 심지에 어리석음이 없음이 자성의 지혜이다.
> **心地無疑 是自性戒 心地無亂 是自性定 心地無癡 是自性慧.**[54]

이 단락에서도 '심지'(心地)와 '자성'(自性)이 문제가 되고 있는데, 지금까지의 고찰에 의하면, 이 양자는 동일한 것이 아니고, '심지'에 있는 것이 '자성'이라고 보아야 한다. 구체적으로 "심지무란 시자성정"(心地無亂 是自性定)은 "심(心)이라는 지(地)에 어지러움이 없다면, 거기에 자성이 성립한다"라고 읽어야 한다는 것이 마츠모토의 입장이다.[55] 곧 '심지'란 자성을 생하는 장소(기체)이자 원인이라고 하는 생각이 보인다는 것이 그의 해석이다. 기체(基體, dhātu)가 원인(hetu)일 수도 있다고 하는 것이 그가 말하는 '기체설'(基體說)의 기본적 관념이

53 같은 책, 301.
54 같은 책, 300.
55 같은 책, 301.

기 때문에, 마츠모토에 의하면 '심지'는 '자성'이 존재하는 기체(장소)이고 '자성'을 생하는 '원인'인 반면, '자성'은 '심지'의 원인도 기체도 아니라는 관계가 '자성'과 '심지'의 사이에 보인다는 것이다.

마츠모토는 위와 같은 자신의 해석이 인도철학에 기초적 지식을 갖춘 사람들에게는 용이하게 받아들여질 수 있을 것이라고 본다. 그러한 사람들에게는 '그대가 그것이다'라는 『우파니샤드』의 성구(聖句)와 기본적으로 동일한 문제의식이 여기에 내포되어 있다는 점이 자명하리라는 것이 그의 판단이다.[56] 그는 『찬도갸 우파니샤드』의 다음과 같은 단락을 제시한다.

이 미세한 것… 그것이 아트만이다. 그대가 그것이다.
sa ya eṣo 'nimā… sa ātmā tat tvam asi.(VI-8-7)[57]

여기서 마츠모토는 "그대가 그것이다"(tat tvam asi)라는 문장이 두 이질적 요소로 구성되어 있다는 점을 우선 강조한다. 곧, '그대'(tvam)는 육체를 갖춘 우리들의 현실적 인간존재를 가리키고 '그것'(tat)은 이 육체적 인간존재 내지 육체 가운데 있다고 여겨지는 절대적 실재를 의미한다는 것이 그의 견해이다.[58] 이 두 요소의 관계에 대하여 그는 다음과 같이 산스크리트 문법을 동원해서 설명한다.

이 '그것'(tat)이라는 단어가 그 직전의 '아트만'(ātman)이라는 단어를 받는

56 같은 책, 380.
57 같은 곳.
58 같은 책, 379-380.

다고 볼 수는 없다. 'tat'은 중성명사이고, 'ātman'은 남성명사이기 때문이다. 그러나 이 '그것'(tat)은 '무엇인가'(ya)라는 관계대명사를 받는 지시대명사라고 생각되고, 게다가 '그것이 아트만이다'라고 할 때의 '그것'(sa)도 이 '무엇인가'를 받는 지시대명사이므로, '그대가 그것이다'라고 할 때의 '그것'(tat)과 '그것이 아트만이다'라고 할 때의 '아트만'은 '무엇인가'(ya)라는 단어를 매개로 하여서, 등호로 연결된다고 볼 수 있을 것이다.

어떻든, '그대가 그것이다'라고 할 때, '그대'는 요소 A, 곧 육체를 갖춘 현실적 존재이고, '그것'은 요소 B, 곧 어떤 절대적 존재를 의미하고 있다는 것은, 의문의 여지가 없을 것이다. 이 '그대'와 '그것'이라는 두 요소가 어떻게 '이다'(asi)라는 등호를 제시하는 계사(繫辭, copula)로 연결되고 있었다고 하더라도, 또한 후세의 베다 철학에 의하여 이 양자가 어떻게 본래 동일하다고 주장되었다고 하더라도, 여기에서 '그대'라는 단어에 의하여 의미되고 있는 것과 '그것'이라는 단어에 의하여 의미되고 있는 것이 원래 별도의 것이라고 하는 점은 명확하다. 곧 원래 별도의 것이기에 그 양자를 '이다'(asi)라는 등호에 의하여 연결하는 것이 의미가 있는 것이다. 따라서 '그대'와 '그것'은 엄밀한 의미에서 동일하지 않다.[59]

더 나아가서 마츠모토는 『브라흐마 경 주해』에[60] 나오는 샹카라의 해석, 곧 "그것이 아트만이다. 그대가 그것이다"라는 문장은 '육체적인 것'(śārīra)이 곧 브라흐만(Brahman)이라는 점을 제시하는 것[故]이라는 해석에 주목한다.[61] 그는 이러한 샹카라의 해석이 "그대가 그것이다"

59 같은 책, 380-381.

60 Brahmasūtra-bhāṣya(BSBh, Bombay, 1938).

61 같은 곳.

의 '그대'라는 단어를 '육체적인 것'이라는 단어로 치환시키고, '그것'이라는 단어를 '브라흐만'으로 치환시킨 것이라고 본다. 그는 이 '육체적인 것'을 가나쿠라 엔쇼(金倉円照)는 '신체의 왕', '개인의 자아'라고 번역했으며, 핫토리 마사아키(服部正明)는 '경험적 개아'로 번역했고, 가나자와 아츠시(金澤篤)는 '신아'(身我)로 번역했다는 사실을 환기시킨다.[62] 그는 이러한 번역이 'śārīra'를 신체 내에 있는 아트만, 곧 개아(個我, jīva)라고 해석하는 것으로서 타당한 해석이라고 본다.

2)『임제록』비판

선불교 문헌에서 아트만론을 추적하는 마츠모토의 탐구는 선 어록의 왕자로 불리는『임제록』에서 극치를 이룬다. 마츠모토는 우선『임제록』(臨濟錄)에서 임제 의현(臨濟 義玄, ?-868)의 기본사상이 유명한 '무위진인'(無位眞人) 개념으로 명료하게 드러난다는 전통적인 해석을 타당한 것으로 간주하면서 이 개념을 중심으로 논의를 전개해 나간다. 여기서 그가 주목하는 것이 바로 다음과 같은 단락이다.

> 上堂云 赤肉團上 有一無位眞人 常從汝等諸人面門出入 未證據者看看 時有僧出問 如何是無位眞人 師下禪牀 把住云 道道 其僧擬議 師托開云 無位眞人是什麽乾屎橛 便歸方丈[63]

그는 이 단락에 대하여 우선 이리야 요시타카(入矢義高)의 다음과

62 같은 곳.

63 松本史朗,『禪思想の批判的研究』, 226.

같은 번역에 주목하면서 이 번역의 타당성에 의문을 제기하는 방식으로 논의를 전개해 나간다.

> 당에 올라서 말하기를, "이 육체에 무위(無位)의 진인(眞人)이 있어서 항상 그대들의 얼굴로부터 나왔다 들어갔다 하고 있다. 아직 이것을 확인하지 못한 자는 보라! 보라!"
>
> 그 때 한 승려가 나아가 묻기를, "그 무위의 진인이란 도대체 누구입니까?" 스승은 자리를 내려와서 그 승려의 멱살을 붙잡고 말하기를, "말해라! 말해라!" 그 승려는 머뭇거렸다. 스승은 그 승려를 놓아주면서, "무슨 [보기 좋은] 마른 똥 막대기인가?"라고 하고는, 그대로 방장실로 돌아갔다.[64]

이 이리야 요시타카의 번역에 대하여 마츠모토가 문제 삼는 것은, '적육단'(赤肉團)을 '이 육체'라고 번역하는 것 그리고 '면문'(面門)을 '얼굴'이라고 번역하는 것이 과연 적절한가 하는 문제이다. 다시 말해서, 마츠모토는 '적육단'이 '심장'을 의미한다고 해석하지 않으면 안 된다고 주장하는 것이다. 그는 '면문'에 대해서는 '적육단'의 의미를 추적하는 과정에서 바른 이해를 얻을 수 있을 것이라고 부연한다.

그는 '적육단'의 의미를 확정하는 것이 동시에 '일무위진인'(一無位眞人)이란 무엇인가라는 가장 중요한 문제를 명확히 하는 것이기도 하다는 점을 강조한다. 곧 '일무위진인'이 무엇을 의미하는가를 드러내면, 임제의 기본사상은 이미 해명되었다고 할 수 있는데, 그 관건이 '적육단'의 의미를 확정하는 데 있다는 것이다. 그렇다면 '적육단'은

64 같은 책, 226-227.

과연 무엇을 의미하는가?

여기서 마츠모토는 "'적육단'이 '육체'인가 아니면 '심장'인가?"라는 문제를 파고든다. 그는 우선 '적육단'을 '육체'라고 보는 데에 두 가지 근거가 제시된다는 데에 주목한다. 첫째는 '적육단'에 해당하는 말을 '오온신전'(五蘊身田)이라고 읽는 전통이 있다는 것이다. 곧 이미 학자들에 의하여 주목되고 있는 사실이지만, 그는 『조당집』(祖堂集, 952년) 권19에는 다음과 같은 말이 나온다는 사실에 주목한다.

> 오온신전(五蘊身田) 내에 무위진인이 있어서 당당히 드러나, 머리카락만큼도 간격을 허용하지 않으니, 어찌 알아차리지 못하는가?
> **五蘊身田內 有無位眞人 堂堂顯露 無絲髮許間隔 何不識取**[65]

마츠모토는 또 『종경록』(宗鏡錄, 961년)에도 다음과 같은 말이 있다는 사실에 주목한다.

> 오온신전 안쪽에 무위진인이 있다.
> **向五蘊身田內 有無位眞人**[66]

그리고 『경덕전등록』(景德傳燈錄, 1004년)에 나오는 다음과 같은 말도 주목한다.

> 오온신전 내에 무위진인이 있다.

65 같은 곳.
66 같은 곳.

五蘊身田內 有無位眞人[67]

여기서 '五蘊身田內'라는 말이 『임제록』의 '赤肉團上'에 해당하는 말로 인정될 수 있는 것일까? '五蘊身田內'와 '적육단상' 가운데 어느 쪽의 전승이 오래된 것일까? 또, 임제는 실제로 어느 쪽을 말하였던 것인가?"와 같은 문제를 마츠모토는 추적한다. 요컨대 '五蘊身田內'라는 독해 방식은 위의 3가지 문헌에서 인정되는 셈인데, 마츠모토는 『경덕전등록』이 『종경록』에 기반하고, 『종경록』은 『조당집』에 기반하고 있다는 점에서, 『조당집』이 『임제록』보다 오랜 전승인가 여부가 문제의 관건이라고 판단한다.

마츠모토는 임제의 '무위진인'에 대해서 『경덕전등록』 권12에 나오는 다음과 같은 기술도 있다는 사실에 주목한다.

적육단(赤肉團)에 무위진인이 있다.

赤肉團上 有一無位眞人[68]

여기에 보이는 것은 『임제록』과 기본적으로 일치하는 표현이다. 그는 '적육단상'이 송판(宋板) 『경덕전등록』(景德傳燈錄)에서는 '적육심상'(赤肉心上)으로 되어 있어 다소의 차이를 보인다는 사실도 주목한다. 더 나아가서 마츠모토는 『천성광등록』(天聖廣燈錄. 1036년)에서도 『임제록』과 완전히 일치하는 설명이 있다는 데 주목한다.

그렇다면 『임제록』과 『천성광등록』의 '적육단상'과 『조당집』의

---

67 松本史朗, 『禪思想の批判的研究』, 228.

68 松本史朗, 『禪思想の批判的研究』, 229.

'五蘊身田內'에서는 어느 것이 전승으로서 오래된 것일까? 마츠모토는 우선 이리야 요시타카가 저본(底本)으로 한 유포본 『임제록』이 선화(宣和) 2년(1120년)의 간본을 조본(祖本)으로 한다고 보든, 야나기다 세이잔의 주장대로 선화본보다도 『사가어록』(四家語錄) 소수본(所收本) 쪽이 원형에 가깝다고 보든, 『임제록』의 원형이 확정된 시점을 『조당집』의 성립시기(952년)보다 이전으로 소급하는 것은 문헌학적으로는 곤란하다는 점을 인정한다.

그러나 그는 아키즈키 료민(秋月龍珉)이 『조당집』 권19의 "임제장"(臨濟章) 말미에 "근기에 응한 대답의 나머지로부터 별록(別錄)을 광창(廣彰)하였다"(自餘應機對答 廣彰別錄矣)고 되어 있는 사실에 유념하여 『조당집』 성립 시점에 "이미 『임제어록』이라는 것이 세간에 널리 알려져 있었음을 알 수 있다"고 하는 아키즈키의 추정에 주목한다. 마츠모토는 거기서 '별록'(別錄)으로 불리는 것과 현행 『임제록』의 관계는 확정적이지 않다는 사실을 인정하면서 양자가 크게 다른 것이라고 보는 것도 가능할 수 있다는 점도 인정한다. 그러나 그는 아키즈키가 "대략 우선 직제자들 몇 명의 손에 의해서 진주 임제원(鎭州臨濟院)에서 「상당」(上堂)과 「시중」(示衆) 등이 기록되었을 것이다"라고 추측하는 것은 아주 자연스럽다고 받아들인다. 곧 그는 임제의 설법이 그의 죽음(868년) 후 얼마 되지 않아서 그 제자들에 의하여 어떤 형태로든 집성되었으리라는 점을 강조한다. 그것이 핵심이 되어 오늘날의 현행본의 조본(祖本)이라고 일컬어지는 선화본과 『사가어록』 소수본으로 발전해갔을 것이라고 마츠모토는 추정한다.

마츠모토는 이러한 발전에서 임제의 설법 가운데 가장 기본적인 것 내지 중핵적인 것이 큰 변경을 받았으리라고 생각하기는 어려울 것이라고 보면서, 특히 '무위진인' 부분은 누구의 눈에도 임제의 설법 가운데에서 가장 중요한 것이라는 점에 주목한다. 특히 그는 『사가어록』 소수본에는 이 부분이 임제 설법의 서두에 자리하고 있다는 사실이 이를 말해주는 부분이라는 데 주목한다. 그는 이러한 맥락에서 "赤肉團上 有一無位眞人"은 이미 임제의 설법이 제자들에 의해 정리된 단계에서 『임제록』의 원형에 포함되어 있었다고 보아야 한다는 주장으로 나아간다.

마츠모토는 『조당집』과 『종경록』과 『경덕전등록』은 결코 임제의 가르침만을 선양하기 위하여 저술된 저작이 아닌 반면, 『임제록』은 기본적으로 임제의 가르침을 받드는 사람들에 의하여 편집되어 전승되고 발전된 것이며, 그 『임제록』의 원형이 성립된 시점을 확정할 수 없다 하더라도, 임제의 가르침의 중핵에 관하여 잘못된 설명을 하기는 어렵다는 점에서 『조당집』의 "五蘊身田內 有無位眞人"보다도 『임제록』(그리고 『천성광등록』)의 "赤肉團上 有一無位眞人"을 임제 자신의 '발언'으로 받아들인다.

또한 그는 '무위진인' 부분에 관하여 『임제록』의 해당 부분과 『조당집』의 해당 부분을 비교해볼 때, 이야기 전개에 상당한 상이점이 있다고 주장한다. 곧 그는 『임제록』에서는 "임제가 '무위진인'에 관하여 설법한 것에 대하여 한 승려가 묻자 임제는 선상(禪牀)에서 내려와서 그 승려를 붙잡고 '말하라, 말하라'라고 협박하는데, 그에 대하여 그 승려는 답을 머뭇거리고, 임제가 갑자기 손을 놓고는 '무슨 [보기 좋은] 마른 똥 막대기인가?'라는 통렬한 말을 내뱉었다"는 극히 자연스러운 이야기 전개가 보이는 반면, 『조당집』에서는 질문자인 승려가 '무위진인'에 대하여 묻자마자 임제에 의하여 얻어맞는 등 이야기 전개가 부자연스러운 점에 주목한다. 아무리 '몽둥이질을 좋아하는' 임제라 하더라도 자신의 설법에 대하여 질문을 받자마자 그 질문자를 때린다는 것은 수긍하기 어렵다는 것이 마츠모토의 견해이다. 곧 '말하라, 말하라'라고 듣고도 주저했기 때문에 "무위진인이 마른 똥 막대기가 되었다"고 꾸지람했다는 『임제록』의 이야기 전개가 더 자연스러운 반면, 질문을 받자마자 바로 때렸다는 『조당집』의 이야기 전개는 부자연스럽다는 것이다.

위와 같은 입장에서 마츠모토는 『임제록』보다도 『조당집』 쪽이 전승으로서 더 오래되었다고 하는 견해를 비판하면서, 『조당집』이 이야기로서도 부자연스럽고 임제의 사상을 전하는 것으로서도 부정확하고 불충분하다고 생각한다. 특히 그는 "말하라, 말하라"라는 말이 『조당집』에는 보이지 않는데, 이 말이 임제 사상에서는 극히 중요하다는 점을 강조한다.

이러한 고증 과정을 거쳐서 마츠모토는 임제의 기본사상을 '성용론'(性用論)이라고 파악한다. 그는 다음과 같이 성용론을 정의한다.

① 성은 아(我, ātman)이다.

② 성은 선악의 모든 행위 작용의 주체=작자이다.

③ 성은 상(육체)과 구별되는 심(순수정신)이다[=심상상멸설].

④ 성은 만법의 기체이다[=기체설].[69]

마츠모토는 이러한 성용론이 "아자성야 성즉아야 내외동작 개유어

69 松本史朗, 『禪思想の批判的研究』, 243.

성"이라든가 "심위선악지본 능작범작성"이라고 설하는 것에 의해 인정된다고 보고, 이것이 마조의 계통과 『단경』에 계승된다고 본다. 곧 성용론을 정확히 이해하기 위한 포인트로서, 성이 아(아트만)이고 작자(作者, kartṛ)라는 점을 파악하는 일이 무엇보다도 중요하다는 것이 마츠모토의 입장이다.

성용론을 특징짓는 성의 작자성은 인도 불교의 일반적인 여래장사상보다는 훨씬 더 명확한 아트만론적 성격을 지니는 것이라는 점도 지적되어야 한다. 곧 『브리하드아라냐카 우파니샤드』에 설하듯이 '아는 견문각지의 주체(작자)'인 것이다.

다만 임제는 종래의 '…자'라는 것과 대조적으로 '…인(人)'이라는 표현을 내놓았다. 이 임제의 '…인'이 '…자' 이상으로 구체적 행위를 하는 작자(作者)의 성격을 띤 점을 명확히 한 것이다. '…자'는 '…하는 것'이라고도 해석될 수 있지만, '…인'이라고 하면 '…하는 사람'이라고 읽을 수밖에 없기 때문이다. 따라서 마츠모토는 임제의 '인'에 대해 '내적 주체'가 아니고 '주재자'도 아니라고 해석하는 이리야 요시타카의 견해를 비판하고, '내적 주체'이며 '주재자'인 '아(ātman)=작자(kartṛ)'라고 주장한다.[70]

마츠모토는 "赤肉團上 有一無位眞人"을 인도사상의 아트만론을 계승한 것이라고 보면서 그 이유로 다음 세 가지를 든다.

첫째, 『황제내경소문』(黃帝內經素問)에서 '진인'에 대한 설명과 임제의 '무위진인'의 설명은 크게 다르다는 점이다. 예컨대 '적육단'에 해당하는

70 같은 책, 244.

것도 '면문출입'에 해당하는 것도 『황제내경소문』에서는 보이지 않는다. 따라서 『황제내경소문』에서 '무위의 진인'에 대한 설명을 추출할 수는 없다. 임제가 사용한 '진인'이라는 말은 확실히 도가의 것이라고 할 수 있을 것이다. 그러나 임제의 '무위진인'이라는 말에 들어 있는 사상적 논리는 결코 도가의 것이 아니다. 그것은 인도의 아트만론이다.

두 번째 이유는, 임제의 무위진인을 이미 본 "목전현금청법저인"(目前現今聽法底人)(『臨濟錄』)과 같은 것으로 볼 수 있기 때문이다. 이 양자를 동일하다고 보는 것은, 이리야 요시타카에 의해서도 인정되는 것이고, 양자를 등호로 연결하여 '현금목전청법무의도인'(現今目前聽法無依道人)이라는 표현도 있다. 그런데 '목전현금청법저인'에 대해 '성용론'에 따라 '성'='아'라고 본다면 '무위진인'도 '성'이고 '아'라는 것이 된다.

세 번째 이유는, '赤肉團上 有一無位眞人'이라는 표현 자체에 숨겨져 있다. 인도 아트만론에서 "'아트만'은 심장(hṛdaya)에 있다"고 생각된다는 중요한 사실에 주목할 필요가 있다.[71]

가나자와 아츠시(金澤篤)에 의하면 고대 『우파니샤드』 가운데 붓다 이전에 성립된 것으로 여겨지는 『브리하드아라냐카 우파니샤드』와 『찬도갸 우파니샤드』의 여러 곳에 "아트만은 심장에 있다"는 말이 있다는 것을 알 수 있다. 그 가운데 『브리하드아라냐카 우파니샤드』에는 다음과 같은 예문이 있다.

실로 이 위대하고 태어남이 없는 아트만은 여러 생기 가운데에서 인식으로

71 같은 책, 247-248.

이루어지는 것(vijñānamaya)이다. 그것은 일체의 것의 지배자(vaśin)이고, 일체의 것의 주재자(īśāna)이고, 일체의 것의 왕(adhipati)이고, 심장(hṛdaya) 가운데 있는 허공(ākāśa)에 가로놓여 있다(śete).

아트만이란 어떠한 것인가? 여러 생기 가운데에서 인식으로부터 이루어지는 것이고, 심장 가운데 있으며 내적인 빛을 지닌 푸루샤(puruṣa 人)이다.[72]

또한 『찬도갸 우파니샤드』에는 다음과 같은 말이 있다.

실로 이 아트만은 심장(hṛd)에 있다. "이것(아트만)은 심장에 있다" (hṛd ayam)고 하는 것이 그것(hṛdaya)의 어원적 설명이다. 따라서 심장(hṛdaya)이다.[73]

더 나아가 『우파니샤드』의 '범아일여'(梵我一如)의 진리를 설하는 것으로 유명한 산딜리야(Śāṇḍilya)의 가르침 가운데도 다음과 같은 말이 나온다.

일체의 행위를 가지고, 일체의 욕망을 가지고, 일체의 향기를 가지고, 일체의 맛을 가지고, 이 일체의 것에 편만하여, 무언으로 번뇌가 없는 것, 이것이 심장 가운데 있는 나의 아트만이고, 이것이 브라흐만이다.[74]

이상의 예문에 의하여 『우파니샤드』 문헌 가운데에서도 가장 성립

72 같은 책, 248-249.

73 같은 책, 249.

74 같은 곳.

이 오래된 것이라고 생각되는 양대 우파니샤드가 "아트만은 심장에 있다"라는 생각을 반복해서 설하고 있다는 사실이 명확하다. 그러나 이 점은 이미 인도철학에 기초적 지식이 있는 사람들에게는 알려져 있는 사실이라고 할 수 있다. 가나자와 아츠시의 논문이 중요한 것은 그 이상의 정보를 제공하고 있는 점에 있다. 그것은 인도정통파의 철학을 대표하는 베단타파의 샹카라가 자주 심장(hṛdaya)을 '연화의 형상을 한 육단'(puṇḍarīkākāro māṃsapiṇḍaḥ)이라고 부른다는 사실을 명확히 하고 있다는 사실이다. 곧 그는 『브리하드아라냐카 우파니샤드』 중에 나오는 'hṛdayasya'라는 단어의 주석 부분에서 다음과 같이 말하고 있다.

> 심장이라는 것은 연화의 형상을 한 육단이다
> (hṛdayam iti puṇḍarīkākāro māṃsapiṇḍaḥ)[75]

그 외에도 가나자와 아츠시의 논문에 의하면 샹카라는 다른 개소에서도 심장을 'puṇḍarīkākāro māṃsapiṇḍaḥ'라고 부르고 있어서, 이 호칭이 샹카라의 주석 중에 빈출하고 있다.

가나자와가 'māṃsa-piṇḍa'를 '육단'이라고 번역한 것은 그의 독창적인 것이기도 하지만, 또 불전에 보이는 '육단심' 등의 말에 영향을 받은 것이기도 하다. 그러나 문자 그대로는 '육(肉)의 덩어리'를 뜻하는 'māṃsa-piṇḍa'를 '육단'이라고 번역하는 것이 현장(玄奘) 역에서도 인정된다는 사실은 『구사론』의 색인에 의해서도 명확하다. 따라서

75 같은 곳.

"puṇḍarīkākāro māṃsapiṇḍaḥ"를 '연화의 형상을 한 육단'이라고 번역하는 것은 한역 불전의 전통에서 보아도 극히 타당한 번역이라고 할 수 있다고 마츠모토는 생각한다.

이와 같이 샹카라는 심장을 '연화의 모양을 한 육단'이라고 부르는데, 아마도 이 호칭은 그의 독창적인 것은 아니고 이전부터의 오래된 전통에 기초한 것이라 생각된다고 마츠모토는 본다. 심장의 형상을 연화(puṇḍarīka)와 같다고 하는 것은 이미 『아타르바 베다』에도 다음과 같은 말을 볼 수 있다.

> 아홉 개의 문을 가진 연화는 세 개의 속성에 의해 덮여 있다. 그 가운데 있는 영혼을 브라흐만을 아는 자는 알고 있다.[76]

또 『찬도갸 우파니샤드』에도 다음과 같은 말이 있다.

> 이 브라흐만의 성 가운데 작은 연화 주거가 있다. 그 가운데 작은 내부의 허공이 있다. 그 가운데 있는 것, 그것을 탐구해야 하고, 그것을 인식하기를 바라야 한다.[77]

여기서 '브라흐만의 성'이란 샹카라의 주석에 의하면 신체를 가리킨다. 또한 '작은 연화 주거'를 샹카라는 'hṛdayapuṇḍarīka'라고 부른다. 이 말은 가나쿠라 엔쇼(金倉圓照)에 의해 '심연화'로 직역되는데, '연화와 같은 심장'이라는 의미의 'karmadhāraya' 복합어(동격복합어)일

---

76 같은 책, 250.

77 같은 곳.

것이다. 가나자와의 논문에 의하면 이 말은 샹카라의 저작 중에 자주 나온다.

이상 '아트만이 존재하는 장소'에 관한 『우파니샤드』와 샹카라의 논의를 요약하면, 다음과 같다. 곧, "우리들의 Ⓐ '육체' 가운데 Ⓑ '심장'이 있고, 그 '심장' 중에 Ⓒ '허공'이 있는데, 이 '허공'에 Ⓓ '아트만'이 존재한다"는 것이다. 이 가운데서 Ⓐ는 『찬도갸 우파니샤드』에서는 '브라흐만의 성'이라 언급되고, 샹카라에 의해서는 '육체'(śarīra, deha)로 이해되고 있다. Ⓑ는『아타르바 베다』에서도 『찬도갸 우파니샤드』에서도 '연화'(puṇḍarīka)라 호칭되고 있으며, 샹카라에 의해 '심연화'(hṛdaya-puṇḍarīka)라고도, '연화의 형상을 한 육단'(puṇḍarīkākāro māṃsapiṇḍaḥ)이라고도 불리고 있다.

마츠모토는 임제의 "赤肉團上 有一無位眞人"이라는 말이 "아트만은 심장('연화의 형상을 한 육단) 가운데 있다"는 설을 기술한 것이라고 본다.[78] 임제의 '적육단'은 여러 주석가들이 말하는 대로 '심장'을 의미한다. 그리고 '심장'을 '붉은 육단'이라고 부르고 있는 것은 명확히 오행설(五行說)의 영향이고, 인도에서 '심장'을 '육단'이라고 하더라도 '붉은 육단'이라고 부르는 것은 있을 수 없다. 왜냐하면 '심장'은 인도에서 '연화'라고 불리고 '연화와 같다'고 일컬어지는데, 여기서 연화(puṇḍarīka)는 '흰 연화'이기 때문이다. 따라서 인도에서는 심장을 '붉은 것'이라고 하는 의식이 없었다. 심장을 '붉다'고 하는 것은 어디까지나 오행설에 기초한 것이다. 임제는 '적육단'이라고 말하고 있는데, 이것을 '육단'이라고 하는 것은 의미가 불명확하다. '육단'이란 단순히 '육의

---

78 같은 책, 251.

덩어리'라는 의미로서, 반드시 '심장'만을 의미하지는 않기 때문이다. 현장(玄奘)에 의해 '육단'으로 번역된 구사론(俱舍論)의 'māṃsapiṇḍaḥ'는 눈(cakṣus)에 관해서 언급되고 있다. 따라서 임제는 '심장'을 특정하여 의미하기 위해서는 꼭 '적육단'이라고 말할 필요가 있었던 것이다. 또는 송본 『전등록』의 '육단심'도 '심장'을 의미할 수 있다. 종밀(780-841)의 『선원제전집도서』(禪源諸詮集都序)에서 '흘리타야 차운육단심'(紇利陀耶 此云肉團心)이 샹카라에서 보이는 '심장=연화의 형상을 한 육단'이라는 설에 기초하고 있다는 것은 명확하다. 이미 서술했듯이 '연화의 형상을 한 육단'이라는 말 자체가 샹카라의 독창이 아니라 그 이전부터 오랜 전승에 기초한 것으로 여겨진다. '심장'을 '연화의 형상을 한 육단'이라고 보는 인도 정통철학의 사고방식이 어떠한 경위를 거쳐서 중국에 전해지고 그것에 기초하여 종밀은 '흘리타야 차운육단심'(紇利陀耶, 此云肉團心)이라고 서술한 것이다.

9세기 중국인으로서 임제가 "赤肉團上 有一無位眞人"이라는 말로 의미하는 것이 "심장에 아트만이 있다"라는 고대 인도의 비불교사상이었다고 보는 마츠모토의 견해는 일견 엉뚱한 것으로 보일 수 있다. 그러나 임제와 거의 동시대인이었던 종밀이 "흘리타야 차운육단심"(紇利陀耶 此云肉團心)이라고 말하고 있으며, 이 종밀의 설명 배후에는 샹카라에서 전형적으로 인정되는 사고방식, 즉 '심장'을 '연화의 형상을 한 육단'이라고 보는 사고방식이 있다는 것을 상정하지 않을 수 없다.[79]

나아가서, '심장'을 '연화와 같다'고 보는 사고방식은 중국과 일본의

79 같은 책, 252.

밀교에서 극히 중요한 것이 된다는 사실은 말할 필요도 없다고 마츠모토는 지적한다. '심연'(心蓮) 또는 '심연화'(心蓮華)라는 말이 그것을 단적으로 시사하고 있다는 것이다. 예컨대 구카이(空海, 774-835)는 『성령집』(性靈集) 7권에서 '진언대아 본주심연'(眞言大我 本住心蓮)이라고 기술하고 있는데, 여기서 '심연'이란 샹카라가 사용하는 'hṛdaya-puṇḍarīka'라는 말의 역어일 가능성이 있다. 따라서 이 문장은 실은 "아트만은 원래 심장(심연화, hṛdaya-puṇḍarīka) 가운데 있다"고 설하는 것과 다름없다는 것이다.[80]

이와 같이 아트만이 존재하는 장소로서 '심장'('심연', '육단심', '적육단')을 중시하는 사고방식이 중국 불교에 현저히 인정되는 것은 언제쯤부터일까? 그것은 무어라 해도 중국에 밀교가 본격적으로 유입된 이후일 것이라고 마츠모토는 본다. 구체적으로는 725년 『대일경』(大日經)의 번역과 그에 수반되는 『대일경소』(大日經疏)의 성립이 '심장'을 "아트만의 장소"로 중시하는 사고방식을 중국에 확산시키는 최대 원인이 되었다고 마츠모토는 생각한다.[81]

3) 도겐(道元) 선사의 12권본 『정법안장』(正法眼藏) 비판

하카마야와 마츠모토가 도겐 선사의 12권본 『정법안장』(正法眼藏)에 주목하는 것은 두 학자 모두가 일본 조동종(曹洞宗)에 관련된 학자이기에 어쩌면 당연한 일이라고도 할 수 있다. 우선 하카마야가 도겐의 72권본 『정법안장』과 12권본 『정법안장』의 차이에 주목하는 것은

---

80 같은 책, 252-253.

81 松本史朗, 『禪思想の批判的研究』, 253.

12권본에서 자신의 비판불교적 연기설의 입장을 보기 때문이라고 할 수 있다. 마츠모토는 기본적으로 도겐의 사상에 다양한 요소가 인정된다는 점에 유의하면서, 12권본 『정법안장』에서 설하는 '심신인과'라는 사고방식에 초점을 맞춘다. 다만 그는 이러한 논의에 앞서 초기 도겐의 사상에 관해서 그리고 또한 최근 도겐 연구에 중대한 파문을 던지고 있는 하카마야 노리아키의 견해에 대해서도 유의한다.

(1) 하카마야의 설에 대한 마츠모토 시로의 비판

막상 오늘날 도겐 사상에 관하여 논하고자 한다면 본각사상 비판이야말로 도겐의 근본적 입장이었다고 하는 하카마야 노리아키의 비판적 연구를 무시할 수 없을 것이다. 예를 들어, 하카마야는 이 주장을 다음과 같이 서술하고 있다.

> 도겐 선사의 본각사상 비판은 본각사상을 전혀 불교라고 인정하지 않는 주장, 환언하자면 본각사상을 외도의 견해로 간주하는 주장이고, 그것이야말로 선사가 『정법안장』에서 시종 변함없이 계속해서 주장하는 독자적인 사상적 입장이었다고 해야 한다.[82]

마츠모토는 하카마야의 이 주장에 기본적으로 찬성한다. 그는 더욱이 도겐 이후 조동종의 역사가 오히려 도겐이 비판한 대상이었던 본각사상에 의하여 점령되어 왔다고 하는 하카마야 노리아키의 지적도 타당한 것이라고 생각하면서 그런 만큼 한층 하카마야 노리아키의

82 같은 책, 580-581.

설의 중요성이 결정적이라고 이야기한다.

또한 마츠모토는 12권본 『정법안장』의 사상적 중요성을 처음으로 명확한 형태로 주장한 것도 하카마야 노리아키였다고 생각한다. 곧 그는 하카마야 노리아키가 다음과 같이 도겐의 본각사상 비판이 그 만년의 성립이라고 생각되는 12권본에서 철저해졌다고 논한 사실에 주목한다.

> 도겐도 구초(舊草)에서 끊임없이 본각사상 비판을 마음에 품고 때로는 그것을 열렬한 언어로 실제로 집필하기도 하였음에도 불구하고 상당한 부분에서 본각사상을 허용하였다고 여겨지는 것 같은 기술도 해왔기 때문에 가마쿠라 행화(行化)를 기연으로 이렇게 애매하고 회삽(晦澁)한 표현을 반성하고 이후에는 명확하게 본각사상 비판을 철저히 하겠다고 결심하여 새로운 초본(草本)에 몰두하였다고 간주하고자 한다.[83]

더욱이 하카마야는 12권본에 보이는 만년의 도겐의 입장을 본각사상과 대비되는 '심신인과'(深信因果)라고도 규정하였다는 점에 마츠모토는 주목한다. 하카마야는 이미 도겐에 관한 자신의 첫 번째 논문에서 "그(도겐)는 만년에 이 저술(심신인과)에 있어서도… 본각사상이야말로 인과를 부정하는 생각으로 이어진다고 보고 있었다"[84]고 서술하여 본각사상과 인과의 모순대립을 지적하고 있다. 그러므로 도겐의 사상을 심신인과라는 말에 의지하여 이해하는 방향을 명시한 것은 하카마야였다고 할 수 있는 것이다. 마츠모토는 하카마야의 주장을 다음의

83 같은 책, 581.

84 『本覺思想批判』, 144.

세 가지 점으로 요약한다.

① 본각사상 비판은 도겐의 생애에 걸치는 근본적 입장이었다.

② 그 본각사상 비판은 만년의 12권본에서 철저해졌다.

③ 12권본에 보이는 도겐 만년의 입장은 '심신인과'였다.[85]

이러한 '본각사상비판', '12권본', '심신인과'라는 세 단어에 의하여 단적으로 제시되는 하카마야의 주장에 마츠모토는 기본적으로는 전적인 찬성을 표한다. 이 하카마야의 설은 이미 서술하였듯이 어떤 의미에서는 결정적인 의의를 지니는 것이므로 이것을 무시해서는 현재의 도겐 연구는 한 발자국도 전진하지 못한다는 것이 마츠모토의 입장이다. 이러한 입장에서 마츠모토는 조동종문의 일반적인 대세가 변함없이 하카마야의 설을 무시하는 경향을 보이고 있는 데 대해 유감을 드러낸다. 이러한 기본적 입장에서 마츠모토는 하카마야에 의한 비판이 보다 유효한 것이 되기를 바라면서 그 자신의 입장에서 추가적 논의를 전개한다.

우선 하카마야의 설 ①에 대하여, 마츠모토는 하카마야가 도겐이 부정하는 비판 대상을 '본각사상'이라는 말로 제시한 것에 대해서 이의를 제기하면서, '여래장사상'(dhātu-vāda)이라고 표현하는 쪽이 적절하리라는 자신의 입장을 제시한다.[86] 마츠모토의 견지에서 '본각사상'이란 '여래장사상'의 한 형태이고, 그 '여래장사상'의 본질적인 논리를 추구하면 '기체설'이다.

---

85 『禪思想の批判的研究』, 581.

86 같은 책, 582.

여기서 마츠모토는 하카마야도 그러한 맥락을 충분히 인지하고 있으면서도 도겐의 부정대상을 제시하는 말로서 '본각사상'을 선택한 배경에는 중국·일본 불교의 문제를 비판하는 경우에는 그곳에서 사용되는 언어를 사용하여 논쟁하는 것이 유효하고 공정하다는 의식이 작용한 것이라고 일면 인정한다.

그러나 이러한 하카마야의 의도와는 달리, 그가 도겐의 부정대상을 '본각사상'이라는 중국·일본 불교에만 의미를 지니는 단어로 제시했다는 것은 적어도 표현상 그것을 인도 불교로부터 단절된 것으로 만들고 인도 불교 이래 '여래장사상'이라고 하는 일관된 사상의 흐름을 무시하는 논의로 만들 가능성 그리고 '본각'이라는 단어를 둘러싼 다양한 오해와 혼란을 산출하게 되는 문제를 발생시킬 소지가 있다고 마츠모토는 경계한다.[87]

마츠모토의 견지에서는 도겐의 사상적 입장은 하카마야가 누구보다도 잘 알고 있듯이 인도 불교 이래 불교사상사 전체의 흐름 속에서 그 의의가 이해되지 않으면 안 된다. 이러한 입장에서 마츠모토는 도겐의 부정대상이 오히려 여래장사상(기체설)이었다고 하는 쪽이 비판을 더욱 논리적이고 효과적으로 되게 하리라는 주장을 내세운다.

다음으로 하카마야의 ②의 설에 대해서 마츠모토는 "구초에서 '애매하고 회삽(晦澁)한 표현'을 취하고 있던 본각사상 비판이 만년의 12권본에 이르러 철저해졌다"라는 표현에 다소의 오해를 부르기 쉬운 면이 있음을 지적한다.[88] 곧 하카마야가 "구초(舊草)에서 끊임없이 본각사상 비판을 마음에 품고"라고 말하는데, 이러한 말은 도겐이 초기부

87 『禪思想の批判的研究』, 582.

88 같은 책, 582-83.

터 본각사상 곧 여래장사상의 비판을 자각적으로 의도하고 있었음을 뜻하는 말로 받아들일 수도 있다는 점에 마츠모토는 유의한다.

마츠모토가 보는 바에 의하면, 도겐의 사상은 그 초기에 있어서도 만년에 있어서도 여래장사상(기체설)과 연기설이라는 전혀 모순되고 서로 용납되지 않는 두 개의 사상적 논리가 위태롭게 혼재하는 것이었음에는 변화가 없었다. 다만 도겐은 만년에 가까워짐에 따라 이 둘의 논리적 모순성을 차츰 명확히 이해하게 되었고, 이것이 '심신인과'로 연기설을 강조하는 결과로 나타났다는 것이다.[89] 곧 마츠모토에 의하면 도겐은 비불교(非佛教)로 부정해야 할 대상(여래장사상)의 정체도, 불교로서 사수해야 할 것(연기설)의 본연의 상태도 당초부터 충분히 명료하게 알고 있었던 것이 아니라, 자신의 내부에서 이 둘의 모순적인 상극성이 평생의 사상적 고투를 통해 차츰 명료하게 되었다는 것이다.

마지막으로 하카마야의 설 ③에 대하여 마츠모토는 도겐 만년의 최종적인 사상적 입장을 '심신인과'로 규정한 것은 하카마야의 극히 중요한 공적이라고 인정하면서도, 앞으로 더욱 이 도겐의 '심신인과'가 도대체 어떠한 사상인가, 어떠한 논리적 구조를 지니는 사상인가, 또한 석존 자신이 가르쳤다고 여겨지는 연기설과 어떻게 관계되는 것인가 등의 문제를 명확하고도 비판적으로 고찰하지 않으면 안 된다는 점을 지적한다.[90]

(2) 심신인과(深信因果)란 무엇인가?

그렇다면 12권본에서 도겐의 기본적 입장이라고 생각되는 "심신

89 같은 책, 583.

90 『禪思想の批判的硏究』, 583.

인과"를 마츠모토는 어떻게 이해하는가? 우선 그는 도겐이 인과를 '삼세인과'와 '업보'로 이해하고 있는 것에 대해 원시불교 이래 연기설의 진의를 파악한 것이라고 평가한다.[91]

그는 자신이 12지 연기설을 기준으로 붓다의 연기설이 종교적 시간을 설하는 것이라고 이해하는데, 이 종교적 시간을 "과거와 미래는 상대적이므로 공(空)이다"는 등 자유로운 해석에 의한 상대화 및 애매화로부터 지키기 위하여 '연기'는 반드시 '삼세인과'가 아니면 안 된다고 주장한다.[92] 곧 과거는 '업'으로서, 미래는 '희망'으로서, 우리들의 자의적 해석을 거부하는 과거세와 내세로 엄연히 존재하고 있지 않으면 안 된다는 것이 그의 주장이다.

다시 말해서 마츠모토는 연기설의 해석을 결정적으로 좌우하는 것은 연기설이 지시하고 있는 '종교적 시간'의 시간성을 해소하는 방향으로 나아갈 것인가, 아니면 그것을 사수하고자 하는 것인가라는 단 한 가지 점에 있다고 본다.[93] 만약 사람들이 그것을 해소해 버리기를 원한다면, 과거와 미래는 상대적이라든가 인(因)과 과(果)는 동시에 서로 의존하고 있다(法界緣起)고 설해도 좋지만, 만약 그것을 지키고자 한다면 인(因)과 과(果)는 '삼세'(三世)로서 서로 격절된 불가역(不可逆)적인 인과관계로서 엄연히 존재한다고 논하지 않으면 안 된다는 것이 그의 주장이다. 시간성의 본질은 인과 과의 격절성과 불가역성(일정방향성)에 있다는 것이다. 만약 인과 과의 격절성을 인정하지 않고 양자의 연속성을 설한다고 하면, 인과는 시간을 달리 하는 별개의 것으로 존재

91 같은 책, 610-611.

92 『緣起と空』, 370, 주) 50.

93 『禪思想の批判的硏究』, 611.

할 수 없고 동시적인 것으로서 하나의 지점으로 수렴되고 말며, 이에 따라 시간성이 해소되어 버린다. 따라서 이를 방지하기 위해서는 인과 과의 격절성, 이시성(異時性)을 강조하지 않으면 안 된다고 마츠모토는 주장한다.[94]

마츠모토는 이러한 인과의 격절성을 도겐이 12권본에서 '찰나생멸'(剎那生滅)이라는 단어로 다음과 같이 제시한다고 본다.

> 무릇 발심득도(發心得道) 모두 찰나 생멸에 의하는 것이다. 만약 찰나 생멸하지 않는다면 앞의 찰나의 악이 사라지지 않는다. 앞 찰나의 악이 아직 사라지지 않으면 뒤 찰나의 선은 지금 현생(現生)하지 않는다.[95]

마츠모토는 여기서 "앞 찰나의 악이 아직 사라지지 않으면 뒤 찰나의 선이 지금 현생(現生)하지 않는다"라는 것은 인(因, 앞 찰나)과 과(果, 뒤 찰나)의 격절성을 제시하는 것에 다름 아니라고 본다. 곧 양자는 연속하지 않고 전적으로 격절되어 있는 까닭에 악이라는 인이 소멸한 뒤에 선이라는 전혀 이질적인 과가 발생하는 것이 가능하다는 것이다. 따라서 여기서 말하는 '찰나생멸'은 일반적인 '찰나멸' 이론과는 다르다고 한다. 그것은 '삼시업'(三時業) 등의 '삼세인과'(三世因果)설과 마찬가지로 인과의 격절성과 불가역성을 보이는 것으로서, 결코 "사물은 매순간마다 생멸을 반복하여 끊임없이 변화하고 있다"라고 설하는 것이 아니다. 그는 대다수 불교학자가 불교의 중심적 개념인 '무상'(無常)을 "사물은 끊임없이 변화하고 있어서 한 순간도 머무름이 없다"는

94 같은 곳.
95 "發菩提心," 647.

의미로 해석하고 있어서 도겐이 말하는 찰나생멸에 관해서도 그 진의를 파악하지 못하게 된다고 비판한다. 그는 연기설의 시간론과 "사물은 끊임없이 변화하고 있다"는 찰나멸론적인 시간론의 차이점에 대하여 다음과 같이 설명하고 있다.

많은 사람들이 무상(無常)을 하나의 곡선이 끊임없이 매순간마다 미묘하게 변화하고 있어서 잠시도 멈춤이 없는 것처럼 이해한다. 다시 말해서 이 곡선은 직선을 포함하지 않는 순수한 곡선이며, '끊임없는 변화'(constant change)라는 것이다. 그러나 곡선에서 직선을 완전히 배제하려고 하면 곡선은 최종적으로 하나의 원으로 귀착될 수밖에 없다. 원이란 '끊임없는 변화'로서 끝없이 변화하고 있는 듯 보이지만 실제로는 그 변화의 방식(정도)이 일정하기 때문에 곡선이 제시하는 것은 실은 '변화'가 아니라 '무변화'에 불과하다는 것이다. 더욱이 곡선은 '변화'라는 시간성의 가장 본질적인 성질을 상실함에 따라 일정한 불가역적 방향성도 상실하게 된다. 따라서 곡선에는 방향을 제시하는 화살표도 이미 소실되고 시간이 완전히 해소되게 된다는 것이다.

한 순간도 멈춤이 없는 '끊임없는 변화'라는 것은 실은 '무변화'이고 '무시간'에 지나지 않는다는 것이 마츠모토의 판단이다. 그에 의하면 이와 같은 '끊임없는 변화'를 상정하는 시간론의 근본적인 오류는 시간을 본질적으로 공간적인 양의 문제로 파악하고 있다는 데 있다. 따라서 어떤 것 X에 대해 끊임없는 변화가 상정될 때 그 X는 반드시 공간적인 '사물'(thing)로 파악된다는 것이다. 이것은 말하자면 물리적 시간, 과학적 시간이기 때문에 이론으로서는 일반인들이 납득하기 쉬운 측면이 있기 때문에 더 문제가 된다는 것이 마츠모토의 비판이다.[96]

이에 대해 마츠모토가 이해하고 주장하는 연기설에서는 시간이

'위기적'이고 '종교적인' 시간이다. 공간적인 사물의 시간(실은 무시간)과는 전적으로 이질적인 것이라고 한다.[97] 이 연기설이 지시하는 시간은 직선적 시간으로서, 마츠모토는 이를 설명하기를 이 직선들은 명확히 구별되는 각들로 구성되어 있다고 한다. 이 각들은 12지 연기설의 '무명', '행', '식' 등 제법을 표시하는 것이라고 할 수 있다. 여기서 무엇보다도 중요한 것은 여러 각이 각각 일정한 길이를 지닌 시간을 갖고 있다는 점이다. 곧 a라는 각은 일정 시간 동안 a로서 변화 없이 머무른 뒤에 돌연히 급격하게 b라는 각으로 변화한다. 이때 b에는 이미 a의 영향은 전혀 존재하지 않는다. b는 a와는 전적으로 이질적인 그리고 예측도 할 수 없는 것으로서 돌연 나타나는 것이다. 따라서 a와 b는 연속적이지 않고 앞뒤가 격절되어 있다. 그런 까닭에 b가 a로 돌아가는 것은 전혀 불가능하다. 이와 같은 a에서 b로의 변화는 '예각적'이라는 말로 표현하는 것이 좋다고 마츠모토는 생각하는데, 이러한 예각적 변화가 가능한 것은 a, b, c 등의 제법(dharmāḥ)이 실은 '사물'이 아니라 '속성'(property)들이고, '언어'에 의해서만 명확하게 한정되는 관념들(ideas)이기 때문이다.[98]

요컨대 마츠모토는 위와 같이 '찰나생멸'과 '삼세'라는 말로 명시되듯이 12권본에서 도겐의 시간론은 연기설이 지시하는 종교적 시간의 불가역성을 적확(的確)하게 파악하고 있다는 점에서 연기설의 진의를 파악한 탁월한 견해라고 한다.[99] 그러나 그는 12권본의 기본적 입장이

96『禪思想の批判的研究』, 612.

97 같은 곳.

98 같은 책, 612-613.

99『禪思想の批判的研究』, 613-614.

되는 '심신인과'에 관한 문제점도 지적한다. 우선 그는 '심신인과'(深信因果)라는 말 자체가 12권본에서의 도겐의 사상과 인과설에 대한 정확한 이해를 방해하는 측면도 있다고 비판한다. 곧 도겐에게 인과는 '믿어야' 할 것이 아니라 '깨달아야' 할 것이 되어서 어디까지나 '인과의 도리'라는 필연적 이법으로 되어버린다는 것이다.[100]

이와 같이 마츠모토는 도겐에서 인과는 깨달아야 할 '도리'로 되어 있다는 점을 비판하면서 같은 이야기를 '업'과 '업보'에 대해서도 타당하다고 비판한다. 곧 '인과'와 '업보'도 도겐에 있어서 '믿음'(信)의 대상이었다고는 말하기 어렵고 깨달아야 할 만고불변의 이법이라고만 이야기되고 있다는 것이다.[101] 확실히 인과와 업보가 만고 이래 역연히 존재하고 있는 도리라면 우리는 그것을 "깨닫는" 것만으로 충분하고 "믿을" 필요가 없을 것이다. 따라서 마츠모토는 12권본에 심각한 믿음의 관념은 존재하지 않는다고 본다.

마츠모토는 이러한 입장에서 12권본의 심신인과에 주목한 하카마야가 "나에게 따라갈 것은 오직 이 선악의 업 등뿐이다"(「출가공덕」 616쪽)라는 문장에 대해서, 그것을 "[도겐] 스스로 마음속으로 깊이 받아들인 업"이라든가 "이 깊은 슬픔"이라고 평하면서, 더욱이 만년의 도겐에 대해서도 "그 만년의, 슬플 정도로 엄하고 혹독한 변모"라고 서술하고 있는 것을 비판한다.[102]

그는 또한 이시이 슈도(石井修道)가 아마도 하카마야의 설의 영향을 받아서인지 "무명(無明)의 자각은 자신의 업의 심중함을 슬플 정도

100 같은 책, 614.
101 같은 책, 615.
102 같은 곳.

로 아는 것이다"라고 서술하고 있는 것에 대해서도 비판한다.[103] 마츠모토는 이러한 표현들을 읽으면 만년의 도겐이 자못 신란(親鸞)으로 변한 듯 보인다고 힐난하면서, 과연 이러한 평가가 도겐에게 타당한 것인지 의문을 제기한다.[104] 그는 '심신인과'라는 말에 유혹되지 않고 만년의 도겐 사상을 정확히 파악하지 않으면 안 된다고 주장한다.

따라서 마츠모토는 12권본의 심신인과에 대한 신란적인 해석의 도입을 경계하는 차원에서 도겐에게 숙업(宿業)이란 결코 신란적인 '죄업'이 아니라 항시 '숙선'(宿善)이었다는 점을 강조한다.[105] 그는 도겐이 항상 자신의 숙업을 '숙선'으로 받아들이고 결코 '죄업'이라고 보지 않았기 때문에 '죄악심중'의 자각은 그에게 존재하지 않았다고 본다. 그런 까닭에 도겐의 종교의식은 신란과 비교하면 낙천적이라는 것이 마츠모토의 평가이다.

103 같은 곳.
104 같은 곳.
105 같은 곳.

제2부

비판불교의
일본 사회 및 종교 비판

| 정경일 |

3 장

비판불교의 일본 사회 비판

비판은 비판불교만의 전유물이 아니다. 비판불교를 향한 다른 불교학자들의 비판도 거세다. 가장 주된 비판은 비판불교가 '불교적인 것'과 '비불교적인 것'을 너무 단순하게 나누고 후자를 배제한다는 것이다. 그런데 비판불교의 사상적 근거에 대해 비판하는 불교학자들도 비판불교의 사회적 비판에 대해서는 인정하고 공감하는 태도를 취하는 경우가 많다. 예를 들면, 소홍렬은 일본 불교의 존재론, 인식론, 방법론에 대한 비판불교의 비판은 논란의 여지가 있지만 일본 불교의 보수성과 현실주의적 성향에 대한 가치론적 비판은 문제가 없다고 주장한다.[1] 심재관도 비판불교학자들의 학문적 자세나 문헌 해독 과정은 상당히 자의적이고 주관적이라고 비판하면서도,[2] "종교 이데올로기가 가질

1 소흥렬, "비판불교의 파라독스," 고려대장경연구소 편 『비판불교의 파라독스』 (고려대장경연구소 출판부, 2000), 11-12.

수 있는 사회적 문제의 제기는 퇴락해 가는 수행자들의 윤리의식과 그들의 교리에 대한 오해 역시 재고해 볼 수 있는 계기가 된다"고 주장한다.[3] 이는 전통적, 제도적 불교의 사회윤리적 태도에 어떤 결함이나 문제가 있다는 인식의 공감대가 형성되어 있기 때문일 것이다. 그런 점에서 본다면 비판불교의 사회 비판은 불교 공동체가 진지하게 경청하고 수용할 수 있는 더 큰 가능성이 있다.

물론, 비판불교학자들이 제기하는 여래장, 불성, 본각사상과 같은 일원론적 기체설과 사회적 차별의 연관성에 대한 문제의식도 간과되어서는 안 된다. 비판불교의 특징은 불교 안의 사회적 차별을 현상적으로 지적하는 데서 그치지 않고 그러한 차별을 정당화하는 불교사상에 대한 정면 비판을 시도한 데 있기 때문이다. 그러므로 이 장에서는, 첫째, 비판불교를 태동시킨 사회적 배경을 살펴보고, 둘째, 일본의 사회적 차별과 폭력을 정당화하는 데 복무한 일본 불교에 대한 비판불교의 사상적 비판을 살펴보고, 셋째, 비판불교의 사회 비판에 대한 몇 가지 문제를 검토해 보고자 한다.

1. 비판의 시작: 마치다사건

이미 언급한 대로 비판불교는 1979년 미국 뉴저지 프린스턴대학교에서 개최된 제3회 〈세계종교평화회의(WCRP)〉에서 당시 일본 조동종 총무원장이면서 일본 불교연맹 회장이었던 마치다 무네오(町田宗夫)

2 심재관, "비판불교란 무엇인가: 그 학문의 실천의 전제들에 관하여," 『비판불교의 파라독스』, 52.

3 같은 글, 55.

가 일본에는 부락민에 대한 차별이 없다고 부정하는 데서 촉발되었다.

마치다사건과 그 이후에 전개된 일련의 사태는 비판불교 연구에 있어서 매우 중요하다. 그 과정에서 비판불교가 태동했기 때문이다. 〈부락해방동맹〉의 호된 비판과 싸늘해진 사회 분위기에 당황한 조동종은 1982년 종단 내에 인권옹호추진본부를 설치하여 출판부를 운영하는 한편, 다양한 학술적 연구를 지원하고 추진한다.[4] 비판불교의 두 주요 주창자인 하카마야 노리아키(袴谷憲昭)와 마츠모토 시로(松本史郎)는 사회문제와 관련된 조동종의 주요 학술회의들에서 적극적으로 활동하면서 조동종과 불교가 일본 사회의 차별과 억압에 연루되어 왔음을 규명한다. 비판불교의 사회 비판을 체계적으로 제시한 최초의 논문으로 평가받는 하카마야의 "사회적 차별의 이념적 배경에 대한 고찰"도 종단의 지원 속에 오사카 부락해방센터에서 발표된 글이었다.[5] 그러므로 마치다사건이 촉발한 불교의 사회윤리적 문제에 대한 불교 안팎의 자각이 비판불교를 형성시킨 역사적 배경이었다고 말할 수 있는 것이다.

또한 마치다사건은 한 불교 종파인 조동종의 경계를 넘어 전체 일본 종교와 사회에 긍정적 변화를 가져오는 중요한 계기가 되었다. 예를 들면, 1981년에 부락민 문제를 중심으로 한 종교 간 연구와 토론을 위해 개최된 동화(同化)문제 대책 종교교단연대회의(宗教教団連帶會議)에 60개 이상의 주요 종교단체가 참여했다. 그리고 1980년대와

4 William Bodiford, "Zen and the Art of Religious Prejudice: Efforts to Reform a Tradition of Social Discrimination," *Japanese Journal of Religious Studies* (1996, 23/1-2), 5-6.

5 제이미 허바드, "서문," 제이미 허바드 · 폴 스완슨/류제동 역, 『보리수 가지치기: 비판불교를 둘러싼 폭풍』, (씨아이알, 2015), xxx.

90년대에 활발하게 전개된 사회적 소수자에 대한 차별과 성차별에 맞서는 사회운동도 마치다사건 이후에 본격화된 변화라고 할 수 있다.[6] 특히 문제의 발단이 불교와 관련이 있었기 때문에 이러한 사회적 변화 과정에서 비판불교가 일정 정도 중요한 역할과 기여를 할 수 있었다는 사실이 중요하다. 그러므로 비판불교의 사회 비판을 제대로 이해하려면 현대 일본의 종교와 사회의 문제에 대한 전반적 이해가 수반되어야 한다.

2. "일본"에 대한 신앙

비판불교가 태동한 1980년대는 한편으로는 "일본교"라는 표현이 통용될 정도로 종교적 신앙에 가까운 우익 민족주의와 국가주의가 일본 사회에서 다시 고개를 들기 시작하던 시대이다. 그리고 다른 한편으로는 전통적 제도종교 바깥에 개인주의적, 내면적 종교성 혹은 영성이 생겨나 사회적 유행을 일으킨 시대이기도 하다. 박규태는 이 두 현상 모두 80년대 이후 일본 경제의 성장에 따른 우월의식의 결과로 본다. 이처럼 정치적 극우주의와 종교적 개인주의가 득세하던 시대에 등장한 비판불교의 사회 비판은 시의적절하면서도 용기 있는 행위였다.

마츠모토는 "일본주의"를 "'일본'에 궁극적 내지 절대적 가치를 두는 것"으로 정의하고, 그것을 다시 '간접적 일본주의'와 '순수한 일본주의'로 구분한다. 간접적 일본주의는 말 그대로 "일본에 대한 간접적

6 Elisabeth Porcu, "Contemporary Japanese Buddhist Traditions." In *The Oxford Handbook of Contemporary Buddhism*, Michael Jerryson, ed. (New York, N.Y.: Oxford University Press, 2017), 218.

찬미"이다. 마츠모토가 간접적 일본주의의 한 예로 제시하는 것은 "일본적 민속불교론"이다.[7] 이것은 불교 자체보다 일본의 민속과 문화를 더 중요하고 결정적인 것으로 보는 입장이다. 마츠모토는 그런 입장의 대표적 예로 우메하라 다케시(梅原猛)의 일본 문화 우월주의를 든다.

우메하라는 불교의 교리와 수행의 고유성을 인정하지 않는다. 일본에 들어온 불교가 그 이전부터 있어왔던 일본 문화에 흡수되었다고 보기 때문이다. 그는 이 과정에서 불교 교리가 '일본화' 되었다고 주장한다. 우메하라는 여래장사상과 산천초목성불설을 일본 불교의 핵심으로 여기는데, 그런 교리가 중요한 이유는 그것이 불교적이기 때문이 아니라 일본적 세계관과 자연관을 대표하기 때문이라고 한다.[8] 즉, '일본적 민속불교론'에서 중요한 것은 '불교'가 아니라 '일본'과 '민속'인 것이다.[9]

마츠모토는 간접적 일본주의의 또 다른 예로 쇼토쿠(聖德) 태자의 '조화의 철학'을 제시한다. 쇼토쿠 태자의 〈17개조 헌법〉은 유교, 불교, 도교 그리고 신도의 경계를 넘나들며 조화의 원리를 강조한 것이다. 마츠모토가 비판적으로 주목하는 것은 쇼토쿠 태자가 주창한 조화의

7 마츠모토 시로, "불교와 가미: 일본주의에 반대하며," 『보리수 가지치기』, 524.

8 같은 글, 528-529.

9 쿠리하라 아키라(栗原彬)는 1936년 토사카 준(戶坂潤)이 쓴 『사상과 풍속』(思想と風俗)에서 설명하는 1930년대의 종교적 경향 중 하나로 "일본민속종교"라는 표현이 등장하는 것에 주목하는데, 그것은 국가신도만을 뜻하는 것이 아니고 천황제를 지지하는 정신도 포함한다. 예를 들면 "국체"(國体), "일본주의", "정신주의"(精神主義), "비상시의 정신"(非常時の精神) 등이다. Kurihara Akira, "The Emperor System as Japanese National Religion: The Emperor System Module in Everyday Consciousness," *Japanese Journal of Religious Studies*, Vol. 17, No. 2/3(1990), 317.

철학이 일본 역사의 평화로운 시기가 아닌 현대 전쟁 시기에 강조되었다는 사실이다. 그 대표적 예는 1930년대 중반 본격적인 전쟁 준비 시기에 일본 문부성이 출간한 『국체의 본의』(國體の本義)이다. 이 책의 목적은 조화의 이념을 통해 천황을 정점으로 한 군국주의 체제를 찬미하고 국민을 동원하여 전쟁을 준비하는 것이었다. 마츠모토는 이와 같은 조화의 철학 기저에 있는 이념은 '전체주의'라고 비판한다.[10]

한편 마츠모토는 '순수한 일본주의'를 "일본 그 자체가 절대적 가치를 지닌다는 사상"으로 정의하고, 그런 사상의 대표자로 가와바타 야스나리(川端康成), 모토오리 노리나가(本居宣長), 미시마 유키오(三島由紀夫) 세 사람을 꼽는다. 이중 마츠모토가 가장 혹독하게 비판하는 이는 가와바타 야스나리다. 마츠모토는 "가와바타의 일본주의는 내가 '순수한'이라고 명명하기가 가장 혐오스럽게 느껴지는 사상"이라고까지 말한다. 여기서 중요한 것은 자연과의 조화를 강조하는 가와바타의 미학적 일본주의가 일본 불교의 본각사상과 관련되어 있다는 점이다.[11] 그런데 자연의 아름다움, 자연과의 조화를 말하는 미학적 일본주의가 왜 사회윤리적으로 문제가 되는가? 그것은 미학적 일본주의와 폭력의 기묘한 조화 때문이다. 마츠모토는 쇼토쿠 태자의 조화사상이 그랬던 것처럼, 자연과의 조화가 일본의 평화 시기가 아닌 전쟁 시기에도 발견되는 기풍이라는 사실을 강조한다. 예를 들면, 전쟁 준비를 위한 이념적 도구였던 『국체의 본의』에도 자연과의 조화가 장황하게 언급되었던 것이다.[12] 일본 사회 내부와 외부의 타자를 배타하고 적대

10 마츠모토, 앞의 글, 529-531.

11 같은 글, 535-536.

12 같은 글, 536.

하는 폭력의 시대에 자연의 아름다움과 조화를 말하는 것은 설령 미학적일 수 있을지는 모르지만 결코 윤리적일 수는 없다.

마츠모토에 따르면 '순수한 일본주의'를 가장 대표적으로 보여주는 사람은 미시마 유키오다. 마츠모토는 미시마의 이상적이고 일관적인 일본주의를 다음과 같이 기술한다. "그에게 일본은 절대적 가치였고, 너무나 그러해서 그는 일본이 없는 자기 자신의 존재 내지 천황이 없는 일본의 존재는 상상도 할 수 없었고, 그것의 논리적 결론은 천황이 없이는 자기 자신도 존재하지 않는다는 것이었다." 마츠모토는 미시마의 순수한 일본주의가 유가행파(瑜伽行派)사상과 관련된 것이라고 본다. 즉, 유가행파사상에 몰두했던 미시마는 일본인의 "문화적 연속성" 혹은 "임시적 연속성"을 유식의 "자기동일성" 철학으로 보았다는 것이다. 그러나 물론 미시마의 사상과 행동이 '불교적'이라는 말은 아니다. 마츠모토는 궁극적으로 "미시마가 유식설에서 자기 동일성의 세계에 전적인 혐오를 느꼈음에 틀림없다"고 주장한다. 미시마는 윤회를 싫어했고 "유식적 세계 밖으로 나가는 데 몰두했다"는 것이다. 마츠모토는 미시마가 그의 할복자살을 통해 "순수한 일본주의는 필연적으로 죽음의 철학"이라는 것을 입증했다고 본다. 그러므로 불교는 "삶의 철학"이라고 믿는 마츠모토는 "죽음의 철학"인 순수 일본주의를 반대한다.[13]

비판불교의 사회 비판이 얼마나 진보적이고 실천적인가에 대해서는 의견이 갈릴 것이다. 비판불교는 동시대의 '참여불교'(Engaged Buddhism)처럼 직접적 불교해방운동으로 발전하지는 못했다. 그럼에도 불구하고 1980년대 이후 정치적, 문화적으로 급격히 우경화되고

13 같은 글, 540-545.

있던 일본의 시대 상황에서 그리고 매우 보수적인 일본 학계의 풍토에서 "일본주의"에 대한 본격적 비판을 시도한 것은 결코 쉬운 일이 아니었다는 사실을 간과해서는 안될 것이다. 민족주의와 국가주의에 경도되는 사회적 주류의 관점과 방향에 정면으로 거스르는 비판불교의 일본주의 비판은 이에나가 사부로(家永三郎)가 말한 '부정의 논리'의 한 역사적 표현으로 보아도 좋을 것이다.

부정의 논리를 불교적으로 철저화 하는 마츠모토는 일본에 대한 사랑은 '자기애'이며 '자기집착'일 뿐이라고 주장한다. 그는 대신 불교적 '무아'의 가르침을 두 가지로 제시한다. 첫째, "자기를 미워해야 한다." 둘째, "절대적 타자(신 또는 붓다)만을 사랑해야 한다." 그렇기에, 불자인 마츠모토의 결론은 확고하다. "불자는 일본을 사랑해서는 안된다"는 것이다.[14]

3. 사회 비판으로서의 종교 비판

앞에서 우리는 일본 조동종과 불교의 사회윤리적 문제에 대한 자각과 비판에서 비판불교가 태동되었다는 사실을 확인했다. 그런 점에서 볼 때 사회 비판은 비판불교의 성격을 나타내는 중요한 한 요소임에 틀림없다. 하지만 그렇다고 해서 사회 비판 그 자체가 비판불교의 고유한 특성을 배타적으로 대표하는 것은 아니다. 사회적 보수성과 억압성에 대해 종교의 책임이 있다는 비판은 종교 안팎에서 이미 넘쳐나고 있기 때문이다. 종교의 사회적 보수성과 억압성에 대해 가장 강력하게

14 같은 글, 548.

비판한 사람들은 이론의 여지없이 현대의 세속적 마르크스주의자들이다. 그러한 세속적 종교 비판과 달리 비판불교가 시도하는 종교 비판의 독특성은 사회윤리적으로 문제가 되는 종교적 현상을 지적하고 분석하는 것을 넘어 그런 현상을 초래한 종교사상적 배경과 근거에 대한 비판으로까지 들어간다는 데 있다.

사실 종교에서 나타나는 사회윤리적 문제의 '어떻게'를 밝히는 것은 그리 어렵고 복잡한 일이 아니다. 문제가 되는 현상을 있는 그대로 객관적으로 관찰하고 비판적으로 분석하면 된다. 더 어려운 것은—그래서 더 중요한 것은— 종교에서 그런 사회윤리적 문제가 '왜' 발생하는지 근본 원인을 규명하는 것이다. 자비의 길인 불교가 왜 사회적 약자의 고통에 무관심하고 그런 고통을 일으키는 체제를 정당화하는 데 자발적으로 복무하거나 이용되는가? 모든 존재가 하나라는 무차별의 종교 교리는 왜 사회적 차별의 현실을 변화시키지 못하고 오히려 고착시키고 악화시키는 데 이용되는가? 그런 '왜'에 답하려면 불교의 경전, 교리, 의례, 수행에 스며들어 있는 차별과 억압의 근본 원인을 찾아내고 없애야 한다. 비판불교학자들이 가장 중요하게 참여하고 기여해온 것이 바로 이 '왜'와 관련된 불교사상적 연구이다.

그러나 다른 한편으로는, 비판불교학자들의 사상적 비판이 그들이 시도하는 사회 비판의 역동성을 방해한다고 보는 시각도 있다. 예를 들면 제임스 마크 쉴즈는 비판불교가 시도하는 주요 불교 경전들에 대한 재해석과 재검토는 너무 '문헌학적'이어서 일본 불교의 윤리적, 정치적 과오에 대한 비판불교의 비판을 오히려 약화시킨다고 주장한다.[15] 어느 정도 일리가 있는 문제 제기이지만, 이는 비판불교의 근본적 문제라기보다는 방법적 한계로 보아야 할 것이다. 수많은 사회윤리적 문제의 사상적 배경과 근거를 일일이 조사·연구하는 것은 많은 인력과 시간과 에너지가 필요한 일이다. 더 많은 불교 연구자들이 비판불교 '운동'에 대거 참여하여 공동연구를 수행한다면 모르지만, 일본 사회와 불교의 '비판적 소수자'인 하카마야와 마츠모토 두 학자에게 사회적 비판과 사상적, 문헌학적 비판을 모두 완벽하게 수행할 것을 요구하는 것은 지나친 것이 아닐까.

어떤 면에서는 마크 쉴즈가 지적한 비판불교의 약점이 오히려 비판불교의 강점일 수도 있다. 왜냐하면 문제가 되는 사회적 현상의 종교사상적, 불교사상적 배경과 근거에 대한 분석과 비판 없이는 종교가 연루된 문제를 근본적으로 해결할 수 없기 때문이다. 종교가 하나의 '사회문제'로 전락할 때 가장 쉬운 문제 해결의 방식은 종교와 윤리를 분리하는 것이다. 즉, 종교적 가르침 자체에는 문제가 없고 그 종교를 실천하는 개인의 윤리적 결함이 문제라고 보는 것이다. 그럴 경우 종교의 근본적 문제는 그대로 둔 채 종교인의 윤리적 태도만 비판하면 된다. 물론 이런 해법도 종교인 개인의 윤리적 삶을 촉진하는 데는 도움이 될 것이다. 하지만 그런 개인적 해법으로는 집단적 차원의 윤리적, 도덕적 문제를 해결할 수 없다는 것이 문제이다. 말하자면, 라인홀드 니버(Reinhold Niebuhr)가 제기한 '도덕적 인간'(moral man)과 '비도덕적 사회'(immoral society)의 괴리가 생기기 때문이다. 그러므로 단순히 문제되는 현상에 대한 사회윤리적 비판을 넘어 종교사상적 비판까지 시도

15 James Mark Shields, *Critical Buddhism: Engaging with Modern Japanese Buddhist Thought* (Surrey; Burlington VT: Ashgate, 2011), 8. 물론 마크 쉴즈는 비판불교의 문헌학적 비판 자체가 무의미하다고 주장하는 것은 아니다. 그는 문헌학적 사상비판과 윤리학적 사회 비판 사이의 보다 직접적이고 구체적인 연결을 요구하는 것이다.

한 비판불교의 방법은 유효하고 유의미하다.

이처럼 사회 비판과 종교 비판이 연결되어야 하는 이유는 종교가 사회윤리적 문제를 야기한다면 그 종교를 실천하는 사람들이 갖고 있는 어떤 종교적 믿음과 행동과 관련되어 있을 가능성이 크기 때문이다. 물론 그런 문제들이 반드시 종교적 이유로 일어난다는 것은 아니다. 정치적 동기와 욕망을 종교적으로 포장하는 것일 수도 있기 때문이다. 그럼에도 불구하고 분명한 것은 최소한 그런 정치적 행위를 정당화하는 '종교적 논리'가 작동한다는 것이다. 따라서 종교가 드러내는 사회윤리적 문제의 심리적, 철학적, 종교적 원인을 심층적으로 파악하는 것이 중요하다. 하카마야와 마츠모토는 사회이론가나 사회운동가가 아니라 불교 경전과 사상을 연구하는 불교학 전문가들이다. 그렇기 때문에 불교의 사회윤리적 문제를 초래하고 정당화하는 불교의 사상적 근거에 대한 비판불교의 연구와 비판이 학문적으로도 신뢰할 수 있는 권위를 갖게 되는 것이다.

4. 현실 긍정과 차별의 (비)불교적 논리: 본각사상과 공간적 연기 이해

마츠모토와 하카마야는 같은 비판불교학자이지만 불교사상에 대한 해석에서는 다소 견해의 차이를 보인다. 예를 들면, 앞에서 밝힌 것처럼, 조동종의 개조인 도겐(道元)에 대한 이해나 본각사상의 불교사상사적 위치에 대한 이해에서 차이를 보인다. 하지만 큰 틀에서 보면 그들은 마츠모토가 비판하는 '기체설'이 불교적이지 않으며, 그런 비불교적인 사상에서 사회적 차별과 억압의 논리가 나온다는 데는 입장을 같이 한다. 이 부분에서는 그 점을 염두에 두고 사회윤리적 문제를 초래하는 '장소철학적 본각사상'과 '공간적 연기 이해'의 사상적 문제에 대한 하카마야와 마츠모토의 비판을 살펴보기로 한다.

하카마야는 인도 최초의 '비판론자'인 샤카무니 붓다가 확립한 불교는 "관습[흐름]을 거스르는(*patisotagamin*)" 불교이며 비판불교의 취지는 "'기체' 곧 자신의 익숙한 세계로서 장소(*topos*)의 관행을 비판하는 데 있다"고 주장한다. 그러나 붓다의 비판불교가 중국과 일본으로 들어와서는 토착적 장소철학인 도교와 만나 노장(老莊)적 "장소불교"로 변질되면서 현실 긍정적 태도와 사회적 차별을 야기하게 되었다는 것이다. 그러한 동아시아의 토착사상이 바로 '본각사상'(本覺思想)이라는 것이다. 하카마야는 "가마쿠라 시대의 극히 짧은 시기를 제외한다면 장소철학으로서의 본각사상은 천 년 이상 동안 일본을 괴롭혀 왔다"고 주장한다.[16] 그에 따르면 언어를 무시하는 선종(禪宗)도 그런 도가적 장소철학에 물든 불교에서 등장한 것이다.[17]

하카마야는 이러한 본각사상을 대표하는 현대의 사상 집단 중 하나로 교토학파(京都學派)를 지목한다. 그는 교토학파의 사상적 작업을 "일본 문화의 자기 긍정적 찬미를 위한 철학적 상부구조를 건립하고자 획책하는 시도"라고 특징 지으면서, 교토학파 학자들은 불교로 포장된 동양 토착사상인 본각사상과 독일의 토착사상인 독일관념론을 혼합함으로써 그 과제를 성취하려고 했다고 주장한다.[18]

이런 도가적 장소불교의 핵심 개념, 즉 "토착적인 동아시아의 기풍

---

16 하카마야 노리아키, "비판철학 대 장소철학," 『보리수 가지치기』, 95-96.

17 같은 글, 109-110.

18 같은 글, 87.

으로서 본각을 독일 관념론에 물들여서 선양하는"[19] 교토학파의 문제는 현실의 사회윤리적 문제에 대한 비판의식을 갖지 않는다는 데 있다. 그 한 예로서 하카마야는 니시타니 게이지(西谷啓治)가 "제2차 세계대전을 거치면서 일말의 자기 성찰도 없는 채 교토학파의 대표자가 되었고, 직접적 체험으로서 불교적 '깨달음'(覺, 사토리)을 계속해서 극찬하였다"는 것을 들어 비판한다.[20] 하카마야에 따르면 니시타니의 장소철학은 "초시대적이며, 영구적이고, 불변하는 것"으로서, 결국 "죽음의 철학"일 뿐이다. 그는 그 이유를 다음과 같이 설명한다. "장소는 원초적으로 존재하고 시간과 분리되어 있기 때문에 나이가 들어서 삶이 변화하는 것을 배격한다. 장소철학의 목표는 문자 그대로 죽어서 장소와 하나로 되는 것이다."[21] 그런 장소철학에서 비판적 사회의식과 도덕적 성찰이 생겨날 리 만무하다. 제이미 허바드는 하카마야가 비판하는 장소철학의 "도덕적 묵종"을 다음과 같이 요약한다.

> 첫째, 비판 이전의 합일 내지 조화를 선호하여 비판적 분별을 포기함으로써, 실질적인 역사적 차이의 실상을 평가절하하거나 심지어 부인하고, 그리하여 기성 질서를 긍정하고 사회 비판의 필요를 부인하는 것을 허용하는 경향이 있다. 둘째, 기성 질서를 손쉽게 긍정하고 무비판적 태도와 영합함으로써, (사적인) 종교 경험에서 궁극적 앎을 그 자체로 정당화하는 것은 권위주의를 긍정하는 모델을 제공한다. 셋째, 무아 교리가 이타적 활동을 위한 창구를 열어주는 반면에, 유정 중생과 무정 중생 양자 모두의 본래

19 같은 글, 116.

20 같은 글.

21 같은 글, 118.

깨달은 성품에 대한 긍정은 그러한 이론적 기반을 제공하지 못한다.[22]

하카마야는 —좀 더 구체적으로— 장소철학의 동아시아적 표현인 본각사상이 사회적 차별을 정당화하는 지배층의 이데올로기를 대변한다고 비판한다. 그에 따르면 본각사상은 일본 불교만이 아니라 일본 사회 전반에 깊이 스며들어 있다. 그래서 그는 "본각사상 배격은 일본 문화의—전체까지는 아니라 하더라도— 정수를 배격하는 것에 상당한다"고 주장한다.[23] 하카마야는 그런 본각사상의 특성은 제도화된 권위주의에 있다고 본다.[24] 현실 정치제도, 사회제도의 권위를 긍정하고 그것에 복종하게 만든다는 것이다.

"본각"은 현상세계를 초월하는 근본적 깨달음을 가리킨다. 이에 의하면, 모든 사람이 영원히 존재하는 그 깨달음을 본성적으로 원래 갖추고 있다. 하카마야는 그런 본각사상은 "평등의 직접적 표현"처럼 보이지만, 이는 기만일 뿐이며, 그런 "깨달음의 실상은 사회적 차별의 영속화 배후에 있는 지배적 힘"이라고 비판한다. 그는 그러한 기만적 논리의 전형적 사례로 "평등일여"(平等一如)한 우주의 본원(本源)에서 출발하여 갑자기 전생의 업의 결과로 현재의 "차별"을 받아들이라는 결론으로 비약하는 것을 든다.[25] 하카마야는 본각사상의 차별적 논리가 선종인 조동종에서도 나타난다고 한다. 메이지 시대 조동종의 대표적 인물인 가시자와 이안(岸澤惟安)이 "차별은 평등이고 평등은 차별이

22 제이미 허바드, "장소공포증," 『보리수 가지치기』, 146-147.

23 하카마야 노리아키, "사회적 차별의 이념적 배경에 대한 고찰," 『보리수 가지치기』, 497.

24 같은 글, 499.

25 같은 글, 505-507.

다"라거나 "일본은 메이지 천황의 몸이다"라고 주장했던 것처럼, 사회적 차별을 정당화하는 언어와 사유가 조동종에도 편만한 배경에는 본각사상이 있다고 주장한다.[26]

이와 관련해서 루벤 하비토(Ruben Habito)는 13세기 몽골이 일본을 침략하는 위기의 시대에 "자민족중심주의적 전환"이 일본에서도 일어났고, 그것은 천태 본각사상과 관련이 있다고 본다. 하비토는 불교학자 다무라 요시로(田村芳朗)의 본각사상 연구를 비중 있게 소개하는데, 그 핵심 내용은 "본각사상은 현세의 현상 세계—태어남과 죽음이 있는 이 세상—를 완벽한 불성 자체의 현현으로서 절대적으로 긍정하는 사상을 내포하고 있다"는 것이다. 다무라에 따르면 "극단적 형태의 본각사상은 쉽사리 종교적 나태함이나 수행의 전적인 포기를 위한 구실이 될 수 있으며, 또는 부도덕하거나 무책임한 행위의 합리화로 이어질 수 있다."[27] 한편 구로다 도시오(黑田俊雄)는 "현세적 실재에 대한 절대적 긍정은 그 본각사상의 중심적 취지로서 당대의 정치경제적 구조에 대한 종교적 합리화를 제공하는 역할을 하면서, 지배 엘리트들의 정치적, 경제적 그리고 종교적 이익의 수렴에 기초한 '정통'을 강화해왔다"고 한다.[28] 하비토는 다른 논문에서도 본각사상이 일본불교에 차별을 정당화하는 '악평등'(惡平等)의 유해한 성향을 갖게 했고, 제2차 세계대전 동안 불교 지도자들과 지식인들이 윤리적 판단을 하지 못하고 군국주의적, 민족주의적 입장을 취하게 된 것도 절대와

---

26 같은 글, 510-513.

27 루벤 하비토, "천태본각사상과 일본의 자민족중심주의적 전환," 『보리수 가지치기』, 551-552.

28 같은 글, 553.

역사적 현실을 하나로 보게 한 본각사상 때문이라고 주장한다.[29]

마츠모토는 본각사상의 문제에 대한 하카마야의 지나친 비판은 오히려 일본주의의 한 표현일 뿐인 본각사상을 불교 전체의 중요한 사상으로 여기게 할 수 있다는 점에서 우려를 표명하지만, 그 역시 본각사상이 사회 변화를 위한 실천을 방해한다는 점을 다음과 같이 비판적으로 지적한다: "본원(本源)으로 돌아가기 위해서는 아무것도 하지 말고[無爲], 아무것도 생각하지 말며[無念], 일체의 인간적 활동을 정지하기만 하면 충분하다." 본각사상은 결국 "불성(佛性, dhātu=본원)이 스스로 발휘되어 성불한다"는[30] 사고방식이기 때문에 비판적 사유와 능동적 실천을 위한 여지를 제공하지 못한다는 것이다.

하카마야가 사회적 차별의 불교사상적 근거로 본각사상을 비판하기는 하지만, 그는 종교사상적 비판보다는 사회윤리적 비판에 좀 더 관심을 집중하는 경향이 있어 보인다. 마츠모토는 그런 하카마야의 태도를 충분히 학문적이지 않은 것, 즉 다소 저널리즘적인 것으로 여겨 불편해하는 듯하다. 아무튼, 하카마야와 비교해 볼 때 마츠모토의 사회 비판과 불교 비판이 종교사상적으로 좀 더 심층적인 것은 사실이다. 마츠모토의 사회 비판과 종교 비판에서 가장 핵심적인 개념은 연기(緣起)사상의 공간적/시간적 이해와 관련되어 있다.

불교학자들은 연기(緣起)를 시간적으로 이해하기도 하고 공간적으로 이해하기도 한다. 마츠모토는 연기의 공간적 이해에 반대한다. 연기

---

29 Ruben L. F. Habito, "The Logic of Nonduality and Absolute Affirmation: Deconstructing Tendai Hongaku Writings," *Japanese Journal of Religious Studies* 22/1-2 (1995), 84.

30 마츠모토 시로/혜원 역, 『연기와 공』 (운주사, 1994), 164.

의 공간적 이해는 현실 사회에서 선과 악, 정의와 불의를 분별해야 할 윤리적 과제를 흐리게 한다고 보기 때문이다. 공간적 연기 이해는 여래장사상, 불성사상, 본각사상과 마찬가지로 현실 긍정의 논리가 되어버린다는 것이다. 마츠모토는 그런 공간적 연기 이해를 대표하는 것이 바로 화엄(華嚴)철학이라고 한다. 그는 연기의 화엄적 혹은 상의적(相依的) 이해에 따른 세계는 "최고의 선(善), 미(美)의 극치로 너무도 아름다운 곳"이 되며, "그러한 최선의 '세계'에 노예가 있을 리 없고, 전쟁과 빈곤과 압정(壓政)에 시달리는 사람들도 존재할 리가 없는 것"이라고 비판한다.[31] 마츠모토는 그런 화엄적 혹은 전체주의적 세계의 악을 다음과 같이 폭로한다.

> [이 세계에서는] 거지는 될 수 있는 대로 가난하게 되어야 하고, 국왕은 가능한 한 그 권세를 발휘하여 민중을 괴롭혀야 하고, 살인자는 가능한 한 많은 사람을 죽이지 않으면 안 된다. 왜인가? 그것은 '존재의 진리'이기 때문이다. 결국 그들 모두가 '필연'이며 당위인 것은 그것들 모두가 '전체적 하나', '전체로서의 완전한 존재'에 '존재론적 근거'를 가지고 있기 때문이다. 따라서 차별을 증대하고 복잡하게 하고 심각하게 하면 할수록 이 '완전한 하나'의 '장엄'은 극히 아름답게 완벽에 접근하게 되는 것이다.[32]

마츠모토는 연기의 바른 이해는 공간적 이해가 아닌 시간적 이해라고 한다. 그에 따르면 연기는 공간적으로 연결되어 있는 것이 아니라 시간적으로 연속해서 일어나는 것이다. 그래서 마츠모토는 "이것이

31 같은 책, 53-54.

32 같은 책, 159.

있으면 저것이 있고"(*asmin sati idam bhavati*)에서 '*bhavati*'를 "있다"가 아닌 "생한다"로 번역해야 한다고 주장한다.[33] 여기서 중요한 점은, 시간적 연기 이해를 사회윤리적 차원으로 적용해보면, 어떤 사회적 문제의 발생기원과 전개 과정 그리고 결과를 합리적으로 추적하여 지목하고 정정할 수 있게 된다는 것이다. 연기의 시간적 이해의 사회윤리적 함의에 대해서는 뒤에 다시 살펴보기로 한다.

요약하면, 하카마야와 마츠모토는 장소철학적 본각사상, 기체설, 공간적 연기관과 같이 차별적 현상의 무차별성을 강조하는 종교적 논리가 오히려 차별을 강요하는 사회적 논리로 둔갑하게 되었다고 비판한다. 그리고 장소철학과 기체설의 종교적 논리가 사회적으로 오용되거나 남용되었다는 비판에 그치지 않고, 그런 종교적 논리 자체에 이미 윤리적 결함이 내포되어 있다는 비판으로까지 나아간다. 즉, 장소철학이나 기체설은 불교적이지 않으며, 그렇기 때문에 비윤리적일 수밖에 없다는 것이다. 따라서 비판불교학자들에게 장소철학과 기체설의 문제는 단지 '윤리적' 적용의 문제가 아니라 '종교적-윤리적' 근거 자체의 문제이다.

5. 비판불교의 사회 비판에 대한 문제제기

하카마야와 마츠모토의 공통점은, 그것이 본각사상이든 여래장사상이든, 일본의 사회적 차별을 초래한 불교사상적 배경을 마츠모토가 기체설(基體說, dhātu-vāda)이라고 명명한 것에서 찾는다. 기체설이란

---

33 같은 책, 60.

다양한 현상 세계는 그 배후 혹은 근저에 있는 불변하는 궁극적 실재에 의해 하나로 통일되어 있다는 일원론적인 형이상학적 견해로서, 바로 이러한 존재론이 역사 속에서 차별과 억압의 이념으로 작용했다는 것이다. 그러나 이런 비판은 두 가지 비판적 물음을 일으킨다. 첫째, 기체론적 사상은 '예외 없이' 차별적이고 억압적인가? 둘째, 비판불교가—특히 마츠모토가— 주장하는 무아와 연기 사상이 사회윤리적 실천의 필연적 근거가 되는 까닭은 무엇인가 하는 의문이다.

1) 여래장/불성, 본각사상과 사회적 평등

하카마야와 마츠모토는 여래장/불성, 본각과 같은 기체론적 사상은 불교적이지 않을 뿐만 아니라 윤리적이지도 않다고 본다. 이에 대해 어떤 불교학자들은 비판불교가 기체론이라고 비판하는 사상에도 윤리적 동기와 목적이 있을 수 있다고 반박한다. 예를 들면, 샐리 킹(Sallie King)은 불성은 "존재론적 실체나 원리"가 아니라 하나의 "구원론적 장치"(soteriological device)라고 주장하면서 불교의 불성과 퀘이커교의 "내면의 빛"(the Light Within) 혹은 "내면의 신성"을 비교한다. 물론 킹도 불교의 불성사상이 불교 역사 속에서 현실 긍정과 차별의 원리가 되어 왔다는 사실을 부정하지는 않는다. 그러나 킹이 불교와 비교하여 주목하는 점은 불성 개념과 비슷한 '내면의 빛'을 강조하는 퀘이커가 불교와 달리 사회적 차별, 억압, 폭력에 저항해왔다는 역사적 사실이다. 그래서 킹이 묻게 되는 것은 "구원론적으로는 그토록 유사한 관점과 실천이 왜 윤리적으로는 그토록 상이한 관점과 실천으로 연결되는가?" 하는 것이다. 킹에 따르면 그 차이는 교리 자체의 차이와 관련된 것이 아니라 퀘이커의 창시자인 조지 폭스(George Fox)가 가난한 하층 계급 출신이었고, 초기 퀘이커 신자들이 지배세력으로부터 가혹한 박해를 받은 역사적 경험과 관련이 있다. 또한 킹은 오늘의 "참여불교" 운동은 연기사상뿐만 아니라 불성 개념에서도 사회적 실천의 사상적 근거를 찾는다고 주장한다.[34] 모든 존재에 불성이 있다는 사상은 현대 인권의식과 생태의식의 중요한 불교적 근거가 되고 있다는 것이다. 그러므로 킹이 강조하는 것은 불자의 사회윤리적 태도를 결정짓는 요인은 그들이 믿는 사상적 교리 자체가 아니라 그들이 처한 사회적 조건이라는 것이다.

실제로 일본 역사에서도 불성사상이 사회적 차별이 아니라 사회적 평등 을 위한 실천의 사상적 근거가 되는 경우도 있었다. 그 예는 조동종 승려인 우치야마 구도(内山愚童)의 경우이다. 우치야마는 히틀러 암살 계획을 세웠다가 체포되어 처형당한 독일의 개신교 신학자요 목사인 디트리히 본회퍼처럼 천황 암살 계획 에 연루되어 체포된 후 처형당했다. 그는 당시의 사회주의 및 무정부주의의 영향을 받아 전통적 불교 교리를 사회적으로 재해석했다. 그는 1904년 「평민신문」 제10호에 "나는 왜 사회주의자가 되었는가"라는 특집란에 다음과 같은 기고문을 실었다.

> 차법평등무고하(此法平等無高下), 일체중생 적시오자(一切衆生的是吾子)라고 하는 이것이 나의 신앙의 입각지인 금언(金言)인데, 나는 사회주의가 말하는 바가 앞의 금언과 완전히 일치함을 발견하여 마침내 나는 사회주의의 불교 전도자로서, 일체중생실유불성(一切衆生悉有佛性), 차 법의 신자

34 샐리 킹, "불성사상은 온전히 불교적이다," 『보리수 가지치기』, 282-284.

가 된 것이다.[35]

하카마야와 마츠모토의 비판불교적 기준에서 보면 불성을 강조하는 우치야마는 전형적인 "기체론자"라고 할 수 있다. 하지만 우치야마는 오히려 '기체론적' 불성사상에서 만인의 평등이라는 급진적 사회윤리와 실천의 근거를 발견하고 적용한 것이다. 마츠모토가 비판하는 여래장/불성사상만이 아니라 하카마야가 주로 비판하는 장소철학이나 본각사상도 마찬가지일 것이다. 예를 들면 현대 환경운동, 생태운동의 사상적 근거는 장소철학과 본각사상의 자연관과 유사하다.

이런 이유로 허바드는 "일본의 모든 사회적 병폐에 대한 비난을 '장소불교'에 쏟는 것은 어렵다"고 주장한다.[36] 폴 스완슨(Paul Swanson)이 『보리수 가지치기』의 한국어 번역본 편저자 서문에서 제기한 다음의 물음도 비슷한 맥락에서 이해할 수 있다.

> 하카마야가 일본 사회에 대하여 주장하듯이, 한국 사회에서도 '본각'의 기풍이 사회적 차별과 기성 질서의 고착화를 고무했다고 말할 수 있는가? 아니면, 이 책에서 샐리 킹이 지적했듯이 한국에는 불성사상이 사회를 변혁하는 방향으로 사회적 참여와 자비의 실천을 정당화하는 데 유용한 역할을 하였는가?[37]

---

35 服部之総, 小西四郎 監修, 「平民新聞」 10(東京: 創元社, 1953), 218. 원영상, "근대 일본 불교의 현실참여와 아나키즘," 352에서 재인용

36 제이미 허바드, "장소 공포증," 『보리수 가지치기』, 165.

37 폴 스완슨, "편저자 서문," 『보리수 가지치기』, xx.

물론 그럼에도 기체론적 사상이 '불교적'인가 묻는 비판불교의 물음은 여전히 유효하다. 하지만 비판불교의 그리고 불교와 모든 종교의 최우선적 관심이 고통으로부터의 구원과 해방이라면, 킹이 말한 '구원론적 장치'로서 여래장/불성, 본각사상이 사회적 평등과 해방을 위해 작동하도록 하는 노력이 필요하지 않을까.

2) 사회윤리적 실천의 비판불교적 근거

비판불교에 따르면 기체론에 물든 불교는 "거짓 불교"이다. 비판불교는 무차별적 기체론이 오히려 사회적 차별의 원인을 제공하고 정당화한다고 비판한다. 그렇다면 "참된 불교"는 무엇인가? 비판불교학자들에 따르면 무아와 연기를 믿는 불교다. 비판불교는 기체론이 사회적 차별의 논리가 된 것과 정반대로 무아와 연기의 지혜는 사회적 자비의 필연적 근거가 된다고 주장하는 듯하다. 그러나 앞에서 논한 것처럼, 기체론적 여래장/불성사상이 사회적 불평등만이 아니라 평등의 사상적 근거가 될 수 있는 것과 마찬가지로, 무아와 연기의 지혜도 상황과 주체에 따라 다른 사회윤리적 결과를 가져올 수도 있는 것이 아닐까? 그리고 비판불교가 주장하듯이, 무아와 연기의 지혜에서 필연적으로 사회적 자비의 실천이 나온다고 하는 불교사상적 근거는 무엇인지 우리는 묻게 된다.

종교가 말하는 초월적 진리는 불가피하게 만물을 하나의 궁극적 원리로 아우르는 미분(未分)의 세계를 지향하지만, 내재적 사회윤리는 현실의 세계의 현상들 간의 분별을 전제로 한다. 윤리는 최선이든 차선이든 구체적 현실 세계에서 선을 분별하여 선택하고 악을 배제하고 제거하는 인간의 노력이기 때문이다. 문제는 분별적 윤리와 미분적 진리의 관계이다. 유대-그리스도교 전통의 경우 사회윤리의 신적(계시적) 혹은 신학적 근거가 분명하다. 곧 성서의 '예언자 정신'이다. 유대인과 그리스도인은 사랑과 정의의 하느님은 약한 자를 편들고 강한 자, 악한 자에 맞서는 존재라고 믿는다. 이처럼 유대-그리스도교 사회윤리는 강력한 초월적 진리에 근거한다. 이와 같은 유대-그리스도교 전통의 사회윤리와 비교해 볼 때 무아와 연기라는 붓다의 진리에서 분별적 사회윤리가 어떻게 나올 수 있는지, 즉 불자들의 사회 비판과 실천을 위한 '불교적' 근거가 어떻게 나올 수 있는지 비판불교는 명확히 제시하지 못하는 것 같다. 이 문제는 이 책 마지막 장에서 좀 더 자세히 논할 것이다.

여하튼 마츠모토는 화엄사상에 근거하여 연기를 상의성(相依性)으로 설명하는 것을 비판하면서 자신은 "연기를 일정한 방향성을 가진 시간적 인과관계"로 이해한다고 밝힌다.[38] 붓다의 가르침인 연기는 공간적 이해가 아니라 시간적 이해를 통할 때에만 그 본 뜻이 드러나고 윤리적 결과를 가져올 수 있다는 것이다.

마츠모토가 불교, 특히 대승불교와 선불교의 공(空)사상에 대해 다소 유보적인 태도를 보이는 이유도 그의 시간적 연기 이해와 관련이 있다. 물론 마츠모토가 공사상을 부정하거나 거부하는 것은 아니다. 그는 불교의 본질은 연기설에 있지만 공이 연기와 모순되는 것은 아니라고 한다. 그러나 마츠모토가 강조하는 것은 "공의 사상은 '연기'를 지시하는 한에 있어서만 불교적 의의를 가진다"는 것이다.[39] 문제는

38 마츠모토 시로/이태승 역, "여래장사상과 본각사상," 「불교평론」 38(2009) http://www.budreview.com/news/articleView.html?idxno=782.

불교사에서 공이 연기라는 종교적 시간성을 해체하는 이론으로 안이하게 사용되어 왔다는 점이라고 마츠모토는 지적한다.[40]

> 매우 안이한 공사상은 최악의 현실 긍정의 이론이 된다. 그것은 '불이'(不二)나 '즉'(卽)의 이름 아래 낙천적인 '동일성'을 설하고, 밀교를 옹호하는 이론이 되었던 것이다. … '공'은 일체의 문제나 곤란을 한꺼번에 해소하고 모든 원망을 즉각 실현시키는 마법의 지팡이 같은 것이 되는 것이다.[41]

여기서 마츠모토는 "시간성의 결여"를 "공사상의 치명적인 결함"으로 본다.[42] 마츠모토가 이처럼 시간성을 강조하는 이유는 연기가 차별적 현실 세계를 긍정하는 이론이 아니라 현실을 변혁하는 이론이고, 또 그래야만 하기 때문이다. 따라서 그는 연기 사상의 본질을 시간 혹은 '종교적 시간'이라고 주장하면서, "'시간'이 존재하지 않는다면 우리들의 사회 역시 변화시킬 수 없다"고 주장한다.[43]

비판불교의 사회윤리에서 연기의 시간적 이해가 중요한 이유는 우리가 연기를 공간적 혹은 상의적으로 이해할 경우 부조리한 사회적 현실을 있는 그대로 당연한 것으로 인정하게 되며, 공의 시각에서 차별적인 현상들을 상호의존적으로 봄으로써 구체적 차별성을 특징으로 가지고 있는 현실 세계, 특히 그 도덕적 모순과 부조리를 제거하고

---

39 마츠모토, 앞의 책, 304.
40 같은 곳.
41 같은 책, 305.
42 같은 책, 306.
43 마츠모토 시로, "비판불교에 대한 비판적 논의,"『비판불교의 파라독스』, 251.

변화시키는 실천을 꾀하기 어렵게 된다는 판단 때문이다. 따라서 붓다가 설한 연기의 진리는 시간적인 인과의 고리로 이해되어야만 사회적 문제의 원인을 있는 그대로 진단하고 시정하는 변화의 노력을 가능하게 하는 근거로 작동하는 불교적 지혜가 될 수 있다는 것이다.

결론적으로, 이상과 같이 살펴본 비판불교의 사회 비판이 지닌 독특성은 그것이 불교적 교리의 사회적 오용이나 남용에 대한 현상적 비판을 넘어, 교리 자체의 근본적 문제와 한계에 대한 비판으로까지 들어갔다는 점이다. 바로 그런 점 때문에 비판불교의 사회 비판을 이해하고 평가하기 위해서는 비판불교의 불교 비판이 지닌 불교적 혹은 불교학적 타당성과 유효성에 대한 이론적 검토가 필요하다. 이어지는 장의 불교학적 비판이 중요한 이유가 여기에 있다.

4 장

비판불교의 일본 종교문화 비판

우리는 앞장에서 동아시아와 일본의 불교사상에 깊이 스며들어 있는 여래장사상, 불성사상, 본각사상 등이 본래의 불교적 가르침에 위배되는 일원론적인 기체설(基體說, Dhātu-vāda)이라는 비판불교학자들의 철학적 비판을 살펴보았다. 이 장에서 다루려는 주제는 그런 기체설의 기풍으로 인한 일본의 종교혼합주의와 그 사회적 결과에 대한 비판불교학자들의 비판 그리고 그런 혼합주의적 종교문화에 대한 현대 불교학과 가치중립성을 표방하는 현대 학문에 대한 비판을 고찰한다.

비판불교학자들이 비판하는 일본 종교문화의 문제 중 하나는 '종교혼합주의' 현상이다. 그 대표적 사례는 일본의 토착 종교인 신도(神道)와 외래 종교인 불교 사이에서 오랫동안 지속되어 온 신불습합(神佛習合) 현상이다. 비판불교학자들은 이런 신불습합의 배경에는 기체설의 영향을 받은 장소철학, 화(和)의 논리, 삼교일치(三教一致)사상, 본지수적(本地垂迹)사상 등이 있다고 본다. 종교혼합주의에 대한 비판불교의 비판을 이해하기 위해 먼저 일본 사회의 종교혼합주의 현상, 신도와 외래 종교의 관계, 신불습합의 역사적 과정을 살펴보기로 한다.

1. 세속적 일본 사회의 종교혼합주의

일본에는 수많은 종교가 존재하지만 정작 일본인 중에는 종교를 갖고 있지 않다고 말하는 사람들이 많다. 최근의 한 국제 통계에 따르면 일본은 무종교인 인구수에 있어서는 중국 다음으로 세계 2위이고, 비율에 있어서도 북한(71.3%) 바로 다음(57%)인 매우 '세속적인' 국가이다.[1] 그런데 흥미로운 것은 종교가 없다는 일본인이 종교적으로 보이는 신도 의례와 행사에 대거 참여하고 있다는 사실이다. 예를 들면 2008년 신년 설 때 전체 인구의 77%에 달하는 9,818만 명이 신사를 참배하는 하츠모우데(初詣) 의례에 참여했다.[2] 그들 대부분이 단지 신년 나들이나 '전통문화' 체험을 위해 신사를 찾았다고 보기는 어려울 것이다. 실제로 하츠모우데에 아무런 거리낌 없이 참여하는 일본인들은 저마다의 소원을 신에게 빌며 참배하고 점을 치고 부적을 산다.

일본 종교문화의 또 한 가지 특이한 현상은 일본인들이 상이한 종교전통에 따른 인생의 통과의례를 자연스럽게 받아들이며 참여한다

---

1 "*The Pew Forum on Religion and Public Life, The Global Religious Landscape: A Report on the Size and Distribution of the World's Major Religious Groups as of 2010*" (Washington DC: Pew Research Center, 2012), 25.

2 차남희, "일본의 시민종교와 신도: 메이지 초기의 국가신도를 중심으로," 「담론 201」 12/1(2009): 82.

는 것이다. 즉 출생과 관련된 의례는 신도 방식으로 결혼 의례는 그리스도교 방식으로 장례는 불교 방식으로 하는 것과 같은 식이다.[3] 이 역시 종교혼합주의 현상의 하나로 볼 수 있을 것이다. 이처럼 일본에서는 탈종교적 세속성과 종교적 혼합성이 동시적으로 나타나고 있다.

일본 사회에서는 세속주의와 종교혼합주의가 양립 불가능한 것이 아니다. 현상적으로만 보더라도 세속적인 일본인들은 특정 종교를 고집할 이유가 없기 때문에 오히려 종교혼합주의를 더 자유롭게 수용할 수도 있다. 물론 일본의 종교혼합주의가 일본인들이 세속적이기 때문이라고 주장하는 것은 아니다. 더 근본적으로 보면 그리스도교적 서구 종교문화의 전통적 종교 관념에 기초한 '세속적인 것'과 '종교적인 것'의 이분법은 대부분의 다른 아시아 종교문화에서와 마찬가지로 일본 종교문화에서도 통하지 않는다는 사실이 중요하다. 일본인들은 제도적 의미의 종교에 속하지 않으면서도 충분히 종교적일 수 있다는 것이다.

이러한 세속성과 종교성의 공존은 일본의 종교혼합주의 현상에 일정한 원칙과 기준을 부여한다. 이와이 히로시(岩井洋)는 무종교 혹은 종교혼합주의로 보이는 일본 종교문화의 성격은 "지조 없음"(無節操)이 아니라 "관용"이라고 주장한다. 그리고 외래 종교나 신흥종교에 대한 일본인의 관용은 그 종교들이 일본의 공동체 문화와 사회질서를 위협하지 않는 것을 전제한다고 강조한다.[4] 일본인들은 공동체의 존속을 종교의 기본 기능과 역할로 보고 있다는 것이다. 더 넓게 보면, 공동체는 일본의 종교뿐 아니라 일본 사회 전체의 중심이며 근간이다.

---

3 같은 글.

4 이와이 히로시(岩井洋), "일본 종교문화의 이해," 「한국종교」 28(2004), 221-222.

아네사키 마사하루(姉崎正治)는 부족사회에서의 개인은 공동체 앞에서 "거의 아무 것도 아닌" 존재이며 사회 체제에 대한 무비판적 복종은 개인적 삶의 본질적 조건이라고 한다. 그리고 그런 태도가 현대 일본에서도 도덕성의 원리로 남아있다고 한다.[5]

박규태도 "일본 종교는 지금까지도 이에(家) 원리를 중심으로 하는 공동체적 성격이 강하게 남아 있으며, 초월적이고 추상적인 원리나 존재보다는 가시적이고 현세중심적인 이에, 무라(村), 교조 등의 인륜 조직을 강조한다"고 주장한다.[6] 일본인들이 불교사원과 맺는 단가(檀家) 제도 역시 일본 종교의 공동체적 성격을 보여준다. 그러므로 일본인들은 전통적 공동체를 위협하지 않는다면—혹은 공동체를 유지하기 위해서— 여러 종교전통에 관용적일 수 있으며, 그 과정에서 종교혼합주의 현상이 나타난다고 볼 수 있을 것이다.

이렇게 일본의 집단주의적 토착 공동체를 기준으로 종교현상을 보게 되면 일본 종교문화에서 혼합주의만이 아니라 배타주의도 함께 나타나는 것을 이해할 수 있다. 즉 일본인들은 외래 종교나 신종교에 관용을 보이고 종교혼합주의를 허용하는 것과 동일한 이유로 공동체를 위협하는 종교에 대해서만큼은 관용이 아닌 배타적 태도를 취한다. 예를 들면, 이와이 히로시는 근세 일본에서 그리스도교 포교가 한동안 금지되었던 것은 서양 제국주의에 대한 두려움 때문이기도 하지만 명확한 교의 체계와 일상생활의 패턴을 가진 그리스도교가 일본의 전통적 공동체 운영과 마찰이 생기는 데 대한 인식 때문이었다고 주장

---

5 Masaharu Anesaki, *History of Japanese Religion: With Special Reference to the Social and Moral Life of the Nation* (Rutland, Vt.: Charles E. Tuttle Co, 1963). 36.

6 박규태, "일본의 종교와 종교정책,"「종교연구」46(2007), 167.

한다. 이와이는 같은 맥락에서 그리스도교가 종교로서는 일본 사회에 정착하지 못했지만 '미션스쿨'과 같은 그리스도교계 교육이 정착할 수 있었던 것은 "그것이 사회질서 자체를 흔드는 것으로는 생각되지 않았기" 때문이라고 본다.[7]

이처럼 일본의 종교혼합주의 현상은 종교의 고유한 영역에서만 이루어지는 것이 아니라 종교가 속해 있는 일본 사회와의 상호작용을 통해 나타나고 전개된다. 그러므로 일본의 종교혼합주의 현상인 신불습합의 종교적 차원만이 아니라 사회적, 역사적 차원도 연구해야 할 필요가 있다.

2. 신도와 외래 종교

신도(神道)는 종교인가? 이상한 물음 같지만 익숙한 물음이다. 그것은 신도가 보이는 종교적 복잡성과 복합성 때문에 오래전부터 많은 종교학자들이 제기해온 물음이다. 종교학자 윌프레드 캔트웰 스미스(Wilfred Cantwell Smith)는 신도는 한 종교의 이름이 아니라 "상이한 이상들과 복합적 현상들의 묶음을 가리키는 말"이라고 한다.[8] 앞에서 언급한 것처럼 대다수 일본인들이 신사에서 이루어지는 행사나 의례에 적극적으로 참여하지만 그들 중에 자신들의 종교적 정체성을 '신도 신자'(Shintoist)로 여기는 이들은 많지 않다.[9] 그것은 제도종교가 당연

7 이와이 히로시, 앞의 글, 225.

8 윌프레드 캔트웰 스미스/길희성 역, 『종교의 의미와 목적』 (서울: 분도출판사, 1991), 107.

9 John Breen and Mark Teeuwen, *A New History of Shinto* (Malden, MA: Wiley-Blackwell, 2010), 1.

한 것으로 전제하고 요구하는 소속이나 경계가 신도에서는 분명하지 않기 때문이다.

비슷한 맥락에서 일본 종교 연구자인 존 브린과 마크 티우엔(Mark Teeuwen)은 '신사(shrine)의 종교'인 신도와 '사원(temple)의 종교'인 불교의 구분을 강조하면서도, 일본에서는 '신도 신자'와 '불교 신자'의 구분이 거의 불가능하다고 주장한다.[10] 그들은 신도의 용어적 모호성과 제도적 느슨함 때문에 신도를 신사의 종교, 민속, 자연숭배, 자연종교 등으로 다양하게 해석하고 재해석하는 것이 가능하다고 말한다.[11]

하지만 그 모든 복합성에도 불구하고 한 가지 부정할 수 없는 사실은 신도가 수천 년 동안 일본인의 정신과 삶과 문화를 '종교적으로' 형성하고 지탱해왔다는 것이다. 일본인에게 신도는 표층적 차원에서는 '종교'(religion)가 아닐 수도 있지만 심층적 차원에서는 분명히 '종교적인'(religious) 것으로 기능해왔다. 그런 신도의 종교적 핵심은 가미(神, kami)가 자연과 세계 속에 내재하며 인간과 교류하고 소통한다는 믿음이다. 신도를 따르는 일본인들은 가미가 산과 강과 바위와 나무 안에, 동물 안에, 인공적 사물 안에 그리고 특히 인간 가까이 있는 신사의 '신전'에 거주한다고 믿는다. 모든 것, 모든 곳 안에 가미가 있다는 것이다.

신도의 이러한 가미 이해는 일면 무정형적 다령숭배(多靈崇拜, poly-spiritism)로 보이지만 『고사기』(古事記) 등에 나타나는 가미들의 계보 혹은 위계를 감안하면 복수의 신들을 인정하면서도 주신(主神) 혹은 중심적인 신을 섬기는 일신론(henotheism)에 더 가까워 보인다.

10 같은 책, 1-2.

11 같은 책, 223.

예를 들면, 『고사기』는 최초의 다섯 가미를 중심으로 하위 가미들이 존재한다는 신화를 포함하고 있다. 이들 가미들 사이에는 발생론적 위계가 있는 것이다.

이런 관념을 교의적으로 체계화한 국학(國學) 사상가 모토오리 노리나가(本居宣長)는 『고사기』의 세 가미—아메노미나카누시노가미(天之御中主神), 다카미무스히노가미(高御産巣日神), 가미무스히노가미(神産巣日神)—를 단일한 실재로까지 해석한다.[12] 물론 신화의 서사나 대중의 신앙에서 신도의 교리를 직접적, 체계적으로 추론하는 것은 종교학적으로 적절치 않을 것이다. 신도는 일본 역사 내내 교리가 없는 종교현상으로 지속되어왔기 때문이다.

신도는 역사적으로 일본에서 가장 먼저 형성된 토착적 종교전통이기 때문에 이후 역사 과정에서 외부에서 들어온 종교전통들은 부정적으로든 긍정적으로든 신도와 관계를 맺지 않을 수 없었다. 그런데 신도 중심의 일본 종교사에서 독특한 현상은 신도가 외래 종교에 의해 완전히 대체되는, 즉 대대적 개종 사건은 없었다는 사실이다. 물론 일본에서도 유교, 불교, 국가신도 등 시대에 따른 주류 종교 혹은 지배 종교의 교체는 있었지만, 그것이 아브라함계 종교들—유대교, 그리스도교, 이슬람—의 세계에서 볼 수 있는 '이것이냐 저것이냐'의 양자택일적, 배타주의적 개종 형태는 아니었다. 그 대신 나타난 현상이 바로 종교혼합주의, 즉 신불습합이다.

종교혼합주의는 둘 혹은 복수의 종교전통이 서로 만나 섞이면서 함께 변화하는 것이지만, 그런 혼합 과정에서 어느 전통이 주도적 위치

12 Helen Hardacre, *Shinto: A New History* (New York, NY: Oxford University Press, 2017), 330.

에 있는가에 따라 그 결과가 달라진다. 그렇다면, 일본에서의 종교혼합주의 현상을 주도한 주체는 신도인가, 외래 종교인가?

우선은 다른 종교전통과 조우하면서 고집하거나 고수해야 할 교리와 경전이 따로 없던 신도가 종교혼합과정에 더 적극적이었던—혹은 덜 반발했던— 것으로 보인다. 바로 이 점 때문에 신도의 포용성이라는 통념이 생겨나기도 했다. 신도의 포용성 통념은 일본의 근-현대에 이르러 신도와 민족주의가 결합되면서 더 강해진다. 예를 들면, 1921년 7월 1일 〈가미가제〉의 한 사설은 신도의 성격을 다음과 같이 표현한다. "신도는 다른 모든 종교를 포함하는 위대한 종교이다. 예를 들면, 다른 모든 종교들이 비료라고 한다면 신도는 나무라고 할 수 있다. 그러므로 신도는 다양한 비료들을 흡수하고 동화함으로써, 포용과 선택 과정의 결과로서 자라나고 확대되게 된다."[13] 즉 종교적 융합 혹은 혼합의 원리는 유교적이거나 도교적이거나 불교적이라기보다는 '신도적'이라고 보는 것이다. 하지만 실제로 습합과정에서 주도권을 발휘한 종교는 외래 종교, 특히 불교이다.

3. 역사적 고찰: 신불습합에서 신불분리까지

6세기에 불교가 일본에 들어올 당시 신도는 현대적 의미의 제도종교로 존재하고 있었던 것은 아니지만 당시 일본 사회의 지배세력과

---

13 D. C. Holtom, "The Political Philosophy of Modern Shinto," *Transactions of the Asiatic Society of Japan* 49/2 (1922), 125. in Stuart D.B. Picken, ed., *Sourcebook in Shinto: Selected Documents* (Westport, CT: Praeger, 2004), 98. 재인용.

민중이 공통적으로 실천하고 있던 토착적 종교현상이었다. 종교사적으로 보면, 외래 종교는 정치적으로 강할 때는 토착 종교와 충돌하고 약할 때는 토착 종교와 타협하는 경향이 있다. 중국과 한국(백제)을 경유해 일본에 들어온 외래 종교인 불교는 전래 초기에는 정치적, 사회적으로 약자의 처지였다. 따라서 불교는 토착 종교인 신도와 충돌하기보다는 타협하는 자세를 취했다.

일본 전래 초기의 불교는 신사 안에 불교 건축물을 세우거나 신들 앞에서 불경을 읽는 것과 같은 점진적 형태의 신불습합을 시도했다. 아네사키에 따르면, 불교는 당시의 일본 사회를 지배하고 있던 신도 속으로 스며들면서 종교적 영역을 만들려고 했다. 하지만 불교는 곧 일본을 지배하고 있던 정치세력의 인정과 지지를 받게 된다. 그 결정적 계기는 7세기 초 쇼토쿠(聖德) 태자의 불교 수용과 지원이다. 쇼토쿠 태자는 불교를 국가종교로 공식 선언하고 불교사원, 교육기관, 구제기관 등의 제도를 정초했다. 쇼토쿠 태자가 국가의 정치적 기틀을 만들기 위해 불교를 이용했다는 해석도 있지만, 그의 정치적 동기와 목적이 그의 종교적 신앙과 관련되어 있었다고 보는 것이 더 타당할 것이다. 아네사키에 따르면 그는 한국, 중국과의 외교관계도 그의 불교적 신앙에 근거하여 진행했고, 그 결과로 세 나라 사이의 종교적 교류도 활발했다.[14] 뿐만 아니라, 그 자신이 삼론종(三論宗) 철학을 공부하고 주석서를 쓰기도 했다.[15]

604년 쇼토쿠 태자는 이후 일본 사회에 종교적, 정치적으로 지대한 영향을 미친 〈17개조 헌법〉을 반포한다. 그 제1조는 "화(和)를 귀하게

14 Anesaki, 앞의 책, 59

15 같은 책, 59-60.

여기고 거스르지 않음을 종(宗)으로 삼는다"(以和爲貴 無忤爲宗)는 문구를 포함하고 있다. 이 화의 이상에 따라 쇼토쿠 태자는 신도, 유교, 불교 사이의 종교적 균형을 추구한다. 예를 들면, 헌법 제2조에서는 불교의 불법승(佛法僧) 삼보(三寶)에 대한 숭상을 밝히면서도 제3조에서는 유교적 이상의 추구를 제시한다. 여기서 한 가지 중요한 것은 쇼토쿠 태자가 불교를 받아들이면서 신도를 배척한 것은 아니라는 사실이다. 그는 몇 년 뒤인 607년에 신도의 가미 숭배를 지지하는 헌장도 반포한다.[16] 그럼에도 불교가 전래된 지 한 세기만에 일본 종교문화와 정치사회에서 유력한 지위를 차지하게 된 것은 쇼토쿠 태자의 신심과 무관하지 않을 것이다.

물론, 이와 같은 쇼토쿠 태자의 불교에 대한 관심이나 종교들의 조화에 대한 추구는 개인적 신앙 때문이기도 하지만, 정치적 동기와 목적도 있었던 것으로 보인다. 조셉 기타가와(Joseph Kitagawa)는 쇼토쿠 태자가 불교를 선택하고 지지한 이유는 당시에 종교적, 정치적으로 분열되어 있던 다양한 부족들의 공통의 신앙이 될 수 있는 잠재력을 불교가 갖고 있다고 보았기 때문이라고 주장한다.[17] 그러나 앞에서 언급한 것처럼 쇼토쿠 태자에게는 불교적 신심이 있었고, 만약 정치적 동기와 목적만이 전부였다면 쇼토쿠 태자 이후 불교는 일본인의 정신과 생활에 뿌리내릴 수 없었을지도 모른다.

전래 초기 불교가 일본 사회에 수용되는 방식은 이후 신불습합의 성격과 방향을 규정지었다는 점에서 중요하게 살펴볼 필요가 있다.

---

16 Joseph M. Kitagawa, *Religion in Japanese History* (New York: Columbia University Press, 1990), 26.

17 같은 책, 34.

그 핵심은—대다수 불자들은 반발하겠지만— 불보살(佛菩薩)의 '신성'에 대한 것이다. 이에 대해서는 스에키 후미히코(末木文美士)의 연구가 도움이 된다. 그는 6세기에 백제로부터 전해진 불상(佛像), 불구(佛具), 경전 중에 토착 신도와 종교적 분쟁을 일으킨 것은 '불상숭배'와 관련된 것이었다고 지적한다. 즉 붓다는 "'타국의 신'(他國神) 혹은 '오랑캐의 신'(蕃神)"으로 불리면서 "일본의 신과 같은 레벨로 인식되었기"에 붓다의 상을 숭배[崇佛]할 것인가 배척[排佛]할 것인가 하는 것이 문제였다는 것이다.[18] 이는 이후 신불습합의 내용과 과정이 주로 불교의 불보살 신앙과 신도의 가미 신앙의 관계를 중심으로 전개되도록 한 원초적 경험이 된다.

스에키는 불교 전래 초기에는 붓다와 신도의 신들이 같은 범주로 여겨지다가, 점차 불교의 사상적, 제도적, 의례적, 문화적 우위가 확인되면서 신도의 신들이 붓다에 종속되게 되었다고 하면서,[19] 그 종속의 형태를 다음 세 가지 형태로 제시한다. "1) 신은 아직 깨달음에 이르지 못하고 헤매는 부처의 구제가 필요한 존재라는 사고방식, 2) 신은 불법(佛法)을 수호한다는 사고방식, 3) 신은 사실은 부처가 중생 구제를 위해 모습을 바꿔서 나타난 것이라는 사고방식"이다.[20]

스에키는 첫 번째 사례를 나라(奈良) 시대부터 시작된, 신사에 부속된 절인 진구지(神宮寺)에서 찾고, 두 번째 사례는 하치만 신(八幡神)이 불사를 도왔다는 설화에서 찾는다. 특히 하치만 신은 헤이안(平安)

18 스에키 후미히코, 『일본 불교사: 사상사로서의 접근』(서울: 뿌리와이파리, 2005), 15-18.

19 같은 책, 290.

20 같은 책, 291.

시대에 이르러 '하치만 대보살'(八幡大菩薩)이라는 불교적 호칭을 얻는다.[21] 이는 외래 종교인 불교가 일본 사회에서 종교적, 정치적 힘을 얻기 시작하자 토착 종교인 신도가 오히려 종속적으로 습합된 형태로 볼 수 있다.

스에키가 제시한 세 번째 형태의 사례는 신불습합이 의례나 상징의 차원을 넘어 종교사상적 차원에서도 본격적으로 전개되었음을 보여준다. 그 대표적 사례가 헤이안 시대부터 나타난 본지수적(本地垂迹) 사상으로서, 스에키는 이를 "가장 발전한 신불습합의 형태"라고 표현한다.[22] 본지수적 사상의 요지는 본지(本地)인 불보살이 중생을 구제하기 위해 신도의 가미들로 나타났다(垂迹)는 것이다. 이러한 본지수적설에 따라 가마쿠라(鎌倉) 시대(1192~1333)에 진언종(眞言宗)과 신도가 습합한 료부(兩部) 신도, 천태종(天台宗)과 신도가 습합한 산노(山王) 신도가 출현했다.[23]

한편 스에키는 가마쿠라 시대 말기부터 본각사상의 영향으로 신도를 불교보다 상위에 두는 경향이 나타난다는 사실을 밝힌다. 즉, "본각사상은 극단적인 현실 긍정의 입장에 서서 현실 그 자체가 궁극적인 진리라고 주장하는 것"이기에, "수적(垂迹)으로서의 신이 있는 그대로의 궁극적 존재이고 현실을 떠난 부처 쪽이 낮은 존재라고 여겨지게 된다"는 것이다.[24] 이후 이세(伊勢) 신도와 요시다(吉田) 신도는 불교에 대한 신도의 우위를 주장하게 되었고, 이것이 메이지 유신에 이르러

21 같은 책, 291-293.
22 같은 책, 293.
23 같은 책, 299-300,
24 같은 책, 299.

신불분리(神佛分離)의 사상적 근거가 된 것이다.

일본 역사에서 천 년 이상 지속되었던 신불습합은 근대로 접어들면서 큰 변화를 겪게 된다. 메이지 유신 초기의 신불분리와 불교 억압정책이 그것이다. 일본의 새로운 정치권력은 전통적 신도를 국가종교로 확립하려고 시도했고, 외래 종교이며 막부 정권의 보호 아래 번성했던 불교를 억압했다. 불교에 주어졌던 모든 특권이 폐지되었고 재산은 몰수당했다. 불교 승려들은 신도에서 쫓겨났고, 신전의 불상, 경전, 상징물은 불태워지고 버려졌다. 불교의 억압은 신도의 "정화"를 의미했다.[25] 이러한 신불분리와 불교 억압은 종파에 상관없이 거의 '법난'(法難)에 가까운 수준으로 진행되었다.

여기서 매우 중요한 점은 메이지 유신 시대의 국가주도 신불분리 정책은 이후 불교를 체제내적, 순응적 종교로 만든 트라우마적 경험이 되었다는 사실이다. 이에나가 사부로는 이 시기 신불분리와 폐불훼석(廢佛毁釋)은 일본 불교가 이전에는 경험해보지 못한 총체적 억압이었으며, 이 과정에서 불교는 국가와 종교의 관계에 대한 진지한 성찰 대신 새로운 국가 권력의 환심을 사고 지배계급을 지지하는 길을 선택했다고 분석한다.[26] 즉 전래 이후 근대 이전까지 신불습합을 통해 기득권을 누려오던 불교가 근대 왕정복고와 함께 정치적 환경 변화에 따라

25 Anesaki, 앞의 책, 334.

26 Saburō Ienaga, "Japan's Modernization and Buddhism," *Contemporary Religions in Japan*, Vol. 6, No. 1 (March, 1965), 9-11. 이에나가 사부로는 이 과정에서 불교는 그리스도교를 비판하고 공격하는 입장을 취하면서 일본의 국가주의에 협력했다고 주장한다. 예를 들면, 1891년 천황의 교육칙어에 충성을 표시하기를 거부한 우치무라 간조(内村鑑三)를 불자들이 나서서 호되게 비판했다는 것이다. 같은 글, 13-14.

단번에 모든 것을 잃을 수도 있다는 것을 경험함으로써, 이후 현대사에서 보다 적극적이고 자발적으로 국가주의에 협력하게 된 것이다. 아네사키도 메이지 시대의 불교 억압은 그동안 분열되어 있던 불교 교단들을 연합시켰고, 정부도 불교에 대한 전적인 억압은 바람직하지도 가능하지도 않다는 것을 알아차리면서, 새로운 형태의 정교유착이 시작되었다고 설명한다.[27] 같은 맥락에서 원영상도 일본 불교는 메이지 유신 과정에서 폐불훼석을 거치면서 자율성을 잃고 국가신도에 예속됨과 동시에 국가주의 교단으로 전향하게 되었다고 분석한다.[28] 이 시기 이후 불교의 반응은 신도와 불교의 친화성과 협조 관계를 강조하는 것이었다. 이는 국가신도에 굴복하는 것으로서, 전래 초기와 마찬가지로 불교의 인정을 청원하는 방식이 되었다.

크리스토퍼 아이브스는 1933년 국체신도 측의 공개적 불교 비판을 "2차 폐불훼석(廢佛毁釋)"으로 간주한 불교학자들이 이듬 해 「중앙불교」(中央仏教)에 게재한 반 비판 논문들을 심층적으로 분석한다. 그 핵심 내용은 왕법불법일여(王法佛法一如)의 개념으로 천황과 국가에 대한 불교의 지지를 천명하는 것, 불교가 신도, 황도(皇道)와 보완적이라는 것 그리고 신도, 유교, 불교의 삼교일치적 혼합 등이다.[29] 기고자

---

27 Anesaki, 앞의 책, 335.

28 원영상, "불교의 파시즘 및 군국주의의 상호연관성: 정토진종의 전시교학을 중심으로," 「동서비교문학저널」 24 (2011), 95.

29 Christopher Ives, "The Mobilization of Doctrine: Buddhist Contributions to Imperial Ideology in Modern Japan," *Japanese Journal of Religious Studies*, Vol. 26, No. 1/2 (Spring, 1999). 메이지 유신 체제의 신불분리 정책에 대한 불교의 조직적 반응인 제종동덕회맹(諸宗同德會盟)은 불교의 연구 과제 중 하나는 왕법(王法)과 불법(不法)의 불리(不離)였다. 원익선, "천황제 국가의 형성과 근대불교의 파행," 「불교평론」 28 (2006)

중 한 명인 이토 시즈야(伊藤康安)는 다음과 같이 주장한다. "궁극적으로 황도 혹은 왕도(王道)는 정확히 무아(無我)의 대도이다. 이 무아의 대도, 절대적 귀의는 일본 불교의 근본정신이며 대승의 절대 원리이다."[30] 이는 신불습합이라기보다는 황불습합(皇佛習合)에 가까워 보인다. 실제로 아이브스는 당시 「중앙불교」 기고자들의 일부는 황제를 본지(本地)로 불교 요소들을 수적(垂迹)으로 주장했다고 한다.[31] 이는 이후 국가주의적 불교가 출현하게 된 배경이 되었으며 태평양 전쟁과 폭력에 대한 불교의 지지와 지원의 화근이 된다.

4. 비판불교의 종교혼합주의 비판

'혼합주의'는 종교학자들에게는 가치중립적 개념이지만 종교인들에게는 경계심이나 반감을 불러일으킬 수 있는 부정적 개념이다. 하지만 일본 종교계에서는 반드시 그렇지 않다는 것이 비판불교의 문제의식이다. 하카마야 노리아키는 〈학계의 루머 600 단어〉라는 제목의 칼럼에서 "원래 일종의 영적 기회주의를 기술하는 경멸적 언어로 사용된 혼합주의가 갑자기 시민권을 얻어서, 어떠한 뒤죽박죽의 종교도 가치중립적으로 다른 여느 종교와 마찬가지로 정당한 종교로 바라보도록 하게 된 과정"을 비판적으로 살펴본다.[32] 그는 이 칼럼에서 고마자와대학 총장 사쿠라이 도쿠타로(櫻井德太郞)가 캐나다 브리티시 컬럼비아대학에서 한 강연에서 일본 신도의 혼합주의를 긍정적으로 이야

30 아이브스, 앞의 글, 95.

31 같은 글, 98.

32 하카마야 노리아키, "비판으로서의 학문," 『보리수 가지치기』, 170.

기한 것을 언급한다. 사쿠라이의 강연 요지는 신도가 "원시적" 단계의 종교가 아니며, 신도의 가미들도 "무수하게 질서나 조직 없이 공존"하는 것이 아니라 "서로에 대해 일정한 원리에 따라 기능하며 믿을 수 없을 정도로 체계적인 위계 관계로 엮여 있다"는 것이다. 또한 그는 "일본의 가미는 일종의 범신론적 성격을 갖고 있다"고 결론을 내린다.[33]

사쿠라이의 이런 주장을 하카마야가 비판하는 까닭은 그런 주장이 그의 관점에서는 말이 안 되는 것이기도 하지만 이보다는 "일본 민속종교의 우월성을 역설하는 것"이 "규칙위반이자 일종의 사기행위"로 보인다는 것 때문이다.[34] 그는 사쿠라이의 이런 주장이 "자기 자신의 전통을 무비판적으로 긍정하는 장소철학의 절정이라고 주장하며, 비판론적인 것이 아닌 한 무엇이나 수용하려는 일본적 정서의 재확인"이라고 비판한다.[35] 즉 혼합주의의 핵심 문제는 그것이 장소철학에 기반을 두고 있다는 것이다. 하카마야는 "장소철학은 비판철학조차 허용하는 관용을 보일 뿐만 아니라, 자체가 무비판적이고 자기 긍정적인 가운데 온갖 부류의 토착적 사상들까지도 흡수하여 스스로를 팽창시켜 나간다"고 한다.[36]

비판불교는 이러한 장소철학과 혼합주의의 관련성을 일본의 신도-불교 관계 이전에 중국의 도교-불교 관계로 거슬러 올라가 찾아낸다. 하카마야는 종교혼합주의의 원인 가운데 하나로 토착적 사상인 도가

33 같은 글, 171.
34 같은 글, 172.
35 같은 글, 175.
36 하카마야 노리아키, "비판철학 대 장소철학," 『보리수 가지치기』, 96.

(道家)사상을 지목한다. 그는 "불교마저도 노장사상에 의해 흡수되어 버리고 그러한 과정에서 그 알맹이가 스러지고 말았다"고 주장한다. 그에 따르면 중국의 선종(禪宗) 역시 도가사상에 물든 유형의 불교에서 등장한 것이다. 그리고 "무위자연을 존중하고 언어를 무시하는 이 노장(老壯)적인 '깨달음'의 사상만큼 일본에서 비판철학의 성장을 어렵게 만든 것이 없다"고 주장한다.[37]

하카마야보다 불교사상사적 맥락을 더 정교하게 추적하는 마츠모토도 여래장사상의 중국적 발전인 '불성현재론'(佛性顯在論)은 '불성내재론'(佛性內在論)이 중국 도가사상의 영향을 받아 형성된 것이라고 주장한다.[38] 하카마야와 마츠모토 외에도 비슷한 주장을 하는 불교학자들이 있다. 예를 들어 중국 불교 연구자인 이토 다카토시(伊藤隆壽)도 중국 불교가 도교 철학의 영향으로 기체설의 특성들에 지배되고 있다는 데 동의한다.[39] 그 대표적 예는 위진남북조 시대에 불교사상을 도가 개념으로 이해하고 설명하는 격의불교(格義佛教)일 것이다. 비판불교의 관점에서 보면 불교의 중국적 토착화는 불교사상의 본질을 왜곡한 것이다. 하카마야는 "일본의 토착적 사상은 노장사상을 재탕한 것에서 거의 벗어나지 못한다"고 비판하면서[40] 본각사상에 지배되는 일본 불교는 "도가적 '장소불교'"라고 주장한다.[41]

이러한 장소철학적 도가의 영향과 함께 비판불교가 혼합주의의

---

37 같은 글, 109-110.

38 Shiro Matsumoto, "Critiques of Tathagatagarbha Thought and Critical Buddhism,"「駒澤大學佛教學部論集」33 (2002/10), 364.

39 스에키 후미히코, "비판불교에 대한 재검토,"『보리수 가지치기』, 481.

40 하카마야, 앞의 글, 111.

41 같은 글, 112.

또 하나의 주요 원인으로 비판하는 것이 바로 일본 지성인들 사이에서 널리 퍼진 화(和)의 논리와 이에 근거한 일본 문화론이다. 하카마야와 마츠모토 모두 일본 사회와 종교에 깊이 배어 있는 화 사상을 비판한다. 하카마야는 화는 불교의 적일뿐 아니라 평화의 적이라고 비판한다. 그리고 불교가 추구해야 할 것은 혼합주의—혹은 결속주의(結束主義)—가 아니라 배타적 믿음(信)이라고 주장한다.[42] 마츠모토도 우메하라 다케시(梅原猛)가 쇼토쿠 태자의 〈17개조 헌법〉에서 파생한 '조화(和)의 철학'을 찬미하며 일본주의를 조장하는 것을 비판하면서 그런 화 사상의 기저에는 전체주의만이 있을 뿐이라고 비판한다. 특히 그는 조화의 원리가 전쟁 시기에 전쟁을 긍정하는 데 이용되었음을 강조한다.[43]

비판불교의 혼합주의 비판은 기체설적 혹은 장소철학적 기풍이나 화의 논리에 대한 종교학적 비판에 국한하지 않고 불교사상에 대한 더 근본적 검토로 향한다. 그것은 기체설적 본각사상과 관련이 있다. 불교사상적 맥락에서 보면, 앞 절에서 언급한 신불습합의 중요한 근거인 본지수적 사상은 비판불교학자들, 특히 하카마야가 비판하는 천태 본각사상과 관련이 있다. 폴 스완슨은 본각사상의 발전이 "불교와 신도의 신격들 및 관행들의 일치를 강조하는 경향으로서 본지수적, 신불습합 운동의 성장과 동시대에 실로 그 일부로 전개되기도 했다는 것"을 강조한다.[44] 스에키도 하카마야가 비판하는 것이 좁게는 "현상 세계에

---

42 袴谷憲昭, "'和'の反仏教性と仏教の反戦性," 『批判仏教』(大藏出版, 1990).

43 마츠모토 시로, "불교와 가미: 일본주의에 반대하며," 『보리수 가지치기』, 524-534.

44 폴 스완슨, "왜 선은 불교가 아니라고 이야기되는가?: 불성에 대한 최근 일본에서의 비판," 『보리수 가지치기』, 7.

대한 절대적 긍정"을 특징으로 하는 중세 일본의 천태 본각사상이며, 넓게는 〈대승기신론〉의 영향으로 생겨난 '본래적 깨달음'[本覺]의 개념으로서, 그것을 비판하는 이유 중 하나로 본각사상이 "일반적으로 비불교적인, 토착적이거나 고유한 사상과 혼합되어 있는 실체적 '장소'(*topos*)가 상정된 것"이라고 요약한다.[45]

근대 일본의 철학을 대표하다시피 하는 교토학파(京都學派)에 대한 비판도 같은 맥락에서 이루어진다. 하카마야는 교토학파 철학자들의 작업을 "일본 문화의 자기 긍정적 찬미를 위한 철학적 상부구조를 건립하고자 획책하는 시도"[46] 라고 비판한다. 이 시도는 혼합주의의 형태로 이루어진다. 하카마야는 교토학파가 "본각사상, 불교로 포장되어 자기 긍정적이고 과장되게 선포된 '동양 토착사상의 찬미' 그리고 서양의 것이라기보다는 독일의 토착사상이라고 해야 할 독일관념론을 혼합한다"고 지적한다.[47] 제이미 허바드는 토마스 카술리스(Thomas Kasulis)가 니시다 기타로(西田機多朗)의 '장소의 논리' 변증법과 헤겔의 변증법을 비교분석한 것을 언급하면서 니시다의 철학이 "하카마야가 비판하는 장소철학의 구조에 부합하는 것으로 보인다"고 동의한다.[48]

이처럼 비판불교가 종교혼합주의를 강하게 비판하는 이유는 두 가지다. 첫째는 철학적, 신앙적 이유로서, 무아와 연기라는 불교 진리는 불교적이지 않은 모든 사상과 결코 혼합될 수 없다고 믿기 때문이다. 비판불교는 종교적, 신앙적 동기로 '믿음'[信]을 강조하면서, 그것을

45 앞의 글, 478.

46 하카마야, 앞의 글, 87.

47 같은 글.

48 제이미 허바드, "장소공포증,"『보리수 가지치기』, 145.

종교혼합주의가 위협하거나 약화시킨다고 본다. 비판불교는 혼합주의는 모든 것을 믿음으로서 아무것도 믿지 않는 것과 같다고 본다. 믿음은 헌신이며, 헌신은 헌신의 대상 이외의 것에 대한 배격을 함의한다. 그래서 하카마야는 믿음은 "일정한 불교적 진리에 대한 확고한 신념과 더불어 이러한 진리에 상반되는 아이디어들을 배격하는 것"을 요구한다고 본다.[49] 하카마야는 "삼교일치에 대한 비판적 소고"에서 "유교와 도교와 불교의 종교전통들이 '근본적으로 병립 가능하다'는 모호하고 오도된 차원의 관용적인 아이디어를 불교에서 수용해서는 안 된다고 주장한다."[50] 마츠모토 역시 "업의 인과와 상호연기의 원리에 기초한 진정한 불교가 토착적 애니미즘과 신도 사이의 장기간의 혼합주의를 통해 오염되었다"고 본다.[51]

이러한 철학적, 신앙적 이유는 하카마야와 특별한 관계를 가지고 있는 그리스도교 신학자 폴 그리피스의 '종교 간 변증의 필요성"(The Necessity of Interreligious Apologetics)이라는 원리를 상기시킨다. 그는 종교 간의 진정한 대화를 위해서는 각 종교를 대표하는 지식인들이 자기 종교의 핵심교리를 변증하는 것이 필요하다고 주장한다. 이러한 종교 간 변증에서 중요한 것은 유사성이나 공통점보다 '차이'를 더 분명히 하는 것이다.[52]

---

49 스완슨, 앞의 글, 24.

50 같은 글, 21.

51 Steven Heine, "After the Storm: Matsumoto Shiro's Transition from 'Critical Buddhism' to 'Critical Theology'." In *Japanese Journal of Religious Studies* (2001) 28/1-2, 135.

52 Paul J. Griffiths, *An Apology for Apologetics: A Study in the Logic of Interreligious Dialogue* (Maryknoll, NY: Orbis, 1991) 참조.

흥미롭게도 스완슨은 다카사키 지키도(高崎直道)가 "절대 타자"에 의지하는 마츠모토가 결국 궁극적으로는 그리스도교를 포용하게 되는 것이 아닌지 궁금해 한다고 언급한다.[53] 기체설을 가장 강력하게 비판하는 비판불교가 가장 강력한 기체설 중 하나인 그리스도교와 만날 수 있는 가능성은 무엇일까? 그것은 '비판'에 있다. 자클린 스톤은 "비판불교가 진리를 선택하고 오류를 거부하는 '비판적' 태도의 예로서 유일신론을 긍정한다"고 말하며, 계속해서 "물론 여기서 긍정되는 것은 교리적 유일신론 그 자체가 아니라 신앙의 단일한 대상에 대한 유일신론의 헌신이다"라고 말한다. 그는 "하카마야는 그리스도교가 '토착적 서구 전통', 즉 로마제국의 라틴 문화에 비판적인 이질적 목소리로 생겨났다고 보았고, 마츠모토는 유일신론이 일원론(dhātu-vāda)의 한 유형이기보다는 특별한 선택을 요구하는 '일승'(one vehicle)사상의 구조에 더 가깝다'"고 보았음을 지적한다.[54] 이에나가 사부로(家永三郎)가 일본 불교에서 '부정의 논리'가 천태나 선(禪)보다 신란(親鸞)과 정토진종(淨土眞宗)에서 더 강하게 나타난다고 보았던 것도 같은 맥락일 것이다. 비판불교, 그리스도교 그리고 정토진종의 공통점은 '믿음'[信]이며, 믿음은 배타적 선택과 헌신을 의미하기 때문이다. 비판불교가 비판하는 종교혼합주의의 문제는 이러한 믿음의 결여라는 것이다.

비판불교가 종교혼합주의를 비판하는 둘째 이유는 그것이 초래하는 사회윤리적 문제와 관련이 있다. 비판불교는 불성사상이나 본각사상과 같은 기체설과 마찬가지로 종교혼합주의 역시 사회적 차별과

53 스완슨, 앞의 글, 24.

54 Jacqueline Stone, "Review Article: Some Reflections on Critical Buddhism," *Japanese Journal of Religious Studies* (1999) 26/1-2, 167.

폭력을 정당화한다고 본다. 앞 절에서 살펴본 것처럼 비판불교는 일본 역사 속의 신불습합이 보이는 체제 내적, 체제 옹호적인 성격을 의식하는 것이다. 실제로 일본 근대사에서 신불습합이나 종교혼합주의는 천황제를 옹호하고 전쟁을 지지하는 것과 관련이 있었다. 예를 들어 1904년 신도, 불교, 그리스도교의 종교인과 종교 연구자 1,500명이 모인 〈대일본종교가대회〉의 취지는 당시의 러 · 일 전쟁을 지지하는 것이었다.[55] 신앙과 사상의 차이를 단번에 넘어버리게 하는 국가주의의 힘 그리고 그런 국가주의에 자발적으로 동의하며 동원되는 일본 불교의 태도, 그것이 비판불교가 비판하는 종교혼합주의의 문제이다.

하카마야는 일본의 천황제를 본각사상이나 본지수적 사상의 기풍과 같은 것으로 본다. 그에 따르면 천황제는 언표 불가능한 중심으로서, 애매모호한 혼합주의로 뭉쳐 있으며, 화(和)의 이상에 기대어 어떠한 사상적 비판에 대해서도 억압을 가하고 있다. 그것은 조동종(曹洞宗)의 종조인 도겐(道元)이 뚜렷하게 배격한 비불교적 영성이다. 불자들은 천황제와 그 제도를 둘러싸고 있는 질식할 것 같은 분위기가 다른 견해를 억압하고 있는 것에 대하여 비판해야 한다고 주장한다.[56] 스티븐 하이네도 비판불교가 본각, 여래장사상, 불성사상 그리고 이와 관련된 교설들을 "무비판적 관용과 혼합주의로 옹호함으로써, 보편적이고 무차별적인 자비라는 명목 하에 개성을 억누르는 사회적 조화에 대한 요구 그리고 군국주의에 대한 암묵적 순응과 같이 문제가 많은 관점들을 조장한다"고 본다는 것을 지적한다.[57] 여기서 종교혼합주의를 비판

55 오오타니 에이이치, "전쟁은 죄악인가?: 20세기 초 일본 불교에서의 반전론," 「원불교사상과 종교문화」 43(2009), 186-187

56 스완슨, 앞의 글, 26.

하는 비판불교의 사회윤리적 동기가 분명해진다.

종교적 혼합주의가 사회적 차별과 억압을 초래한다는 비판불교의 주장은 다른 종교 연구자들에 의해서도 지지된다. 예를 들면, 신불습합은 신도와 불교의 역할분담의 형태로 나타나는데, 조셉 스패는 일본의 신도는 피안의 일은 불교에 넘기고 차안의 일에 전념했다고 한다. 여기서 스패가 강조하는 것은 그리스도교와 달리 신도는 세계를 변화시키지 않고 그냥 받아들인다는 점이다.[58] 즉 신도의 차안성은 세계 변혁적(world-transforming)이기보다는 세계 긍정적(world-affirming)이라는 것이다. 여기서 중요한 점은 세계 부정적(world-denying) 피안성이 강한 불교와 세계 긍정적 차안성이 강한 신도가 사회적 차원에서는 유사한 태도를 취하게 된다는 사실이다. 즉, 세계 부정적 불교가 사람들로 하여금 차안의 세계에 대해 무관심하게 만들어서 오히려 기존 질서를 긍정하는 결과를 가져왔다면, 세계 긍정적 신도는 차안의 세계를 있는 그대로 긍정함으로써 동일한 결과를 가져왔다는 것이다. 이렇게 본다면, 그러한 결과는 종교혼합주의나 신불습합 혹은 화(和)의 논리로 인해 무조건 기존 질서를 받아들였기 때문이기보다는 세계 부정성이 원래부터 없었던 신도와 세계 부정성을 상실한 불교의 습합에서 무비판적인 현실 긍정이 배가되어 나올 수밖에 없었다고 볼 수 있다. 이 점에서 비판불교가 문제 삼는 것은 신불습합 현상 자체가 아니라 불교의 피안적 세계 부정성과 역설적이지만 이와 밀접하게 연결된, 아니 동전의 양면과도 같은 무비판적인 현실 긍정성이라고 할 수 있다. 곧

---

57 하이네, 앞의 글, 382-383.

58 Joseph Spae, "*Shinto Man,*" *In Sourcebook in Shinto* (Tokyo: Oriens Institute for Religious Research, 1972), 300. 재인용

불교 자체가 문제가 된다. 그래서 비판불교가 기체설에 물든 불교를 비판하는 것이다. 기체설에 물든 사회윤리적 문제에 대해서는 이미 제4장 "비판불교의 일본 사회 비판"에서 상술한 바 있다.

5. 결론을 대신하여: 비판불교가 더 답해야 할 것

어떤 종교 운동, 사상 운동을 연구할 때 중시해야 할 것은 그 운동의 현상 자체가 아니라 목적이다. 이상의 논의를 통해 우리는 비판불교가 종교혼합주의를 비판하는 목적은 두 가지라는 사실을 파악했다. 첫째는 비불교적인 요소를 제거함으로써 본래 불교적인 것을 드러내는 종교적 '파사현정'(破邪顯正)이고, 둘째는 종교혼합주의가 초래하는 차별과 억압에 대한 사회윤리적 비판이다. 두 번째 목적에 대해서는 큰 논란의 여지가 없지만, 첫 번째 목적에 대해서는 좀 더 주의 깊게 숙고해 볼 필요가 있다.

불교적인 것과 비불교적인 것의 명확한 구분과 전수(專修)적 선택의 강조는 비판불교의 강점이면서 약점이다.[59] 이에 대한 전반적 평가는 뒤로 미루기로 하고, 이 장에서 제기해야 할 종교학적 문제는 그 어떤 혼합도 배제하는 '순수 불교'가 과연 존재할 수 있는가 하는 점이다. 즉 태생적으로 선교적 세계 종교인 불교가 자신의 종교적 출생지 바깥으로 전파되면서 만날 수밖에 없는 다양한 토착적 사상과 종교와 상호작용하는 과정에서 아무런 변화도 겪지 않고 '원래의 불교적인

59 '전수적'(專修的)이라는 말은 주로 가마쿠라 신불교 운동의 성격을 말해주는 표현이지만, 여기서는 오직 붓다의 연기설과 무아설만을 '참다운' 불교로 간주하면서 다른 불교 사상들을 배척하는 비판불교의 배타적 특성을 표현하는 말로 사용한다.

것'을 그대로 보존한다는 것은 역사적으로 거의 불가능한 일이다. 그리고 토착사상이나 토착 종교와의 만남과 상호작용을 반드시 부정적 현상으로 봐야 하는가도 종교학적으로 검토해야 할 문제다.

스에키는 하카마야가 "토착적 사유 형태가 왜 배격될 필요가 있는지 명확하게 입증하는 데에는 실패하고 있다"고 비판한다.[60] 그는 하카마야가 우뇌와 좌뇌의 관계로 장소철학/본각사상과 비판철학/불교를 대조하는 것을 예로 들면서 우뇌와 좌뇌가 둘 다 중요하듯이 본각사상도 불교에 중요할 것이라는 점을 제시한다. 그리고 "모든 토착적 요소들이 사라지게 된다면, 조동종도 그와 함께 사라질 것"임을 강조한다.[61] 파사가 현정이 아닌 자기파괴를 초래할 수도 있다는 것이다.

이와 함께 또 한 가지 비판적으로 성찰해 보아야 할 점은 혼합주의에 대한 비판불교의 비판이 보이고 있는 근본주의적 호전성이다. 비판불교는 불교적인 것에 대한 철저한 믿음은 비불교적인 것에 대한 철저한 배격을 요구한다고 생각한다. 이는 한편으로는 비판불교의 가장 열정적이고 헌신적인 면이기도 하지만, 동시에 배타적 혹은 호전적인 면이기도 하다. 실제로 하이네는 비판불교가 "불교의 올바른 형태와 그릇된 형태를 심판하고자 나서면서 모든 형태의 혼합주의를 부정하기 때문에 '호전적 근본주의'의 위장된 재부상을 대변한다"는 비판을 받고 있음을 언급한다.[62] 물론 비판불교의 헌신성과 호전성은 엄밀히 구분되어야 하겠지만, '호전적 근본주의'라는 의심 때문에 비판불교의 문제의식

---

60 스에키, 앞의 글, 489.

61 같은 글, 491.

62 스티븐 하이네, "비판불교와 도겐의 정법안장: 75권본과 12권본 텍스트를 둘러싼 논란," 『보리수 가지치기』, 281.

이 오히려 불교 내부에서 진지하게 다뤄지지 못했다는 비판을 간과해서는 안될 것이다.

이에 대해서는 바로 다음 장 "비판불교에 대한 세계 불교학계의 반응"에서 계속 이어서 논의하기로 한다.

5 장

비판불교에 대한 세계 불교학계의 반응

1. '폭풍'이 지나간 자리

이 책의 제4장 "비판불교의 일본 사회 비판"에서 살펴본 것처럼 비판불교의 사회윤리적 문제제기는 일본 사회와 문화에 적지 않은 영향을 미쳤지만 비판불교의 불교사상적 문제제기는 일본 불교학계에서 충분히 토론되지 못했다. 하카마야와 마츠모토의 학문적 권위 그리고 그들의 연구와 발표가 '마치다사건' 이후 조동종 종단 차원의 적극적 지원을 받아 진행된 점을 고려하면 일본 불교학계의 침묵에 가까운 소극적 반응은 쉽게 이해하기 어려운 현상이다.

한편 일본 불교학계와 가깝지만 먼 사이인 한국 불교학계는 1999년 고려대장경연구소 주관으로 비판불교를 주제로 한 여섯 차례의 세미나를 개최하여 비판불교를 전면적으로 검토했고, 그 결과를 『비판불교의 파라독스』(2000)라는 제목의 책으로 펴냈다는 점에서 오히려 일본 불교학계보다 더 적극적인—비판적이기는 하지만— 반응을 보였다.

이에 대해서는 마츠모토 자신도 놀라움을 표현했던 바 있다.[1] 하지만 그 세미나 이후 한국 불교학계 역시 비판불교에 대한 학문적 논의를 지속적으로 전개하지는 않았다. 비판불교에 대한 한국 불교학계의 일반적 태도는 무시나 무관심에 더 가까워 보인다. 최근에 이 책의 공저자인 류제동이 『보리수 가지치기』(2015)를 번역하여 출판하면서[2] 어느 정도 화제를 다시 불러일으키기는 했지만 아직 주목할 만한 학문적 반향은 한국 불교학계에서 일어나지 않고 있다.

이처럼 한국과 일본의 주류 불교학계는 비판불교의 논의를 적극적으로 수용하지 않은 반면, 서양 불교학계에서는 '폭풍'(storm)이라는 표현이 사용될 정도로 비판불교가 큰 파장을 일으켰다. 일찍이 1994년 11월 미국 워싱턴 D.C.에서 개최된 미국종교학회(American Academy of Religion) 연례 모임에서 비판불교에 대한 패널 토론이 커다란 관심 속에 개최되었다. 이때 미국 불교학계에서는 제이미 허바드, 폴 스완슨, 댄 러스트하우스(Daniel Rusthouse), 스티븐 하이네 등이 참여했고, 일본에서는 야마베 노부요시(山部能宜) 그리고 마츠모토가 논찬자로

---

1 마츠모토 시로/심재관 역, "비판불교에 대한 비판적 논의," 『비판불교의 파라독스』 (고려대장경연구소, 2000), 254. 마츠모토는 일본 불교학계와 한국 불교학계의 다른 반응의 이유를 일본이 폐쇄적이고 보수적인 반면 한국이 개방적이기 때문이 아닐까 추측한다.

2 Jamie Hubbard and Paul Swanson, eds., *Pruning the Bodhi Tree: The Storm over Critical Buddhism* (Honolulu: University of Hawai'i Press, 1997). 류제동 역, 『보리수 가지치기』 (씨아이알, 2015).

참여했다. 그 후 비판불교에 대한 일련의 지속적 학술토론 과정을 거쳐 나온 서양 불교학자들의 논문들을 주로 모아 발간한 책이 바로 *Pruning the Bodhi Tree: The Storm over Critical Buddhism* (1997)이다. 그리고 1998년 동경대에서 허바드의 주도로 동명의 〈보리수 가지치기〉라는 제목의 비판불교 학술 워크샵이 개최되면서 비판불교 논의를 어느 정도 마무리하게 된다.[3]

그런데 비판불교에 대한 동·서양 혹은 한미일 불교학계의 반응은 관심과 무관심 두 가지로 단순히 구분할 수 없다. 우선 일본 불교학계와 한국 불교학계는 비판불교에 대한 비판적 관점을 공유하면서도 침묵을 통한 부정의 소극적 반응과 비판을 통한 부정의 적극적 반응의 차이를 보였다. 서양 불교학계에서도 비판불교에 대한 입장이 찬반으로 갈리기는 했지만 비판불교의 문제제기에 대해 보다 개방적이고 적극적으로 참여했다.

그런데 동·서양 불교학계의 반응은 한편으로는 대조적으로 보이면서도 다른 한편으로는 비슷한 점도 있다. 유사점이란 비판불교가 일으킨 파장에 비해 학문적 관심과 토론의 '지속성'이 그리 길지 않았다는 사실이다. 일본과 한국의 불교학계는 물론이고 서양 불교학계에서 일었던 학문적 '폭풍'도 여름날 잠깐 찾아왔다 금방 떠나버린 폭풍처럼 단발마적으로 지나가버린 것이다. 서양에서는 *Pruning the Bodhi Tree*의 출간 이후 비판불교에 대한 개론적 안내서인 제임스 마크 쉴즈의 *Critical Buddhism: Engaging with Modern Japanese Buddhist*

3 Steven Heine, "After the Storm: Matsumoto Shiro's Transition from 'Critical Buddhism' to 'Critical Theology'," *Japanese Journal of Religious Studies* 28, nos. 1-2 (2001): 134.

Thought (2011)를 제외하면 본격적인 비판불교 연구서도 나타나지 않고 있다. 이에 대해 마크 쉴즈는 비판불교 운동이 제기한 문제들의 중요성에도 불구하고 비판불교 운동이 학계 너머로는 미친 영향이 크지 않으며, 학계 안에서도 지속적 영향은 최소적이었다고 평가한다.[4] 그리고 뒤에서 살펴보겠지만, 비판불교학자들 자신들도 비판불교에 대해 비판적 혹은 자기비판적 태도를 보이기도 했다. 이처럼 비판불교에 대한 세계 불교학계의 다르면서도 비슷한, 그래서 더욱 복합적인 반응의 원인과 의미는 무엇일까? 이 장에서는 비판불교의 보편성 여부를 가늠하도록 해 줄 세계 불교학계의 다양한 반응을 통합적으로 살펴보고, 비판불교를 오늘의 시점에서 학문적으로 재평가하는 것의 가능성과 필요성을 검토하고자 한다.

2. 비판불교의 소위 '보편성' 문제

비판불교는 그 핵심 주창자인 하카마야와 마츠모토의 소속과 배경에서 보면 대승불교 내의, 선불교 내의 그리고 조동종 내의 특수한 종단적 불교사상 운동으로 볼 수 있다. 실제로 비판불교의 기원과 발전의 토양은 부정적으로든 긍정적으로든 일본 조동종이다. '마치다사건'이 일으킨 사회적 비판의 소용돌이에서 빠져나오기 위한 종단 차원의 자정 노력 과정에서 비판불교가 태동했기 때문이다.

그러나 우리가 주목해야 할 점은 비판불교의 비판이 일본 조동종만이 아니라 불교 전체를 향했다는 사실이다. 그뿐 아니라 비판불교학자

---

4 James Mark Shields, *Critical Buddhism: Engaging with Modern Japanese Buddhist Thought* (Surrey; Burlington VT: Ashgate, 2011), 2.

들은 인도에서 기원하여 전파된 불교와 접촉하면서 종교문화적 영향을 주고받은 아시아의 토착사상과 종교들—힌두교, 도교, 신도 등—도 비판했다. 그리고 거기서 멈추지 않고 심지어 천황제와 일본주의 같은 정치적 이념에 대한 사회적 비판으로까지 나아갔다. 또한 비판불교는 지역적으로도 일본의 경계를 넘어 아시아의 종교사상 전반과 서구의 철학사상까지도 비판한다. 이처럼 비판불교는 그 출발점에서부터 종단적, 종파적 특수성을 넘는 보편성을 지향했다.

여기서 중요한 것은 비판불교가 제기한 논의가 일본의 맥락을 넘어 세계적 차원에서도 보편성을 지닐 수 있도록 하는 결정적 요건은 논의를 생산한 이들의 의지나 의도가 아니라 수용하는 이들의 인식에 있다는 사실이다. 즉, 비판불교학자들이 불교 전반과 종교사상, 철학사상 그리고 정치 이념을 아무리 전방위적으로 심도 있게 비판한다 해도 그 비판의 대상자나 관련자가 진지하게 비판을 수용하여 응답하지 않는다면 비판불교의 비판은 허공을 향해 쏘아 올린 화살과 같을 뿐이다.

비판불교 세미나를 한국에서 개최한 고려대장경연구소 종림 스님은 비판불교 논의가 보편성을 지닐 수 있는 가능성을 다음과 같이 확인해 준다.

> 어떤 사상적 논변도 그 시대 환경과 무관하게 전개되는 경우는 없다. 따라서 그들의 논변이 종파 간 이해관계에 의해 제기된 것이라도 그것이 그 시대에 요구되지 않는 것이라면 그것은 자연스럽게 도태될 것이며, 그렇지 않다면 그것은 종파적 이해관계 이상의 함의를 지닌 논의로 발전될 수 있다는 사실도 받아들여야 할 것이다.[5]

종림 스님은 또한 비판불교가 “보수적인 일본 불교계 내에서는 크게 주목되지 않는 반면, 서구 불교학계에서 큰 반향을 일으킨 점”에 주목하면서 “설사 그들(비판불교학자들)의 논의가 종파적인 데서 출발했더라도 종파적 이해관계를 지니지 않은 이들에 의해 그들의 문제제기가 객관화되고 있다면 그들의 논의는 이미 보편성을 획득해 가고 있는 것”으로 볼 수 있다고 주장한다.[6] 비판불교의 논의가 일본의 경계를 넘어 아시아와 서양으로, 조동종의 경계를 넘어 불교 일반으로 그리고 불교 외부로까지 확산될 수 있었다는 사실 자체가 비판불교의 보편적 차원을 입증해준다는 것이다.

이와 함께 비판불교 논의의 보편적 수용 가능성을 입증해 주는 불교 내적 맥락도 살펴볼 필요가 있다. 비판불교학자들의 불교 비판은 그 급진성에도 불구하고 여전히 ‘불교 내부’의 논의라는 사실을 인식하는 것이 중요하다. 예를 들면, 마츠모토가 ‘기체설’이라는 이름을 붙여 비판한 실체론적 경향은 불교 내부에서 늘 논란이 되어 왔던 ‘오래된 문제’이다. 이는 많은 학자들이 공통적으로 인정하는 바이다. 대만의 불교학자 린쩐꾸어(林鎭國)는 “‘비판불교’는 불교의 교의 측면에서 전통적 논쟁의 연속”이라고 주장한다.[7] 같은 맥락에서 폴 스완슨도 비판불교학자들의 논의가 사실 “그다지 새로운 것은 아니”라고 평가한다. 여래장사상과 불성사상이 비불교적 실체론이라는 비판은 불교 역사에서 낯설지 않은 주장이라는 것이다.[8] 계속해서 그는 “비판불교

---

5 종림 스님, “책을 펴내며,” 『비판불교의 파라독스』, 5,

6 같은 글.

7 린쩐꾸어, “추천사,” 『보리수 가지치기』, xv-xvi.

8 폴 스완슨, “왜 선은 불교가 아니라고 이야기하는가?,” 『보리수 가지치기』, 4.

가 그 반대자들이 묘사하듯이 특이하고 도착된 일탈이기는커녕 불교에서 애초부터 중심적이었던 주제의 불가피한 귀환"이라고 평가한다.[9] 러스트하우스도 비판불교학자들이 실체론을 둘러싼 논쟁이 끝난 것이 아니라 "1,200년 동안 유예되어 왔을 뿐"임을 환기시켜 준다고 말한다.[10]

결론적으로, 기체설에 대한 비판불교의 문제제기와 도전은 불교 내부에서 언제나 있어왔던 실체론적 경향과 비실체론적 경향 사이의 오랜 논쟁의 현대적 재현이라고 보아야 할 것이다. 이런 평가와 분석은 비판불교 논의의 불교 내적 보편성을 입증해 주는 근거가 될 수 있다. 그렇다면 비판불교가 내포하고 있는 이와 같은 보편성에도 불구하고 왜 비판불교학자들과 가장 가깝고 직접적인 관계에 있던 일본 불교학계에서는 비판불교의 문제제기가 적극적으로 수용되지 않은 것일까?

3. 비판의 태도에 대한 비판

비판불교의 불교 비판에 대한 일본 불교학자들의 소극적 반응은 비판의 직접성과 현재성 때문이다. 윌리엄 보디포드는 교리적 문제에 대한 비판적 연구에 관심이 있는 일본 불교학자들이 주로 인도 불교에 집중한 이유는 그것이 일본 불교의 현상유지를 위협하지 않기 때문이라고 분석한다. 그러면서 그는 이미 1960년대에 이에나가 사부로(家永三郎)가 제기한 일본 불교대학들과 불교 종단들의 제휴관계가 학문적 자유를 의식적, 무의식적으로 심각하게 제약했다는 비판을 상기시킨

9 같은 글, 45.

10 댄 러스트하우스, "비판불교와 근원으로의 회귀," 『보리수 가지치기』, 81.

다. 결국, 일본 불교의 교리에 대한 연구는 예의바른 학문적 토론에서는 터부시 되어왔다는 것이다.[11] 즉, 일본 불교학자들은 인도, 티벳, 중국의 불교처럼 외부의 불교 혹은 과거의 불교에 대해서는 시간적, 공간적 거리를 둘 수 있기 때문에 주도면밀하게 비판적 연구를 쉽게 할 수 있지만, 그들이 직접적으로 연관 맺으며 활동하고 있는 내부의 현재적 불교인 일본 불교에 대해서는 본격적 비판을 하는 것이 어려웠다는 것이다. 이 때문에 우리는 '일본 불교'를 본격적으로 비판한 '비판불교'에 대한 일본 불교학계의 불편함과 반감이 비판불교에 대한 소극적 반응으로 나타난 것이라고 볼 수 있을 것이다.

일본 불교학계가 '내부자'인 하카마야와 마츠모토의 불교 비판에 대해 소극적 관심을 보인 또 하나의 이유는 학문의 내용보다는 학문의 '태도'와 관련이 있어 보인다. 비판불교학자들의 지나치게 공격적인 논쟁 태도가 문제라는 것이다. 이에 대해서는 먼저 일본 불교학자들의 평가를 들어볼 필요가 있다.

하카마야와 마츠모토의 존경을 받는 불교학자로 여래장사상 연구의 권위자인 다카사키 지키도(高崎直道)는 비판불교학자들이 제기한 교리적 문제들의 학문적 중요성을 인정하면서도 그들의 태도가 "다른 불교 교파들에 대한 니치렌의 공격"을 상기시킨다고 비판한다.[12] 스에키 후미히코(末木文美士)는 비판불교학자들이 일본 불교학계의 관행을 지나치게 무시하고 "주관적 견해를 대담하고 직설적인 방식으로

11 William Bodiford, "Zen and the Art of Religious Prejudice: Efforts to Reform a Tradition of Social Discrimination," *Japanese Journal of Religious Studies* 23, nos. 1-2 (1996): 19.

12 다카사키 지키도, "기체설과 불교학의 최근 동향에 대한 고찰," 『보리수 가지치기』, 464.

개진하고, 다른 학자들을 정면에서 공격하며, 드물지 않게 멸시하는 언어를 사용하였다"면서, 이는 충격적으로 관심을 불러일으키기 위한 의도적 "전략"이었을 거라고 분석한다. 스에키는 비판불교학자들의 그런 전략은 성공했지만, 그와 동시에 "그들의 과격하고 공격적인 태도는 다수의 일본학자들에게서 분노를 초래"하여 "그들의 기본적 의도가 상당히 오랜 기간 동안 이해되거나 논의되지 못하도록 하는 불운한 결과로 이어졌다"고 평가한다.[13]

이런 비판불교의 공격적 태도는 외부자인 서양 불교학계 학자들에게서도 쉽게 관찰되는 것이다. 러스트하우스는 비판불교학자들이 보인 도전의 방식이 간접적이고 조용하고 비공개적인 "일본식 담론"과 달리 직접적이고 노골적이어서 "다양한 전선에서 강력한 저항"을 초래했다고 지적한다.[14] 비슷한 맥락에서 스티븐 하이네도 비판불교에 대한 불교학계의 비판 중 하나로 비판불교학자들의 "분노의 어조"를 언급한다.[15]

결국 비판불교학자들의 공격적 태도는—스에키의 평가처럼— 일본 불교계와 학계에서 비판불교의 논의에 대해 단기간 주목하게 하는 데는 효과적이었지만 그들이 제기한 주장에 대한 논의를 장기적으로 지속시키면서 내용적으로 발전시키는 데는 오히려 걸림돌이 되었다고 평가할 수 있을 것이다. 그런데 바로 이 점 때문에 우리는 여기서 다른 각도의 질문을 갖게 된다. 조동종 승려이자 학자로서 일본 불교학계의 관행과 문화를 그 누구보다도 잘 알고 있었을 하카마야와 마츠모토가

---

13 스에키 후미히코, "비판불교에 대한 재검토," 『보리수 가지치기』, 474-475.

14 러스트하우스, 앞의 글, 73.

15 스티븐 하이네, "비판불교와 도겐의 정법안장," 『보리수 가지치기』, 416.

그런 결과를 예측하지 못했을 리 없었을 텐데 왜 그런 공격적 태도를 취했을까 하는 의문이다. 우리는 그 이유를 비판불교학자들의 '시민'으로서의 정치적 양심과 '불자'로서의 종교적 열정 두 가지에서 찾을 수 있다고 본다.

우선 비판불교학자들은 그들의 불교 비판, 종교 비판이 사회윤리적 관심에 기초해 있다는 사실을 누누이 강조해왔다. 하카마야와 마츠모토는 국외의 타자에 대한 폭력인 제국주의와 국내의 타자—부락민 등—에 대한 폭력인 차별주의를 정당화하면서 적극적으로 동조하거나 외면하고 침묵하면서 소극적으로 협력한 일본 불교 전반의 죄책에 대해 분노한다. 그런 점에서 본다면 비판불교에 대한 일본 불교학계의 소극적 태도는 비판불교의 비판이 드러내는 일본 불교의 어두운 역사에 대한 적극적 부인이 아닐까?

그리고 우리는 비판불교학자들의 공격적 태도를 그들의 종교적 열정과 관련하여 보다 적극적, 긍정적으로 이해해야 할 필요가 있다. 물론 종교적 열정이 어떻게 발현되느냐에 따라서 자신의 전통에 대한 종교적 헌신의 원인이 될 수도 있고 타자의 전통에 대한 종교적 폭력의 원인이 될 수도 있다. 이와 관련해서는 내부와 외부의 타자에 대한 일본 사회와 종교의 폭력에 대해 비판해온 비판불교학자들이 종교적 폭력을 의도한다고 볼 수는 없을 것이다. 그럼에도 그들의 종교적 열정과 헌신은 일종의 '근본주의'로 이해될 수 있는 여지가 많다. 비판불교의 근본주의적 경향에 대해서는 뒤에서 다시 논의할 것이다.

결론적으로 우리는 비판불교학자들이 보인 과격하고 공격적인 태도는 그 효과의 여부와 상관없이 비판적 지식인들의 정치적 양심과 종교적 헌신이라는 덕목에 기초해 있다고 긍정적으로 평가하고자 한다. 그런 점에서 본다면 스에키가 언급한 비판불교에 대한 일본 불교학계의 "분노"는 그 윤리적, 종교적 타당성의 토대를 상당 부분 잃게 될 것이다.

비판불교의 덕목에 대한 의미 있는 응답은 일본 불교학계뿐만 아니라 세계 불교학계의 과제이다. 비판불교의 정치적, 사회윤리적 주장 자체에 대해서는 정도의 차이만 있을 뿐 세계 불교학계의 공감과 동의가 존재한다. 여기서 우리가 더 심층적으로 검토해야 할 부분은 비판불교학자들이 보이는 불교 신앙적 헌신에 대한 것이다. 일본의 불교학계가 비판불교의 논의에 적극적으로 응답하지 않는 반면, 서양 불교학계는 적극적으로 응답하며 참여한 것은 정치적 양심의 문제보다는 종교적 헌신, 즉 신앙의 문제와 더 관련이 있어 보인다.

4. 서양 불교학계의 관심: '신앙'

『비판불교의 파라독스』와 동명의 논문에서 소흥렬은 일본에서와 달리 "미국을 중심으로 한 서양의 불교학자들에게서 비판불교가 깊은 관심을 사게 되었다는 것은 기본적으로 그들은 불교를 학문적 관심의 대상으로 받아들이고 있기 때문"이라고 분석한다.[16] 즉 일본 불교학계와 서양 불교학계의 문화적 차이가 비판불교에 대한 그들의 학문적 반응에 영향을 미쳤다는 것이다. 이는 일면 타당한 분석이다. 대부분 종단에 속해 있는 일본 불교학자들은 비판불교학자들이 '불교적인 것'과 '불교적이지 않은 것'을 구분하면서 그동안 일본 불교에서 관행적으

16 소흥렬, "비판불교의 파라독스," 『비판불교의 파라독스』, 13.

로 수용되어 온 신앙과 실천되어 온 의례의 많은 부분을 부정하거나 비판할 때 더 신중하거나 경계하는 태도를 취할 수밖에 없는 것이다. 반면, 불자가 아니면서 불교를 연구하는 학자들도 많고, 또한 불자라고 해도 일본 불교학계에 비해 종단이나 불교 공동체의 영향으로부터 상대적으로 더 자유로운 서양의 불교학자들은 비판불교의 근본적이고 급진적인 주장에 대해 거부감이 적을 수도 있는 것이다.

하지만 여기서 한 가지 오해하지 말아야 할 것은 소홍렬의 분석처럼 서양 불교학자들이 비판불교에 관심을 갖는 이유가 단지 "불교를 학문적 관심의 대상"으로 여기기 때문만은 아니라는 사실이다. 그것은 오히려 비판불교학자들의 '비판'이 단순히 학문적 이론에 기초한 것이 아니라 그들의 정치적 양심과 종교적 헌신에 기초한 것이라는 사실과 관련이 있다. 이 중 종교적 헌신이 의미하는 바는 비판불교학자들의 학문하는 의도와 방식의 핵심이 주관적이고 실존적인 신앙에 있다는 것이다. 이는 근대적 의미의 객관적 학문 태도와 그 궤를 달리하는 것이다.

어떤 의미에서는 하카마야나 마츠모토가 공공연히 표출한 실존적 신앙의 기풍에 공감하는 서양 불교학자들 덕분에 비판불교가 서양 불교학계에서 더 적극적인 관심을 불러일으켰다고 볼 수도 있다. 실제로 제이미 허바드는 "비판적이고 참여적인 불교학에 대한 요청"이 "서양학계의 경향과도 공명을 일으키고 있다"고 주장한다.[17] 근대적 계몽주의와 합리주의의 영향 아래 있는 서양에서도 학문은 객관적이고 기술적(descriptive)이어야 한다는 근대적 통념이 깨어지고 주관적이고 규범적인(normative) 가치판단으로 나아가고 있다는 것이다.[18] 이는

17 제임스 허바드, "서론," 『보리수 가지치기』, xxxii.

18 같은 글, xxxii-xxxiii.

서양 불교학계에서도 마찬가지다. 허바드는 점점 더 많은 서양 불교학자들이 '실천적 불자'로서 불교 공동체에 참여하고 있다는 사실을 강조한다.[19]

여기서 우리는 비판불교학자들과 그들의 문제제기에 적극적으로 반응한 서양 불교학자들 사이의 관계에 대해서도 관심을 갖고 살펴볼 필요가 있다. 비판불교의 주창자인 하카마야와 마츠모토는 서양에서 연구하고 가르치면서 서양 불교학자들과 교류한 경험이 있다. 특히 하카마야는 1981년 미국 위스콘신-매디슨주립대학에서 두 해 동안 방문교수로 지내면서 훗날 서양에서의 비판불교 논의에 주도적으로 참여한 제이미 허바드, 폴 그리피스, 폴 스완슨, 존 키넌 등과 인연을 맺었다. 그들은 1983년까지 매 주 한 번씩 모여 무착(無着)의 『섭대승론』(攝大乘論)을 공동으로 연구했고, 그 연구를 바탕으로 훗날 『섭대승론』 10장을 영역해 *The Realm of Awakening: A Translation and Study of Asanga's Mahayanasamgraha* (1989)를 출판하기도 했다. 그 후로도 그들 사이의 학문적 교류는 일본에서 혹은 미국에서 계속 이어졌다.[20] 마츠모토도 2001년에 시카고 대학에 방문교수로 체류한 경험이 있을 뿐만 아니라 다양한 국제학회와 토론회에서 서양 학자들과 활발히 교류해왔다. 그런 경험이 서양 불교학자들로 하여금 일본 비판불교학자들의 논의를 덜 생경하게 받아들일 수 있게 한 배경이 되었을 것은 충분히 짐작할 수 있을 것이다.

---

19 같은 글, xxxiv.

20 Paul J. Griffiths, Noriaki Hakamaya, John P. Keenan, and Paul L. Swanson, trans. *The Realm of Awakening: A Translation and study of Asanga's Mahayanasajgraha* (New York; Oxford: Oxford University Press, 1989). ix.

그런데 서양 불교학자들이 비판불교학자들의 주장에 대해 관심을 갖게 된 이유는 그들의 정교한 불교 이론 때문이기도 하지만 그들의 헌신적 불교 신앙 때문이기도 하다는 사실이 중요하다. 즉, 비판불교 논의에 참여한 일본 학자들과 서양 학자들이 공유하고 있는 것은 종교 연구에 있어 신앙은 결함이 아니라 오히려 덕목이라는 관점이다. 하카마야와 마츠모토가 "불자로서" 논쟁하고 있음을 허바드가 강조하는 이유도 그 때문이다.[21] 그는 "비록 이러한 호교론적 내지 '신학적' 입장이 아마도 그들(비판불교학자들)이 생산해내는 토론의 가장 논쟁적인 측면이기는 하겠지만, 이 측면 또한 서양의 불교 연구 조류와 강한 공명을 일으키고 있다"고 평가한다.[22] 스에키도 "비판불교의 위대한 업적 가운데 하나는 비판불교가 객관적이고 가치중립적이며 실증주의적인 불교학 전통에 도전해왔다는 것"이라고 말한다.[23] 그리피스도 "종교적 신앙주의(fideism)가 있는 것과 꼭 마찬가지로 학계에도 신앙주의가 있으며, 이것을 그토록 날카롭게 지적한 것이 하카마야의 주요 강점들 가운데 하나"라고 평가한다.[24] 이처럼 비판불교학자들은 자신들의 종교적 신앙을 은폐하지 않고 오히려 불교 신앙이 그들의 비판 동기이며 목적이라는 것을 솔직하게 드러낸다.

여기서 한 가지 흥미로운 사실은 이런 '신앙주의'가 종교의 차이를 넘어서도 공유될 수 있다는 점이다. 그 대표적 사례는 하카마야와 그리피스의 관계이다. 그리피스는 유식불교를 연구하는 그리스도인 학자

21 허바드, 앞의 글, xxxiii.

22 같은 글, xxxiii-xxxiv.

23 후미히코, 앞의 글, 491.

24 폴 그리피스, "비판의 한계," 『보리수 가지치기』, 242.

이다. 그는 자신을 "하카마야의 제자"라고 밝히면서, 스승인 하카마야가 자신의 종교인 그리스도교에 관한 사유를 형성하도록 가르쳐 주었다고 고백한다.[25] 제자로서 그는 하카마야로부터 학문뿐 아니라 신앙에 대해서도 배웠다는 것이다. 이들 스승과 제자가 공유하는 신앙의 기풍 중 하나는 종교다원주의 혹은 종교혼합주의에 대한 비판적 태도를 취한다는 점이다. 논란의 여지가 많이 있겠지만, 비판불교학자들은 종교다원주의자나 종교혼합주의자는 자신의 종교적 전통에 대한 헌신성을 결여하고 있다고 여긴다. 그래서 그리피스는 종교다원주의자들이 강조하는 '종교 간 대화'(interreligious dialogue)의 필요성 대신 '종교 간 변증의 필요성(The Necessity of Interreligious Apologetics: the "NOIA principle")'을 강조한다. 그는 이러한 자신의 신앙주의적 태도가 하카마야와 함께 했던 불교 연구의 영향임을 밝히고 있다.[26]

물론 서양의 불교학자들이 모두 '신앙인'인 것은 아니다. 또한 신앙인이라 해도 자신의 신앙을 '괄호 치기'하고 불교를 연구하는 학자들이 더 많을 것이다. 그럼에도 한 가지 분명한 사실은 최소한 비판불교학자들의 주장에 대해 부정적으로든 긍정적으로든 적극적으로 응답한 서양 불교학자들은 종교 연구에 있어서 신앙이 지닌 중요성을 인정한다는 사실이다. 신앙은 객관적인 것이 아니라 주관적인 것이다. 신앙은 종교에 대한 객관적이고 중립적인 논의를 넘어 결국은 진리와 비 진리, 참과 거짓을 식별하고 선택해야만 가능하기 때문이다. 비판불교학자들이 학문적 논란이 있을 것을 예상하고 감수하면서도 "참된 불교"를 추구하는 것도 이 때문이다. 이에 대해 피터 그레고리는 "'참된 불교'의

25 같은 글, 218.

26 같은 글, 218-219.

문제는 신학적인 것이며 역사학적 연구에 의해서는 해결될 수 없다"고 지적한다.[27] 한 마디로 비판불교는 신앙을 배제한 '가치중립적 종교학'이 아니라 신앙에 기초한 '가치판단적 신학'의 성격을 띠고 있다.

5. 비판불교는 근본주의적 '불교신학'인가?

비판불교학자들의 신앙적 태도와 그들이 주장하는 신학적 내용을 구분할 수는 있겠지만 분리할 수는 없다. 앞에서 잠시 언급한 것처럼 비판불교에 대한 비판 중 하나는 불교적인 것과 비불교적인 것을 나누는 사유와 논조가 다분히 근본주의적이라는 것이다. 물론 비판불교의 입장과 태도를 종교 간 혹은 종교 내 폭력을 조장하는 망동적 근본주의로 볼 수는 없다. 하이네는 "비판불교의 근본주의는 종교학 내지 근본주의보다는 서양 신학의 최근 형태들과 보다 밀접하게 닮아 있다"고 주장한다. 그는 비판불교를 전통적 그리스도교 신학의 "실체적이고 이념적인 전제들을" 드러내고 해체하는 해체신학이나 사회정의의 기초로서 "근본적 원전"(성서)을 다시 생각하려는 해방신학—제한적이지만—과 비교한다.[28] 비판불교는 불교의 종교사상적, 사회윤리적 근본을 오늘 현대적 상황 속에서 재추구하는 신학적 노력이라는 것이다.

여기서 잠깐 '신학'(神學, theology)이라는 그리스도교적 용어를 비판불교의 맥락에서 사용하는 것이 적절한지 검토할 필요가 있다. 그리스도교 신학의 문화적 영향력 아래 불교를 연구하는 서양 학자들은 신학적인 것에 친숙할 수 있지만, 비 그리스도교 문화의 학자들은 신학

27 피터 그레고리, "비판불교는 실제로 비판적인가?," 『보리수 가지치기』, 426.
28 하이네, 앞의 글, 420.

을 신(神), 즉 그리스도교의 하느님 신앙을 전제하는 학문으로 이해하기 때문이다. 이 점에서 '불교'와 '신학'이라는 모순적으로 들리는 개념을 통합해 '불교신학'(Buddhist Theology)을 시도하는 서양 학자들의 통찰은 경청할 필요가 있다. 불자이면서 페미니스트 학자인 리타 그로스는 그가 불교신학을 추구하는 이유는 우선 그리스도교 현대 신학이 더 이상 전통적인 신인동형적(神人同形的, anthropomorphic) 모델을 따르지 않기 때문에 '신'(神, *theos*, deity)이라는 개념이 불자들에게 장애가 되지 않으며, 또한 신학이란 특정한 전통 안에서(within) 형성된 지적 활동이므로 불교 연구에 있어 불자로서의 더 책임 있는 자세를 갖게 한다고 주장한다. 그런 장점 때문에라도 그로스는 자신에게는 '불교철학'이라는 개념이 '불교신학'보다 더 모순적으로 여겨진다고 말한다.[29]

물론 서구의 현대적 신학 개념이 탈 인격신론적이라고 해서 그것을 그대로 사용할 필요나 이유는 없다. '불교신학'의 의미와 목적을 충족시키면서도 불교적 맥락에서 부담 없이 사용할 수 있는 표현은 아마도 '불교종학'(佛教宗學)일 것이다. 하이네가 마츠모토의 새로운 변화를 "'비판불교'(Critical Buddhism)에서 '비판신학'(Critical Theology)으로의 이행"이라고 번역하여 표현할 때 사용한 마츠모토의 개념도 비판종학(批判宗學)이다.[30] 여기서 중요한 점은 데이빗 트레이시가 신학을 "한 전통 안의 지적 성찰"[31] 이라고 정의했듯이,[32] 종학도 전통 안의 지적

29 Rita M. Gross, *Soaring and Settling: Buddhist Perspectives on Social and Theological Issues* (New York: Continuum, 1998), 156.

30 Heine, "After the Storm," 134.

31 "Intellectual reflection within a religious tradition."

32 David Tracy, "Comparative Theology." In Mircea Eliade, ed., *The Encyclopedia of Religion* (New York: Macmillan, 1987), vol. 14: 447. Roger Jackson and

성찰이라는 사실이다. 아마도 바로 이 점이 조동종을 떠난 하카마야와 계속 조동종 안에서 종학 혹은 신학을 시도한 마츠모토의 근본적 차이일 것이다.

여하튼 비판불교학자들이 보이는 신학적 근본주의의 긍정적 함의에도 불구하고 '근본주의'에 대해 탈 근대적 지성인들이 느끼는 불편함은 사라지지 않는다. '참된 불교'라는 개념은 종교 연구에 있어 기원의 신화, 근원으로의 회귀, 본질주의와 같은 태도 혹은 관념에 대해 비판적 입장을 취하는 서양의 현대적 학문 풍토에서는 배제되거나 회피되는 것이기 때문에 더욱 그렇다. 그레고리는 그 점을 다음과 같이 역설한다.

> 옳음과 그름을 식별해내는 절대적 기준으로서 "진리"라는 유령은 (그리고 결과적으로 "참된 불교"라는 문제는) 그 자체 내에 권위주의적 이념의 잠재성을 담지하고 있어서, 그 앞에서는 서양종교의 역사에 친숙한 이라면 누구나 등골이 서늘하게 되기 마련이다.[33]

베르나르 포르(Bernard Faure)의 비판은 더 혹독하다. 그는 비판불교의 논쟁이 서양 학자들에 의해 재생산되고 무비판적으로 정당화되면서 오히려 불교학의 퇴보를 가져왔다고 비판한다. 그리고 비판불교의 "규범적이고, 토대주의적인 불교 개념"은 최근 서양 종교학계에서

John Makransky, eds., *Buddhist Theology: Critical Reflections by Contemporary Buddhist Scholars* (Surrey: Curzon, 2000), 1에서 재인용.

33 그레고리, 앞의 글, 431. 계속해서 그는 "'참된 불교'라는 아이디어 자체가 본체론적인 것이 아닌가?" 반문하면서, 마츠모토와 하카마야가 "실체론적 오류"를 범하고 있다고 비판한다. 같은 글, 433. 이에 대해서는 비판불교에 우호적인 학자들도 어느 정도 비슷한 입장이다.

밀려나고 있음에도, 하카마야의 종교 개념은 종교를 '순수 교리'(doxa) 즉 정통교리(orthodoxy)로 보는 낡은 서구 그리스도교의 잘못된 개념에 널리 영향을 받았다고 주장한다. 그러면서 그는 비판불교의 근본주의적 태도와 주장을 "지적 테러리즘"이라고까지 강도 높게 비판한다.[34]

비판 외의 불교는 불교가 아니라는 하카마야의 주장이나, 참된 불교를 회복해야 한다는 마츠모토의 주장은 탈 근대적 해체주의와 다원주의를 널리 학문적 기풍으로 수용하고 있는 오늘날의 불교학계를 설득하기 어려워 보인다. 그러나 어쩌면 바로 이 점 때문에 비판불교는 하이네나 그로스가 주장한 것처럼 종교학이나 철학이라기보다는 '신학'에 더 가까운 것이 아닐까?

물론 문제는 '참된 불교'와 '거짓 불교'가 있듯이 '좋은 신학'과 '나쁜 신학'도 있을 수 있다는 사실이다. 비판불교의 과제는 불교의 근본을 추구하는 그 '신학'이 종교사상적으로만이 아니라 사회윤리적으로도 참되고 선한 것임을 입증하는 것이다. 그 점에서 본다면 '비판신학/종학'은 어느 정도 성공적이었다고 평가할 수 있을 것이다. 비판신학을 통해 하카마야와 특히 마츠모토는 기체론적 불교교리가 왜 불교적이지 않은지 그리고 그런 기체론적 교리가 어떻게 억압과 차별과 폭력을 부추기고 정당화했는지에 대해 나름의 신학적 근거를 제시했기 때문이다. 이러한 비판신학의 문제제기와 도전에 대해 천태종이든 선종이든 정토종이든 불교의 전통신학/종학은 각자의 교리가 왜 불교적인지 그리고 그런 교리가 어떻게 불교적 사회윤리의 기초를 제공하는지

---

34 Bernard Faure, "The Kyoto School and Reverse Orientalism." In *Charles Weihsun Fu and Steven Heine*, eds., *Japan in Traditional and Postmodern Perspectives* (New York: SUNY Press, 1995), 268-269.

성찰하고 변증할 과제가 있다.

6. 비판불교의 '기체론' 비판과 '사회 비판'에 대한 비판

비판불교에 대한 비판에서 더 중요하고 본질적인 것은 태도가 아니라 교의이다. 비판불교의 교의에 대한 전반적 평가는 이 책의 결론부에서 상세히 다룰 것이므로, 여기에서는 비판불교의 기체론 비판과 사회 비판에 대한 세계 불교학자들의 비판 두 가지만 간략히 살펴보기로 한다.

어쩌면 당연하게도 비판불교가 가장 많이 비판하는 내용과 관련이 있다. 즉, 비판불교학자들이 비불교적 기체론이라고 비판하는 여래장사상, 불성사상, 본각사상이 정말 비불교적인가 하는 점이다. 동·서양의 많은 불교학자들은 수행이나 의례만이 아니라 교리에 있어서도 불교적인 것과 비불교적인 것의 경계를 확연히 분리하는 것은 가능하지도 않고 바람직하지도 않다고 생각한다. 교리 역시 복잡하고 복합적인 과정을 통해 형성되고 변화하고 발전하는 것이기 때문이다. 다카사키 지키도는 "인도 사상의 한 형태로서 불교가 예컨대 그리스도교나 이슬람과는 공유하지 않는 것들을 인도 사상의 주류와 공유하고 있다는 것은 그저 자연스러울 뿐"이라고 말하면서, "'불교'의 '비불교적' 형태들에 대해서 이야기할 수도 있다"고 주장한다.[35]" 다시 말해, 마츠모토가 "여래장사상은 불교가 아니다"라고 말할 때, 그 여래장사상은 "불교의 비불교적인 여래장사상"이라고 말할 수 있다는 것이다.

---

35 다카하시 지키도, 앞의 글, 464.

하카마야의 본각사상 비판에 대해서도 비슷한 비판이 많다. 그레고리는 비판불교의 본각사상 비판이 "교리적이고 역사적인 복합적 발전을 지나치게 단순화하고 있다"고 지적한다. 본각사상 내부의 다양성을 간과해서는 안 된다는 것이다. 그 한 예로 그레고리는 중국 불교의 본각 개념은 하카마야가 비판하는 일본 불교의 본각 개념과 다른 의미라고 지적한다.[36] 이와 같은 역사적 발전의 복합성도 문제지만 교리의 경전적 근거도 단일하지 않다는 사실이 중요하다. 예를 들면 마츠모토와 논쟁을 주고받은 야마베 노부요시(山部能宜)는 "하나의 단일한 문헌 안에 보편적인 요소들과 차별적인 요소들이 종종 공존한다"고 결론을 내린다.[37] 즉, 동일한 교리적 문헌에 상이한 윤리적 입장의 근거들이 들어있을 수도 있다는 것이다. 이런 역사적, 경전적 복합성은 교리와 윤리의 상관관계를 단순하게 규정할 수 없게 만든다.

앞의 "비판불교의 일본 사회 비판"에서 잠깐 언급했지만, 마크 쉴즈는 비판불교가 경전 해석에 있어 너무 '문헌학적'이라고 비판한다.[38] 특정한 개념이나 어원을 밝히는 데 너무 몰두한다는 것이다. 심재관도 마츠모토가 문헌 독해를 문맥(文脈)이 아닌 어원(語源)에서 시작한다고 지적하면서, "'어원적' 의미란 얼마나 다양하며, 또 귀에 걸면 귀걸이, 코에 걸면 코걸이가 될 수 있는 아주 수월한 문헌학자의 변명거리가 아니던가"라고 비판한다.[39] 심재관이 제기하는 문제는 어원에 대한 마츠모토의 강조가 주관적이고 자의적이라는 것이다. 여기서 중요한

36 그레고리, 앞의 글, 427.

37 야마베 노부요시, "재반론," 『보리수 가지치기』, 326.

38 Mark Shields, 앞의 책, 8.

39 심재관, "비판불교란 무엇인가: 그 학문과 실천의 전제들에 관하여," 『비판불교의 파라독스』, 48-49.

것은 경전의 특정한 개념에 대한 해석은 어원만이 아니라 그 경전의 역사적, 문화적 맥락도 살펴보고 해석해야 한다는 점이다.

세계 불교학자들이 비판불교에 대해 제기하는 또 한 가지 비판은 비판불교학자들이 '기체론'이라고 비판하는 여래장사상, 불성사상이나 '장소불교'라고 비판하는 본각사상이 반드시 사회적으로 억압적 결과를 가져오는가 하는 점이다. 이와 관련하여 가장 강도 높게 이의를 제기한 학자는 퀘이커이면서 선불교 수행자(Zen-Quaker)이기도 한 샐리 킹(Sallie King)이다. 그는 비판불교가 비판하는 불성사상과 퀘이커가 말하는 '내면의 신성'이 구원론적으로는 유사하면서도 윤리적으로는 상이한 실천을 가져오는 현상을 주목한다. 킹은 그 이유는 교리 자체 때문이 아니라 역사적 상황의 차이 때문이라고 본다. 즉, 퀘이커가 사회적 문제에 대한 태도에 있어 보다 정의 지향적이고 실천적인 이유는 창시자인 조지 폭스가 하층 계급 출신이었고, 권력의 탄압을 받은 역사적 경험과 관련이 있다는 것이다.[40] 같은 맥락에서 킹은 불교의 연기사상과 마찬가지로 불성사상도 역사적 상황에 따라 사회정의를 위한 실천의 사상적 근거가 될 수 있다고 본다. 예를 들면, 틱낫한과 참여불교의 자비로운 보살행과 사회적 실천은 불성사상 때문에 가능하다는 것이다.[41] 이와 같은 킹의 비판은 그 자신의 종교적 '신앙'인 퀘이커주의와 선(禪)의 불성사상에 기초한 것이므로 어느 정도 가치판단이 전제되어 있음을 감안해야 한다. 그러나 바로 그렇기 때문에 킹의 신학적 문제제기, 즉 비슷한 구원론에서 다른 윤리적 실천이 나올 수 있다는 지적은 유의미한 통찰이다.

---

40 샐리 킹, "불성사상은 온전히 불교적이다," 『보리수 가지치기』, 283-284.
41 같은 글, 284-285.

물론 킹은 불교의 종교적 교리가 불자들의 사회적 실천에 아무런 영향을 미치지 않는다고 주장하는 것은 아니다. 다만 교리가 사회에 영향을 미치는 방식은 교리 자체보다는 특정한 상황과 주체의 의도에 따른다는 것이다. 그레고리에 따르면 본각사상의 경우도 본각 그 자체가 문제가 아니라 "그것이 어떻게 해석되었는지 내지 해석되고 있는지"가 문제라고 지적한다.[42] 그는 "교리는 결코 단순하고 직설적으로 단일한 의미를 지니는 것이 아니라 항상 다양한 가치를 지니는, 복합적 뉘앙스를 지닌 명제들로서 광범위한 해석적 가능성에 열려 있다"고 주장한다.[43]

결국 문제는 해석이다. 다양한 해석의 가능성 때문에 같은 교리에서 다른 윤리적 결과가 나올 수 있기 때문이다. 같은 불성사상에서 비판불교학자들이 주장하는 것처럼 차별 받는 인간의 고통에 대한 의식이 무시되거나 마비될 수도 있고, 앞의 "비판불교의 일본 사회 비판"에서 언급한 우치야마 구도(內山愚童)의 경우처럼 차별의 존재를 부정하는 논리가 나올 수도 있다. 그래서 그레고리는 "교리들이 사회적 이데올로기로서 수용되는 방식은 복합적이어서, 그러한 수용이 일어나는 전체 과정을 검토하고, 그 과정이 현실에서와 같이 전개되도록 하는 다양한 역사적, 사회적, 심리학적, 인식론적, 문화적 그리고 그 밖의 요인들을 살필 필요가 있다"고 지적한다.[44] 비판불교의 '참된 불교' 개념을 비판하는 재클린 스톤도 "나쁜 이념적 목적을 위해 전유되는 것에 대해 면역성을 가진 교리는 없다"고 주장한다.[45] 단적으로 말해

42 그레고리, 앞의 글, 429.

43 같은 글.

44 같은 글, 430.

기체론적 교리만이 아니라 무아와 연기의 비실체론적 교리도 경우에 따라 불의와 차별의 사회적 악행을 정당화하는 논리로 남용될 수 있다는 것이다.

사회윤리적 문제와 관련하여 제기되는 비판불교에 대한 또 하나의 중요한 비판은 비판불교의 사회운동성이 부족하다는 점이다. 스톤은 비판불교가 사회문제에 대해 교리적 비판만 했을 뿐 실제로 사회운동의 의제를 만들지 못했다고 비판한다.[46] 스에키도 비판불교는 참여불교와 비슷한 면이 있으면서도 "비판불교의 논자들은 결국 언론의 레벨에 머물렀기 때문에 실천 활동으로 전개할 수가 없었다"고 분석한다.[47] 이는 비판불교가 아시아와 서양의 '참여불교' 운동과 같은 실천적 사회운동을 일으키지 못했다는 점에서 타당한 비판이다.

하지만 이것을 비판불교학자들의 윤리적 실천 의지의 부재로 볼 수만은 없다. 그보다는 하나의 독자적 학파나 집단을 형성하지 못한 비판불교학자들의 한계로 봐야 할 것이다. 사회운동 단체의 활동가가 아니라 대학의 학자로 살아온 하카마야나 마츠모토에게 사회운동의 직접적 의제 제기와 실천을 바라는 것은 지나친 요구일 수 있다. 어쩌면 비판불교학자들의 한계가 그들의 최선일 수도 있다. 비판불교학자들은 자신들의 실존적 한계 속에서 사회적 선을 확장하기 위해 최선을 다한 비판적 지식인들이다.

이상의 논의를 통해 알 수 있는 것은 불교의 사상과 교리가 불교의

---

45 Jacqueline Stone, "Some Reflections on Critical Buddhism," *Japanese Journal of Religious Studies* 26, nos. 1-2 (1999): 183-184.

46 같은 글, 183.

47 스에키 후미히코/이태승 역, "현대 일본 불교의 동향과 과제," 「동아시아불교문화」 (2007): 97.

사회적 윤리와 반드시 직접적으로 연결되지는 않는다는 사실이다. 비판불교의 주창자들과 그 비판자들에게 공통적으로 주어지는 과제는 그들이 중시하는 불교의 핵심 교리가 어떻게 불교적 사회윤리를 정초할 수 있는지를 밝히는 일이다. 이 점에서 비판불교학자들의 경우 무아와 연기의 교리가 어떤 과정과 방식으로 사회문제 해결에 도움이 되는지 더 설득력 있게 규명해야 할 필요가 있다.

7. 비판불교의 자기비판: 무아(無我)의 길

비판불교는 불교 전통 안에 있다는 점에서 신학적이지만 자신의 주장도 비판의 대상으로 삼는다는 점에서 일반적 의미의 무비판적, 교조주의적 근본주의는 아니다. 조동종을 떠난 하카마야와 달리 조동종 내부에 남아서 교의적, 윤리적 연구와 발언을 계속하고 있는 마츠모토의 '비판신학'(비판종학)에 주목해야 하는 이유가 여기에 있다.

우선 마츠모토 자신은 '비판불교'라는 표현을 사용하는 것을 주저한다. 2001년 5월 2일 시카고대학 신학대학원에서 있었던 공개 강연 〈여래장사상 비판과 비판불교〉[48]에서 그 자신은 하카마야의 "비판만이 불교"라는 주장에 동의하지 않으며, 따라서 "비판 불자"로 불리는 것도 불편하다고 밝힌다.[49] 비판불교도 비판으로부터 면제될 수 없다고 주장하는 마츠모토는 비판불교의 선배이며 동료이기도 한 하카마야에 대해서도 강도 높게 비판한다.

---

48 "Critiques of Tathagatagarbha Thought and Critical Buddhism."

49 Matsumoto Shiro, "Critiques of Tathagatagarbha Thought and Critical Buddhism," 「駒澤大學禪硏究所年報」 33 (2002): 1-2.

여기서 가장 중요한 것은 본각사상 비판에 있어 마츠모토와 하카마야의 해석이 동일하지 않다는 점이다. 마츠모토는 하카마야가 도겐(道元)이 『변도화』(辨道話)에서 '심상상멸'(心常相滅)설을 비판한 것을 본각사상을 비판한 것으로 보는 것에 대해 이의를 제기한다. 즉 마츠모토에 따르면 『변도화』에서 도겐은 '불성내재론'(佛性內在論)을 비판하기는 했지만 여전히 여래장사상의 한 유형인 '불성현재론'(佛性顯在論)의 입장을 취하고 있었다는 것이다.[50] 그리고 하카마야의 본각사상 비판으로는 이 두 가지 여래장사상의 차이를 규명할 수 없다는 것이다. 물론 하카마야는 도겐이 가마쿠라에서 돌아온 다음 심신인과(深信因果)를 강조하면서 기존의 불성현재론을 비판한 것을 지적하지만, 마츠모토는 도겐이 말년에도 여래장사상으로부터 전적으로 자유롭지 못했다고 평가한다.[51] 마츠모토는 하카마야의 도겐 이해에 대한 자신의 비판 이후 하카마야가 갑자기 1993년에 조동종을 떠났고 그의 관심이 점차 도겐에서 일본 정토불교의 주요 창시자인 호넨(法然)으로 옮겨간 것에 주목한다.[52] 결국 "비판만이 불교"라는 하카마야는 종조에 대한 종단 내부에서의 비판을 어렵게 시도하는 대신 종단을 떠나는 쉬운 선택을 한 셈이다. 이 점에서 마츠모토는 하카마야가 충분히 비판적이지 못했다는, 즉 자기비판을 결여했다고 보는 것이다.[53]

---

50 같은 글, 16.

51 같은 글,

52 같은 글. 17.

53 비슷한 주제의 다른 논문에서 마츠모토는 하카마야가 주장을 전개하는 방식의 문제를 다음 세 가지로 지적한다. 첫째, "논리적 엄밀성의 결여", 둘째, "자기비판성의 결여", 셋째, "침묵의 결여"가 그것이다. 여기서 마츠모토가 말하는 '침묵의 결여'란 불필요한 '다변'(多弁)과 '요설'(饒舌)을 뜻하는 것으로, 하카마야의 논리 전개는 '학자'의 것이라기보다는 '평론가'의 것에 더 가깝다는 비판이다. 이런 이유로 마츠모토는 하카마야

여기서 중요한 점은 하카마야에 대한 마츠모토의 비판이 철학적이거나 윤리적이라기보다는 신학적, 종학적인 것이라는 사실이다. 스에키 후미히코는 비판불교는 "좌선을 종지로 하는 조동종 내에서 좌선 부정을 설하였기 때문에 종파 내에서도 상당히 강한 반발을 받았고", "또 교단의 활동을 무시하고 사상의 문제에 집중하였기 때문에 현실 교단의 활동과 충분한 관계를 가지지 못했다"고 비판하는데,[54] 최소한 마츠모토는 자신의 종단 내부에서 전통종학과 종조까지도 포함하여 '비판'을 계속함으로써 '참된 불교'를 증험(證驗)하려고 분투하고 있다는 점은 높이 평가해야 할 필요가 있을 것이다. 그러한 자기비판과 자기부정의 길은 더 어려운 길이지만 더 불교적인 길이라고 마츠모토는 주장한다. "오직 자신의 생각과 태도와 존재 자체에 대한 끊임없는 의심과 부정을 통해서만 우리는 '무아'일 수 있을 것이다."[55]

의 주장이 거칠고 충분히 비판적이지 못하다고 비판한다. 松本史朗, "批判仏教の批判的考察: 方法論を中心にして," 「日本佛教學會年報」 第66號 (2000): 110.

54 스에키 후미히코, 앞의 글.

55 마츠모토, 앞의 글, 17.

종합적 비평

비판불교와 한국 종교

길희성

비판불교에 대한 우리의 종합적 비평은 앞의 글 "세계불교학계의 반응"과 상당 부분 궤를 같이하지만, 한국 종교계의 현실에서 비판불교의 의미를 성찰하기 위해서 이 장에서 따로 논하고자 한다. 여기서 '비판불교와 한국 불교'가 아니라 '비판불교와 한국 종교'를 논의의 주제로 삼는 이유는 다음과 같다. 우선, 비판불교의 비판이 일본 불교만이 아니라 다른 나라들, 특히 동아시아에서 형성된 불교 일반에도 해당되는 통찰을 가지고 있으며, 불교뿐 아니라 아시아 토착 종교에도 도전적인 문제제기를 하고 있기 때문이다. 넓은 의미에서 한국 불교와 종교도 비판불교의 비판 대상에서 제외되지 않는다. 이 장에서 우리가 집중적으로 다루려는 것은 비판불교의 사회 비판에 대한 한국적 맥락에서의 불교학적, 종교학적, 사회적 평가이다.

우리는 이미 앞의 여러 장에서 비판불교를 논하는 가운데 간간이 비판불교의 주장이 지니고 있는 문제점을 지적한 바 있다. 특히 머리글에서는 일본 사회와 문화를 한국과 비교하면서 그 주요 차이점이 유일신 신앙의 특징 가운데 하나인 예언자적 정신(prophetic spirit)에 있다는 점을 지적했다. 비록 이 정신이 한국 사회에서도 소수 그리스도인들에만 국한된 현상이지만, 이 소수 그리스도교 지도자들이 보인 사회적 불의에 저항하는 용감한 도전 정신은 한국 사회를 역동적으로 만들었고, 시민들 스스로 민주주의를 쟁취하는 밑거름이 되었다. 비판불교에서 우리가 주목하는 점은 유일신 신앙의 예언자적 정신이 한국에 비해 약하거나 전무한 가운데, 두 사람의 예리한 사회윤리적 비판의식을 지닌 불교학자에 의해 불교 내에서 자발적으로 전개되었다는 놀라운 사실이다. 종교 비판에는 세속주의자들에 의한 종교 외적 비판이 있고, 이와 대조적으로 한 종교 내의 양심의 소리 혹은 개혁적 의지에 의해 제기되는 자기 종교에 대한 비판이 있다. 비판불교의 불교 비판은 불교 내적 불교 비판으로서, 불교 내부에서 자발적으로 일어난 비판이라는 데 그 의미가 크다.

우리는 비판불교가 지닌 문제점에 대해서 이미 간헐적 혹은 간접적 방식으로 비판 내지 의문을 표한 바가 있고, 세계 불교계의 반응을 검토하면서도 이 문제를 많이 다루었지만, 이 마지막 장에서는 한국적 상황과 시각에서 종합적인 평가를 시도하고자 한다. 우리의 논의는 비판불교의 세부사항들에 대한 불교학적 검토보다는 아래와 같은 몇 가지 문제의식 아래 큰 틀에서 비판불교 운동을 논하고 평가할 것이다.

1. 비판불교, 불교 근본주의, 학문의 가치중립성의 문제

불교학자들이나 종교학자들이 거의 이구동성으로 지적하는 비판불교의 가장 심각한 문제점 가운데 하나는 비판불교가 보이는 근본주의적인(fundamentalistic) 성향과 성격이다. '근본주의'는 말 그대로 한 종교가 그 종교의 근본 혹은 근원으로 간주하고 있는 것으로 되돌아가자는 운동이다. 이러한 근본주의가 문제가 되는 것은 한 종교의 초창기 사상이나 창시자 혹은 특정 경전의 말씀을 진리의 불변하는 규범으로 간주하면서 후대에 전개된 그 종교의 역사를 일종의 타락 내지 퇴행의 역사로 보는 경향이 강하다는 사실이다.

근본주의가 말하는 '근본' 혹은 '근원'이란 우선 종교 창시자의 언행과 사상 혹은 어떤 특정한 경전의 권위를 가리킨다. 근본주의자들은 이 경전의 의미를 문자 그대로 이해하고 고수하면서 후대에 형성된 경전에 대한 풍부한 해석학적 전통을 무시하는 편협하고 경직된 태도를 보인다. 경전에 기록된 창시자나 초기 지도자들의 언행을 절대화함으로써 변화하는 사회나 역사적 상황과 무관하게 초역사적 진리의 준거로 삼는다. 근본주의가 지닌 이러한 성격에 비추어볼 때, 비판불교가 근본주의적 경향과 성격이 있는 것은 거의 확실하다.

그러나 이것은 물론 비판불교가 순전히 자기 종교의 시각에서 타종교에 대해 배타적 태도를 보이는 전투적 근본주의나 상식과 이성을 무시하고 대화가 불가능할 정도로 경직된 근본주의라는 말은 아니다. 비판불교를 주도해온 두 학자는 불교학계에서도 인정을 받는 학자들로서, 그들의 경전 연구나 해석은 물론이고 불교 비판도 어디까지나 학문적 토대 위에서 이루어지고 있음은 물론이다. 그렇지 않으면 본서와 같은 연구대상이 되지도 않았을 것이고 세계 불교학계의 주목을 끌지도 못했을 것이다.

비판불교를 주도한 두 불교학자 하카마야 노리아키와 마츠모토 시로는 불교의 근본이 붓다가 가르친 연기설(緣起說)과 무아설(無我說)에 있다고 본다. 그것도 연기설의 경우 마츠모토는 자신이 이해하는 방식으로 이해해야만 한다는 주장이 매우 강하다. 한마디로 말해서, 비판불교는 붓다의 본래 가르침으로 되돌아가자는, 혹은 그것을 되찾자는 운동의 성격을 띤다. 이에 반하는 모든 후세 불교는 '올바른 불교'가 아니라 '잘못된 불교'이며, 아예 불교가 아니라고까지 극언하기도 한다. 이러한 운동의 배후에는 종래의 불교—사실상 인도 티베트 중관학파를 제외하고 대승불교사상 전체—가 힌두교의 아트만-브라흐만 사상의 영향을 받아서 붓다 자신이 명백하게 비판하고 거부했던 아트만(ātman)사상을 뒷문으로 혹은 암묵적으로 재도입했다는 것이다.

비판불교가 이 대승불교의 '기체설화' 혹은 '일원론적 형이상학화'에 그토록 큰 비중을 두고 민감하고 집요하게 비판하는 이유는 그것이 불교로 하여금 탐진치로 물든 생사의 세계를 무비판적으로 수용하고 안이하게 절대화하도록 만드는 이념적 토대가 되었다고 믿기 때문이다. 간단히 말해서, 색즉시공(色卽是空), 공즉시색(空卽是色)을 말하며 생사즉열반(生死卽涅槃), 열반즉생사(涅槃卽生死)를 말하는 그리고 일체중생이 불성을 지니고 있으며 산천초목까지도 모두 불성의 현현으로서 신성한 존재로 간주하는 대승불교의 가르침은 불교로 하여금 현실 세계와의 대립과 긴장을 상실하고 안이한 현실 긍정의 논리에 빠져버리게 만들었다는 비판의식 때문이다.

나는 비판불교의 이러한 대승불교사상에 대한 비판에 비교적 우호적이고 찬동하는 편이다. 적어도 안이한 '즉'의 논리는 그럴 위험성을 다분히 안고 있기 때문이다. 대승불교는 이러한 비판에 진지하게 귀 기울여야 한다고 생각한다. 생사즉열반과 진속불이를 주창하는 대승불교가 불자들로 하여금 불교와 세상을 단순히 이원적 대립관계로 보지 않고 성과 속, 사원과 사회, 종교의 안과 밖을 하나의 세계로 보면서 활발하게 삶을 영위할 수 있도록 시야를 열어주는 데 큰 공헌을 한 것은 부정할 수 없는 사실이다. 하지만 의도하지 않은 엄청난 부작용도 초래했다. 바로 이 점이 비판불교가 제기하는 비판의 요체이다.

우리는 대승불교의 역리를 이해하기 위해서 현금의 대승불교, 주로 일본과 한국을 중심으로 하는 불교의 모습을 볼 필요가 있다. 오늘날 불교를 조금이라도 아는 사람들 가운데 누가 불교가 세상/세속을 부정하고 도피하는 종교라고 말하겠는가? 오히려 그 반대가 되었다는 게 더 큰 문제라고 비판불교는 지적한다. 불교가 세속/세간과 한통속이 되다시피 하여 현실에 안주하면서 세속적 가치들을 탐하다 보니 현실을 변화시키는 힘은 고사하고 사회의 문제들에 대한 비판의식마저 상실하게 되었다는 것이다.

우리는 비판불교가 지닌 날카로운 사회윤리적 비판의식과 오랜 대승불교의 전통을 과감하게 거부하고 부처의 본래 가르침을 되찾고자 하는 '근본주의적 태도가 비판불교를 주창하는 학자들 자신이 지닌 진지한 종교적 믿음[信]과 헌신을 보여준다는 긍정적 차원이 있다는 점에 우선 주목하게 된다. 사실 세계 불교학계가 비판불교 운동에 주목하는 이유 가운데 하나도 비판불교 운동의 주창자들이 일본의 여타 불교학자들과 마찬가지로 불교를 단지 학문적 연구의 대상 정도로 여기지 않고 자신들의 진지한 종교적 신앙과 헌신을 바탕으로 하여 강한 개인적 신념을 표출하고 있다는 데 있다 해도 과언이 아니다. 또 현실 사회문제에나 종교계에 대한 별다른 문제의식 없이 불교학이라는 학술활동에 안주하면서 연구에 전념하는 전형적인 일본 불교학자들에서는 좀처럼 찾아보기 어려운 현상이기 때문이다. 한 걸음 더 나아가서 비판불교학자들의 불교 비판은 한 종교의 절대화된 도그마나 경전을 맹신하는 여타 근본주의자들의 배타주의와는 달리, 세계인 모두가 공감할 수 있는 보편적 윤리의식에 기초하고 있다는 점도 우리가 비판불교의 주장을 외면할 수 없는 이유 가운데 하나다.

그럼에도 우리는 비판불교가 지닌 근본주의적 성격이 지닌 몇 가지 우려되는 점에 주목하지 않을 수 없다. 곧 불교에 대한 '축소주의적' 이해와 '절대주의적' 이해이다. 불교의 축소주의적 이해란 오랜 시간에 걸쳐 형성되어 온 불교의 내적 다양성과 복합성을 무시하고 불교라는 종교의 오랜 전통과 '역사성'을 경시하는 자세를 가리킨다. 비판불교의 절대주의는 변하지 않는 '올바른 불교' 혹은 순수한 불교의 본질을 상정한 다음, 이에 비추어 후대에 전개된 다양한 형태의 불교를 '잘못된 불교'로 비판하고 심판하는 준거로 삼는다. 물론 여기서 핵심적인 물음은 '그렇다면 비판불교는 무엇을 올바른 불교로 간주하는가' 하는 것이다.

이 문제에 답하는 방식에는 두 가지 길이 있다. 하나는 비판불교처럼 어떤 특정한 붓다의 가르침을 모든 형태의 불교를 비판하는 기준으로 간주하는 것이고, 다른 하나는 이와 대조적으로 불교의 다양한 역사적 변천과 발전을 이해하고 인정하면서 불교의 핵심을 물어 들어가는 개방적이고 포용적인 방법이다. 하나는 불교의 초월적이고 불변하는 본질을 상정하고 그것을 고수하는 입장임에 비해, 다른 하나는 실제

역사적으로 존재해온 다양한 형태의 불교를 이해하고 포용하는 입장을 취한다. 대다수 현대 불교학자들이나 종교학자들은 전자에 대해서는 회의적이다. 그들은 불교를 연구하는 학자들은 가치중립적 자세를 준수하면서 객관적 연구의 자세를 견지해야 한다는 현대 학문 일반의 정신을 존중한다. 따라서 지금까지 우리가 고찰한 비판불교가 이러한 현대 학문과 현대 불교학의 일반적 원칙에 위배되는 편협한 태도를 지닌다는 것은 의심의 여지가 없다.

이러한 비판에 대해 비판불교학자들은 오히려 종래의 불교 연구와 종교 연구가 표방하는 학문적 가치중립성의 이념 자체를 정면으로 도전하면서, 자신들은 '불자로서' 불교를 연구한다고 주장한다. 자신들은 불교 전통의 '외부'가 아니라 '내부'에서 책임 있는 '불자'로서 불교학을 한다는 것이다. 이와 같은 실존적이고 신앙적인 학문 연구의 태도는 종교의 핵심이 객관주의적인 접근만으로는 잡히지 않는 면이 있다는 사실을 감안할 때 반드시 부정적인 것만은 아니다. 인간의 삶과 죽음을 아우르는 문제, 궁극적 구원을 향한 실존적 결단의 문제를 다루는 종교 연구는 남의 보화만을 세고 있는 관찰자적 자세로는 결코 이해하기 어려운 차원이 있기 때문이다. 문제는 종교적 사상과 진리에 대한 실존적이고 규범적인 연구 태도가 여전히 근대 학문의 근본정신과 성격에 반한다는 점이며, 한 종교의 역사적 발전과 다양성에 대해 지나치게 편협한 배타적 태도를 보이기 쉽고 독선적이 되기 쉽다는 데 있다.

종교 연구에서는 모든 종교 현상을 무비판적으로 인정하고 수용하는 것도 문제이지만 연구자 자신의 신앙이나 가치관에 따라 한 종교의 연구 대상의 범위를 자의적으로 축소하는 것도 종교의 역동적 현실을 무시하는 결과를 초래하기 쉽다. 가치중립성을 표방하면서 존재하는 모든 형태의 불교 현상을 열린 자세로 연구하는 현대의 종교 연구 방법이 신앙적 선택과 실존적 결단을 강조하는 비판불교의 정신과 양립하기 어려운 것이 사실이지만, 더 심각한 문제는 가치중립성을 준수하지 않는 불교에 대한 어떤 논의도 현대 세계에서 주관적이고 자의적인 것으로 간주되어 보편타당성을 인정받기 어렵다는 사실이다. 비판불교학자들이 주장하는 내용도 예외일 수 없다. 실제로 그들도 이러한 근대 학문 일반의 정신과 규범을 준수하면서 연구 활동을 해온 학자들이며 비판불교라는 일종의 사상운동도 학계의 인정을 받을만한 보편적 논리 위에서 전개되고 있다. 그렇지 않다면 그들의 주장이 지금과 같이 학계의 주목을 끌지도 못했을 것이고 존중을 받지도 못했을 것이다. 더 나아가서, 우리는 주관적 가치판단을 배제하고 사실을 편견 없이 있는 그대로 밝히고 인식하려는 근대 학문의 엄정한 자세가 반드시 비판불교의 특징인 사회윤리적 비판의식과 양립할 수 없는 것인지 좀 더 깊이 성찰해 볼 여지가 있다. 만약 양립할 수 없다면 비판불교의 불교 비판 자체가 자의적이고 근거가 없다는 자기모순에 빠지기 때문이다. 학문의 가치중립성이란 결코 비판의식의 배제를 의미하지 않는다. 적어도 종교가 지닐 수 있는 각종 위선과 허위의식을 폭로하는 비판의식은—단순히 근거 없는 주장이나 선동이 아닌 한— 종교를 연구하는 현대 학문의 본질적 사명에 속한다 해도 과언이 아니기 때문이다.

사실 비판불교 운동을 주도해 온 두 학자 중에 마츠모토 교수는 이미 현대적 불교학 분야에서 뛰어난 학문적 역량을 인정받고 있기 때문에—특히 나의 개인적 견해이지는 하지만—, 그와 하나마야가 전개해온 운동이 일본 불교계나 학계뿐 아니라 세계 불교계의 반향을 일으키고 있는 것이다.

이 문제는 비판불교가 제기하는 또 다른 근본적인 문제와 관련이 있다. 즉 비판불교학자들이 제기하는 불교 비판이 순전히 자신들이 진정한 불교로 간주하는 불교 내적 기준에 따라 이루어지는 것인지, 아니면 현대 학문과 현대 세계를 지배하고 있는 여러 가지 불교 외적 사상과 사조 그리고 현대 세계에서 보편적으로 인정받고 있는 사회윤리적 가치들, 가령 보편적 인권이나 평등주의 혹은 사회정의 같은 가치를 자신도 모르게 당연한 것으로 전제하고 하는 비판인지 정직한 자기 성찰이 필요하다.

비판불교학자들이 불교의 불변하는 핵심으로 강조하는 붓다의 연기설(緣起說)과 무아설(無我說)은 세상에 변하지 않는 것은 아무것도 없다는 지극히 불교적인 '무상'(無常)의 지혜에 반한다는 일부 서양 불교학자들의 비판은 경청할만 하다. 또 일체 사물의 고정불변의 본질이나 실체를 인정하지 않는 불교의 반본질주의 정신 혹은 반실체론적 정신 자체에 반한다는 비판도 정당한 면이 있다. 불교라는 세계 종교 역시 역사적 존재로서 다양한 사회문화적 여건 속에서 필요에 따라 지속적으로 변화해 왔고 앞으로도 변화할 것이다. 바로 이러한 기대가 비판불교 운동의 존재 이유이기도 하다. 그렇지 않다면 비판불교가 굳이 비판의 준거가 되는 '참다운 불교'를 내세우면서 일본 불교계의 각성과 변화를 촉구할 필요조차 없을 것이다. 비판불교의 비판 작업은 현재의 불교가 변할 수 있고, 변해야 한다는 당위의식을 전제로 하고 있기 때문이다.

불교가 시대와 문화에 따라 변화하는 하나의 생명체와 같다는 사실,

특히 종교적 교의나 교설이 모두 특정한 역사적 조건과 환경 아래 형성되어 온 과정적 산물이라는 사실, 종교학자 윌프레드 캔트웰 스미스가 강조하는 대로 한 종교는 역사와 더불어 '축적되어 가는 전통'(cumulative tradition)을 가지고 있다는 사실을 우리가 인정한다면, 불교에 대한 지나치게 편협하고 배타적인 정체성의 정의(definition)는 득보다 해가 훨씬 더 크다. 불교의 내적 다양성은 불교가 가지고 있는 자산이라는 적극적 인식이 필요하다. 불교라는 종교가 불변하는 실체가 아니라 시대와 문화에 '성공적'으로 적응하고 변화해 온 불교들(Buddhisms)의 역사적 연속체이며 풍요로운 문화적 연합체라는 사실은 불교의 자산이지 단지 청산의 대상이 아니다.

문제는 비판불교 운동을 배태한 일본의 불교학적 풍토, 특히 현재 일본 불교가 보이는 구체적인 현실과 수많은 문제점에 대한 비판에는 별 관심이 없이 과거 시대의 불교사상에만 비판의 초점을 맞추는 비판불교학자들의 다소 안이한 태도다. 주로 과거 시대의 불교, 그것도 극히 전문적인 문헌학적 연구에 치중하는 일본 불교학계가 학문의 가치중립성이라는 현대 학문의 정신을 지나치게 경직되고 편협하게 '기계적인' 방식으로 수행하는 데 길들여진 것이 아닌가 하는 비판이 가능한 것도 이 때문이다. 비판불교를 주도하는 학자들에게 일차적으로 권하고 싶은 것은 과거 수천 년 간 불교를 지배해왔던 사상의 비판도 중요하지만, 오늘의 세계에서, 특히 현대 일본 사회에서 불교를 연구한다는 것이 무엇을 의미하며 무슨 의미가 있는지에 대한 새로운 자성이 아닐까 생각한다.

불교 연구의 방법은 물론 일차적으로는 경전과 문헌의 연구 그리고 교리와 사상 연구일 수밖에 없다. 하지만 불교를 연구하는 방법은 현대 학문 만큼이나 다양하고 다채롭다. 역사적/고고학적 연구, 문화인류학적 연구, 심리학적 연구, 사회학적 연구, 비교종교학, 비교철학, 비교언어학적 연구 등 다양한 방법이 있고, 불교를 연구한다 해도 어느 시대, 어느 불교의 어떤 측면을 연구하는가도 불교에 대한 중요한 인식의 차이를 가져올 수 있다. 가령 경전 속의 불교가 아니라 현재 불자들이 실천하고 살아가는 불교, 한 마을이나 지역공동체에서 사람들의 삶 속에서 불교가 실제로 어떤 역할을 수행하면서 존재하는지, 불교의 교리나 사상뿐 아니라 의례나 사원의 경제구조, 불교 미술과 건축, 승려들의 교육 수준이나 양성 방법, 남녀의 역할, 불교계의 지도자 양성과 리더십이 형성되는 과정 등 알고 싶고 흥미로운 토픽이 무수히 많다. 하지만 필자의 과문이나 무지 혹은 필자 자신이 지닌 관심의 폭이 좁아서 그런지, 내가 아는 일본 불교 연구자들이 지니고 있는 관심과 연구의 폭은 거의 문헌 내지 불교사상사 연구에 치중하고 있다. 행여, 이러한 현상이 비판불교를 주도해온 학자들을 포함하여 일본 불교를 연구하는 학자들이 교단/종단에서 설립한 대학에 몸을 담고 활동하고 있는 안정된 환경을 반영하고 있는 것은 아닌지 묻게 된다.

일본 불교계의 사회윤리적 의식의 부재 내지 무관심에 도전하기 위해서 필요한 것은 마츠모토와 같은 뛰어난 학자의 정치하고 전문적인 문헌 연구도 필요하지만 오히려 진정성 있는 한 불자의 영혼을 움직이는 감동적인 이야기나 고백적 스토리, 불교의 이름으로 불교사찰에서 벌어지고 있는 각종 돈벌이 장사에 대한 분노와 신랄한 고발 같은 것이 아닐까 생각해본다. 헤이안조 말 히에이잔에 자리 잡은 귀족불교의 센터를 뛰쳐나와 철저히 민중과 함께 새로운 신행의 길을 걸었던 가마쿠라 신불교 운동가들이 걸었던 개혁의 길이 생각난다. 두 학자에 의해 주도된 비판불교 운동은 처음부터 그 사회적, 대중적, 종교적 한계성이 너무나도 분명했다. 한 좁은 분야의 전문 학자로서 인정을 받아야만 하는 일본 학계 일반의 풍토를 감안하면, 비판불교의 두 학자가 지닌 날카로운 문제의식과 사회윤리적 관심이 또 다시 날카로운 논쟁을 기피하고 '화'(和)를 중시하는 일본 사회와 문화의 늪에 빠져버리고 일본 학계가 지닌 특이한 보수적 체질에 매몰되어 버린 듯한 인상을 주는 것은 너무나 당연한 일이라는 생각이 든다.

2. 붓다의 연기설과 무아설 그리고 사회윤리적 비판의식

다음으로 생각해보아야 할 문제는 비판불교가 불교적 사회 비판의 준거이자 전통적 대승불교사상의 대안으로 삼고 있는 붓다 자신이 설파한 12지 연기설과 무아설이 과연 비판불교가 주장하고 기대하는 대로 사회윤리적 관심과 실천의 새로운 토대가 될 수 있을까 하는 문제다.

우선 우리는 12지 연기설과 무아설이 역사적 붓다 자신이 가르친 교설인지에 대해서 아직도 확실히 알 수 없다는 것, 적어도 모두가 학계의 정설로 수용하고 있지는 않다는 사실을 기억해야만 한다. 가령 붓다의 교설이 무아설인지 아니면 비아설인지는 아직도 논란의 여지가 많다. 그리고 이와 관련하여 불교의 근본 사상이 흔히 말하듯이 실로 '무신론'인지, 무신론이라면 어떤 의미에서 그런지 하는 여러 가지 연관된 문제들도 제기된다. 사실 이 문제는 마츠모토 교수의 불교관에 핵심적인 문제라고 본다. 같은 맥락에서 불교와 힌두교, 불교와 그리스도교 같은 유일신 신앙의 종교들의 관계 등도 다루어야 할 문제들이다.

여하튼 필자의 입장은 붓다의 근본 교설이 무아설이기보다는 비아설이라는 입장으로 기울어지고 있다는 점을 우선 밝혀둔다. 붓다 자신은 무아설을 명시적으로 주장한 적이 없고 오히려 자아 개념을 인정했다는 나카무라 하지메(中村元)의 주장도 여전히 진지하게 귀 기울여야 할 점이라고 생각한다. 물론 이런 문제들은 아직도 불교학적으로 논란의 여지가 많은 것이 사실이고, 또 무아설이 붓다의 가르침이라는 것이 불교의 오랜 전통이고 정통 견해이지만, 두 비판불교학자들 역시 자신들이 강조하는 무아설이 역사적 붓다 자신의 독창적이고 본래적인 사상이라는 불교학적 근거를 더 확실하게 제시할 필요가 있다.

연기설에 대한 비판불교의 해석도 문제이다. 연기 개념에 대해 '공간적' 이해를 배격하고 순전히 '시간적' 이해만을 올바른 이해라고 주장하는 마츠모토의 견해는 더 많은 논란을 불러일으킬 소지가 있다. 우선 붓다의 연기설 자체가 5지, 7지, 9지 등 여러 형태로 초기 불교 문헌들에 등장한다는 사실에 우리는 유의할 필요가 있고, 마츠모토 자신도 이러한 사실을 잘 알고 있다. 그럼에도 그는 12지로 구성된 연기설을 붓다 자신의 가르침의 핵심으로 간주하고 있으며, 게다가 그것의 '시간적' 이해만을 고집한다.

연기사상의 가장 기초적이고 일반적인 형태는 "이것이 있으면 저것이 있고, 이것이 없으면 저것도 없다. 이것이 생기면 저것이 생기고, 이것이 멸하면 저것도 멸한다"는 것으로 전해지고 있다. 이것은 사물이나 현상들 사이의 일반적인 상호의존의 관계를 말하는, 다시 말해서 존재하는 모든 현상의 상호의존성에 대한 존재론적 통찰을 담고 있지, 하나의 현상과 다른 하나의 현상 사이의 엄격한 1대1 식의 시간적 선후를 수반하는 인과관계를 말하는 것은 아니다.

12지 연기설을 가르쳐 본 경험이 있는 사람은 누구나 알고 있듯이, 그런 식의 문자적 이해나 시간적 설명은 가르치는 사람은 물론이고 배우는 사람들도 곤혹감을 느끼게 한다는 사실을 잘 알고 있다. 따라서 우리는 둘 중의 하나를 선택하게 된다. 하나는 소승불교의 전통교학에 따라 12지 연기설을 '삼세양중 인과론'(三世兩重因果論)으로 소개하든지, 아니면 화엄적 연기 이해로 보완해서 설명하든지 하는 길이다. 일체법의 생성소멸과 유무(有無)를 무시간적인, 즉 '공간적인' 상호관계로 이해하는 편이 훨씬 더 설득력이 있다는 사실을 무시하고 오로지 시간적 이해만을 고집하는 마츠모토의 입장은 그야말로 독단적이라는 인상을 지울 수 없다. 무명(無明, avidyā)과 행(行, samskāra)의 시간적 인과성을 인정한다 해도, 전생에서 현생으로 이어진다는 행과 식(識, vijnāna) 사이의 인과성이 과연 과학적 사고에 길들여진 현대인으로서 이해할 수 있을지 의문이다. 어떻게 개인이 현세에서 지은 업이 남긴 자취 내지 영향력이 내세로 이어지면서 그의 다음 생을 결정할 수 있는지 현대인으로서는 쉽게 이해가 가지 않고 불교가 설명해야 하는 가장 어려운 문제 가운데 하나다. 마츠모토 자신이 주장하듯이, 만약 유식사상의 식(識) 개념 자체가 시간을 초월하여 지속되는 어떤 기체론적 실재라면, 문제는 더욱 복잡하게 된다. 여하튼 마츠모토가 아무리 시간적 인과성에 대한 '신앙'의 중요성을 강조하고 '종교적 시간'이라는 그럴듯한 말을 사용한다 해도, 결국은 문제를 호도한다는 인상을 지우기 어렵다.

물론 우리는 마츠모토가 연기설의 공간적 이해를 거부하고 시간적 이해를 고집하는 이유를 충분히 이해할 수 있다. 연기에 대한 공간적 이해, 가령 이사무애(理事無礙)나 사사무애(事事無碍) 같은 존재론적 통찰에 따른 화엄적 이해가 현상과 현상 사이의 차이와 경계를 무너뜨림으로 차별상을 지닌 현실 세계에 대한 비판의식을 잠재운다는 비판은 일리가 있다. 다시 말해서, 연기의 공간적 이해가 무비판적인 현실 긍정 내지 현상 유지의 논리로 작용할 위험성이 있다는 점은 부정하기 어렵다. 나 자신도 일찍이 이러한 사실을 대승불교의 공(空)사상과 '즉'(卽)의 개념을 중심으로 하여 지적하면서 불교의 존재론과 사회윤리적 헌신 사이의 괴리를 비판한 바 있다.[1] 하지만 그렇다고 12지로 구성된 연기설의 시간적 이해가 정당화되는 것은 아니다.

한 걸음 더 나아가서, 설령 우리가 연기 개념에 대한 마츠모토의 엄격한 시간적 이해에 동의한다 해도, 그런 이해가 과연 마츠모토가 의도하는 바와 같이 사회윤리적 비판의식으로 연결될지는 더 큰 의문이다. 사실 마츠모토의 저술 어디에도 이 문제, 즉 12지 연기의 시간적 이해가 어떤 식으로 그의 사회윤리적 관심에 연결되는지에 대한 구체적 논의를 발견할 수 없다. 거기에 가장 근접한 설명은 12지 연기를 구성하는 요소들 사이에 시간적 간격이 없다면 구체적 차별성을 지닌 사회현상을 인과적 시각에서 비판적으로 보는 안목이 성립될 수 없다는 것이 그의 입장처럼 보일 뿐이다. 하지만 이것만으로는 부족하다. 12지 연기설을 복잡한 사회 현실을 분석하는 틀로 사용하려면, 이러한 일반론적 연기 해석만으로는 부족하고, 실제로 사회 현상의 어떤 면이 어떤 현상을 낳는지를 예를 들어 밝히는 작업이 요구된다. 다시 말해서, 붓다의 12지 연기설을 대신해서 과감하게 '사회적 연기설'을 구체적으로 제시하지 않는 한, 연기설에 대한 시간적 이해만을 주장하는 추상적

1 길희성, "민중불교, 선, 사회윤리적 관심," 「종교신학연구」 1988년 1월(서강대학교 종교연구소).

주장으로는 부족하다는 것이다. 사실 사회 비판이나 종교 비판이 꼭 붓다의 연기적 사고에 연계될 필요가 없다. 우리는 12지 연기설을 모르고도 얼마든지 사회 비판이나 종교 비판을 할 수 있다. 실제로 이러한 세속주의적 비판 대세일지도 모른다.

주지하다시피, 붓다의 연기설이 본래 지향하는 것은 사회적 고통과 모순을 제거하기 위한 것이 아니라 생사윤회의 과정을 완전히 벗어나서 열반 곧 해탈을 성취하려는 데 있다. 연기설의 본래 목적이 종교적, 영적 목적에 있는 것이 사실이라면, 우리는 연기설적 관점을 따르되 12지 연기설을 과감하게 대체할만한 일종의 현대적인 '사회적 12지' 개념들로 구성된 '사회적 연기설'을 마츠모토가 과감하게 제시하였더라면 어땠을까 하는 아쉬움이 진하게 남는다. 필시 불교학자로서의 그의 역량을 넘어서는 작업이었을지도 모르지만….

우리는 또 마츠모토나 하카마야가 연기설과 더불어 붓다의 가르침의 또 하나의 핵심으로 간주하고 있는 무아설이 과연 그들의 주요 관심사인 사회윤리적 비판의식을 촉진하는 방향으로 작용할지에 대해서도 회의적이다. 과연 인간이란 존재가 단지 오온의 흐름 정도로 이해될 수 있을지 하는 근본적인 문제는 차치하고, —설령 그럴 수 있다 치더라도— 과연 무아적 인간관, 즉 한 인격체가 전세와 현세를 거치는 동안 뚜렷한 자기 동일성과 실체성을 결여한 채 단지 느슨한 형태의 연속성과 정체성만을 가지고 행위를 한다면, 과연 그런 존재가 사회문제나 도덕적 문제에 대한 헌신이 요구하는 강한 도덕적 주체성과 책임성을 지니고 행동할 수 있을지 의문이 들기 때문이다. 특히 무아설이 인간의 존엄성과 평등성을 보장해줄 수 있을까 하는 근본적인 문제가 제기된다. 행여 무아설이 정반대로 개인의 인격과 양심을 무시하고 맹목적인 멸사봉공(滅私奉公)의 충성심을 강조하는 각종 집단주의나 전체주의의 폭력을 쉽게 정당화하는 데 이용되지나 않을까 하는 우려도 없지 않다. 실제로 일본의 근대사는 이러한 문제를 보여주는데, 이것이 무아설과 무슨 관련이 있는지 하는 문제에 대한 보다 날카로운 분석이 필요하지 않을까?

결론적으로, 마츠모토와 하카마야는 붓다의 무아설과 연기설이 모두 힌두교 『우파니샤드』의 일원론적 형이상학, 즉 아트만 사상에 대한 비판에 있다는 사실에 초점을 맞추면서 붓다의 가르침의 두 핵을 인도의 중후기 대승불교사상과 동아시아 불교사상에 대한 비판의 준거로 삼고 있다. 하지만 붓다의 무아설과 연기설이 단순히 아트만론에 대한 비판이라는 사실 하나만으로 그것이 현대 세계에서 사회 비판으로 이어진다는 보장은 없다. 우리는 좀 더 단도직입적으로 묻고 싶다. 두 학자의 파격적인 비판불교사상이 과연 얼마만큼이나 붓다의 연기설과 무아설이 지닌 종교적, 불교적 '비판의식'에 근거하고 영향을 받은 것일까? 이보다는 오히려 그들이 현대를 사는 일본의 지성인으로서 자기들이 접한 다양한 현대 세계의 문화와 환경의 영향을 받은 결과 그리고 각종 서양 근대 사상과 가치관 등에 힘입은 바가 더 크지 않을까 하는 생각이 든다. 물론 그들이 이러한 사실을 인정하느냐 하지 않느냐는 별개의 문제이다.

3. 기체설과 사회 비판의식

두 비판불교학자의 불교관과 비판 사상에 관련해서 제기되는 가장 근본적인 문제는 역시 그들이 기체설, 본각사상, 장소철학, 여래장사상 등 다양한 이름으로 부르면서 비판하고 있는 일원론적인 형이상학적 사고와 세계관이 과연 그들이 비판하는 대로 존재하는 일체의 현상과 현실을 무비판적으로 긍정하고 수용하는 자세를 낳는지, 과연 기체설적 세계관과 사고방식이 유독 일본 불교로 하여금 사회문제들에 대한 비판의식을 잠재우게 하는 이념적 근거로 작용하는지 했는지, 만약 그렇다면 그 이유는 무엇인지 하는 문제들이 제기된다.

마츠모토 교수는 기체설을 불성내재론과 불성현재론으로 구별하는 날카로운 분석을 하고 있다. 그에 따르면, 양자는 구별되지만 대동소이하다고 본다. 이 문제는 공사상이 단지 모든 현상이 존재하는 모습 그대로[諸法實相]를 파악하는 것인지, 아니면 더 나아가서 사물, 즉 일체법을 생기하는 어떤 근본적인 형이상학적 실재를 가리키는 것인지 하는 근본적인 문제를 야기한다. 이 문제를 어떻게 답하는가에 따라 불교가 소승이든 대승이든 무신론인지 유신론인지 하는 문제와 연관되어 있다. 더 나아가서 항구한 영혼의 존재와 신의 존재를 인정하지 않는다는 소승불교는 물론이고 적어도 대승불교의 여래장사상이나 불성사상이 인간의 참나[眞我]와 만물의 배후 혹은 그 밑바닥에 깔려 있는 어떤 궁극적인 형이상학적 실재 내지 실체를 인정하고 있는지의 문제와 관련된 중차대한 문제임에 틀림 없다. 더 나아가서 불교와 그리스도교, 불교와 세계 종교들이 대화하고 일치한 가능성에 관한 중대한 문제이기도 하다. 플로티누스의 신플라톤주의 철학으로 대표되는 형이상학적 일원론이 이른바 '영원의 철학'(philosophia perrenis)이라면, 과연 불교, 특히 대승불교는 이러한 사상에 예외인지 하는 의문이 제기된다. 일원론적 존재론이 하나(一)와 여럿(多), 절대와 상대, 영원과 시간, 본체계와 현상계, 혹은 신과 세계 사이의 구별을 무너뜨리는 듯하지만, 양자 사이에는 여전히 질적 차이가 존재하기 때문에 그렇게 단순하게 현상계를 절대화하는 것은 아니다. 이 점은 마츠모토 자신도 어느 정도 인정한다. 그리고 이 점이 그가 불성내재론과 불성현재론을 구별하는 이유이기도 하다. 내가 아는 한 이러한 구별을 명료하게 제시한 불교학자는 그가 처음이고, 이 점에서 마츠모토가 같은 기체설이라 해도 '불성내재론'(佛性內在論)과 '불성현재론'(佛性顯在論)을 구별하는 것은 실로 탁월한 통찰이라고 하지 않을 수 없다. 그리고 그 자신이 지적하는 대로 전자에는 아직도 본체계와 현상계를 시간차를 두고 구별하는 '이원론적' 요소가 어느 정도 남아 있다는 지적 또한 옳다. 문제는 일(一)과 다(多)를 이(理)와 사(事)의 관계로 변형시켜 둘을 완전히 동일시하는 이사무애(理事無礙)의 세계관에 있다는 마츠모토의 지적 역시 정확하다. 이를 다시 말하면, 『반야심경』의 유명한 구절 '색즉시공'과 '공즉시색'에 나오는 '즉'(卽, 'eva')의 사고방식이 문제라는 말이다. 이런 사고는 생사와 열반을 무차별적으로 동일시하고 현실 세계에 존재하는 현상을 모두 무차별적으로 긍정하거나 무차별적으로 부정하게 할 수는 있지만 도덕적 삶에 필수적인 선별적 긍정이나 부정으로 이어지기는 어렵다.[2] 이런 점에서 비판불교가 지적하는 대로 기체설이 부조리한 사회 현실에 눈을 감게 만들고 사회적 불평등을 정당화하는 논리로 사용된다는 비판도 어느 정도 설득력이 있다고 할 수밖에 없다.

하지만 만약 여래장사상/불성사상, 본각사상, 선불교사상 등이 사회적 차별을 정당화하는 부정적 역할을 수행했다면, 이것은 유독 일본 불교만의 문제는 아닐 것이다. 불교의 아트만화는 이미 인도 불교에서

2 길희성, 앞의 글 참조.

시작되었고, 중국 불교, 한국 불교 모두의 공통된 현상이기 때문이다. 그럼에도 비판불교가 유독 일본 불교계만의 문제인 양 말하는 것은 무슨 이유일까? 다른 나라의 불교 전통을 폄하하지 않으려는 예의 때문일까, 아니면 일본 불교가 더 본질적인 문제가 있기 때문일까?

이런 맥락에서 우리는 다음과 같은 사실에 주목하게 된다. 가령 부락민 차별 같은 일본인이면 누구나 알고 있는 사실을 국제대회에서 한 종파의 수장이 대놓고 부정하는 파렴치한 현상이 일본인이기에 가능한 일이라면 그리고 도쿄 시내 한복판에서 매일 같이 대낮에 버젓이 혐한시위가 벌어지고 있는 데도 일본 사람 개인이든 단체든 누구 하나 적극적으로 저지하지 못하고 지켜만 보는 현상이 오직 일본 사회에서나 가능하다면, 일본 불교계의 사회윤리 의식의 부재는 단지 불교만의 문제 그리고 불교학적으로 해결될 성질의 문제가 아님을 암시한다. 폴 스완슨(Paul Swanson)은 이와 관련하여 다음과 같은 물음을 제기한다.

> 하카마야가 일본 사회에 대하여 주장하듯이, 한국 사회에서도 '본각'의 기풍이 사회적 차별과 기성 질서의 고착화를 고무했다고 말할 수 있는가? 아니면, 이 책에서 샐리 킹이 지적했듯이 한국에서 불성사상은 사회를 변혁하는 방향으로 사회적 참여와 자비의 실천을 정당화하는 데 유용한 역할을 하였는가?[3]

사실 유일신 신앙에 길들여진 서구 신학자들의 눈에는 윤리적 비판

3 폴 스완슨, "편저자 서문,"『보리수 가지치기』, xx.

의식의 부재 내지 결여는 불교뿐 아니라 동양 종교 일반이 지닌 문제로 오랫동안 인식되어 왔다. 유일신 신앙의 세계관이나 인간관에서 볼 때 절대와 상대, 영원과 시간, 일과 다, 본체계와 현상계 사이에는 무시하기 어렵고 건너기 어려운 존재론적 단절이 놓여 있다. 따라서 이러한 사고에 길들여진 유일신 신앙의 사람들이 대승불교사상, 특히 화엄철학이나 선불교사상 같은 것을 접할 때 보이는 일반적 반응 가운데 하나는 자기들이 그렇게도 경계하고 폄하하도록 세뇌되어 온 이른바 '범신론'(pantheism)이 아닌가 하는 회의적 반응이다. 마치 범신론만은 안 된다는 듯이 그들은 부정적인 어투로 말한다. 유일신 신앙의 관점에서 볼 때, 범신론이 지니고 있는 가장 큰 문제는 존재하는 모든 것을 성스럽게 여기고 품는 무조건적인 현실 긍정에 있다. 존재하는 모든 것, 모든 현상이 선악시비를 가리지 않고 신이 내재하는 성스러운 것이고 신의 현현 내지 양태들이라고 생각하기 때문이다. 대승불교사상에 대한 비판불교의 비판적 시각도 이런 그리스도교의 범신론 비판과 근본적으로 궤를 같이 한다. 유감스럽지만 마츠모토 교수의 시야와 관심이 과연 불교사상이라는 테두리를 넘어 이런 폭넓은 비교종교학적 통찰에까지 미치는지 필자로서는 판단하기 어렵다.

하지만 이런 비판의 타당성을 어느 정도 인정한다 해도, 우리가 동시에 주목해야 할 사실은 절대적 실재 혹은 신의 내재성을 강조하는 일원론적 사고 내지 세계관은 만물의 신성성을 강조함으로써 환경-생태계 위기를 맞고 있는 오늘날 인류문명이 처한 가장 심각한 문제를 극복할 수 있는 세계관을 제공해 줄 수 있는 거의 유일한 존재론이라는 점이다. 일원론적 사고는 현대 세계에서 결코 무시할 수 없는 긍정적 면이 있다. 무엇보다도 우리는 일원론적 사고가 종교적 초월의 통찰을 담고 있다는 사실을 무시해서는 안 된다. 현상 세계를 특징짓고 있는 온갖 차별상에서 오는 끝 모를 대립과 갈등의 문제를 대하는 종교적 대응은 끊임없이 싸움을 부추기는 세속주의자들의 접근과는 다를 수 밖에 없다. 세속주의자들의 관점에서는 눈에 보이지 않는 초월적 실재를 말하는 종교는 처음부터 현실 세계의 실상을 정면으로 대하지 않고 왜곡하거나 도피하는 것으로 보인다. 반면에 초월적 실재를 추구하는 종교적 안목에서 보면 현실 세계에서 오직 차별적 대립과 갈등만을 보는 세속주의자들의 시각으로는 결코 현실 세계의 끝없는 갈등과 악순환을 끊을 길이 없다고 본다. 한쪽에서는 종교가 초월만을 강조하면서 현실을 무시하거나 호도한다고 비판하는가 하면, 다른 한쪽에서는 보이는 현실 세계에 사로잡혀 있는 세속주의는 결코 문제를 근본적으로 해결하지 못한다고 본다. 문제는 차별과 갈등의 현실을 인정하면서도 어떻게 해야 거기서 오는 불안과 고통으로부터 인간이 자유로울 수 있느냐는 것이다. 과거에는 종교가 개인의 불안과 고통을 해결해주는 것으로 만족할 수 있었지만, 현대 세계에서는 그것만으로 종교의 사명을 다했다고 생각하지 않는다. 개인적 불행과 사회적 갈등에서 오는 고통은 원인과 처방에서 질적 차이가 존재한다고 생각하기 때문이다. 더 나아가서 사회적 갈등을 도외시하고 개인적 내면의 평화만 외치는 종교는 민중의 '아편'이라는 비난을 면하기 어렵게 되었다.

비판불교의 대승불교에 대한 비판은 지나치게 일방적이다. 특히 인간의 불평등과 차별을 정당화해준 것은 불교사상이 기체설화 되었기보다는 오히려 인간이 경험하는 모든 차별적 행복과 불행을 마땅한 것으로 정당화해주는 업보(業報)설의 역할이 훨씬 더 컸기 때문이 아닐까? 현실 세계를 살고 있는 불자들은 초월적 지혜와 시각이 현실에 눈을 감고 현실을 도피하는 도피주의가 될 수 있는 위험성이 있다는 사실을 부정할 수 없는 사실로 수긍해야 할 것이다. 초월적 시각이 우리에게 줄 수 있는 여유와 자유 그리고 해방의 경험이 현실로부터의 도피가 아니라 현실에 대한 도전이 되도록 하는 것은 불자들 자신의 몫이다. 현대 불교는 현실적 대립과 갈등이 결코 허망한 환상이 아님을 인정하면서 동시에 그것이 세계와 인생의 궁극적인 모습도 아니라는 통찰을 현대인들에 설득력 있게 보여주어야만 한다.

형이상학적 일원론의 세계관을 보는 나 자신의 견해는 일원론적 사고가 지닌 긍정적인 면과 부정적인 면을 동시에 인정하고 수용해야 한다는 입장이다. 양자의 부정적 면은 버리고 장점만을 수용하기 위해서 무엇보다도 시급한 일은 일원론적 사고를 모든 사물과 현상에 무차별적으로 혹은 무분별하게 적용해서는 안 된다는 사실을 인식하는 것이다. 나는 일체법(一切法), 즉 존재하는 모든 사물과 현상 가운데서 명백하게 인간의 잘못된 의지가 개입함으로써 왜곡된 역사적 혹은 사회적 현실과 그렇지 않은 자연현상은 구별해야 한다고 본다. 인간의 의지가 개입된 역사적 현실이나 사회현상은 인간의 탐욕과 죄악이 개입되어 있기 때문에 반드시 선악시비를 가리고 취사선택해야 하지만, 순수한 자연현상은 모두 신의 현현 내지 다양한 현현으로 간주해도 아무런 문제가 없다고 생각하기 때문이다. 자연현상은 우리 인간에 의해 파괴되고 왜곡되지 않는 한, 모두 신의 성스러움에 참여하는 성스럽고 귀한 존재다. 그러나 인간이 책임을 져야 할 인간사, 즉 역사와 사회 현상에 대해서는 인간의 책임을 엄히 물어야 하며, 무조건적인 긍정의 대상이 될 수 없고 되어서도 안 된다. 이를 화엄사상으로 말하면, 역사와 사회에서는 사사무애를 함부로 거론해서는 안 되지만,

환경-생태계의 세계에서는 사사무애는 더할 나위 없는 귀한 통찰이다. 그리스도교 신앙으로 말하자면, 화엄 세계의 실현은 이 땅에 하느님 나라가 이루어지는 날을 기다려야만 한다는 것이다.

이러한 구별 없이 일체법을 무조건적으로 수용하는 기체설적 사고는 금물이다. 하지만 여래장사상이나 불성사상 그리고 선불교에 그런 면이 없지 않다는 점에서 비판불교의 통찰은 어느 정도 정당한 면이 있다. 그렇다고 기체설적 사고를 전체적으로 부정하는 것 또한 또 하나의 극단적 사고의 잘못을 범하는 일이다.

여기서 우리는 한 가지 유의할 점이 있다. 즉 과거 전통사회에서 종교가 수행한 부정적 역할을 우리가 굳이 옹호할 필요는 없지만, 불교만 그런 역할을 한 것은 아니라는 사실이다. 과거 전통 사회에서는 불교뿐 아니라 모든 종교가 왜곡된 사회체제와 정치체제를 정당화하는 부정적 역할을 수행했다. 그러나 우리는 이것이 종교가 수행해온 역할의 전부가 아니라는 점을 간과해서는 안 된다. 이미 밝혔듯이 해석과 관심 여하에 따라, 현실의 고통을 어떻게 경험하느냐에 따라 여래장사상이나 불성사상이 사회적 역할이 달라진다는 사실 또한 우리는 기억할 필요가 있다.

일원론적 형이상학 내지 존재론은 비단 대승불교에만 영향을 끼친 이념이 아니다. 신플라톤주의 사상은 유대교, 그리스도교, 이슬람에도 지대한 영향을 끼쳤을 뿐 아니라, 중국의 토착사상인 노장(老壯)사상이나 성리학도 넓은 의미에서 일원론적 사고에 속한다. 그렇다고 이들 모두를 마츠모토 식으로 싸잡아 비판하고 배척해야 하는 것은 아니다.

일원론적 사고와 세계관에서는 분명히 모든 현실적 차이와 대립을 하나로 통일하는 초월적 시각이 있고, 인간관에서도 모든 사회적 차별을 넘어서는 평등주의라는 진보적 측면이 있다. 비판불교의 일방적 비판에도 불구하고 일원론적 존재론에는 양면성이 있다.

가령 불성사상의 경우를 보자. 불교의 매력과 강점 가운데 하나는 모든 인간에게 부처가 될 수 있는 본래적 성품이 존재한다는 불성사상이다. 이에 근거하여 적어도 대승불교는 만인이 성불할 수 있다는 보편적 성불론 내지 구원론을 주장한다. 불성사상은 전통적인 그리스도교의 구원론에 비해 이 점에서 분명히 종교적으로 진보적이고, 평등주의적이다.

불성사상을 중심으로 해서 도생(道生) 이후로 만인성불설과 일승사상이 승리한 것은 중국 불교의 자랑할 만한 역사라고 나는 평가한다. 현대 불교는 이러한 영적 평등사상으로 하여금 공허한 구호로 전락해 버린 지 오래된 오늘날의 세속적 휴머니즘을 보완하는 작업에 매진할 필요가 있다. 굳이 마츠모토처럼 『열반경』의 상이한 번역들을 비교하면서 종교적 평등사상이 실은 사회적 차별사상이었음을 입증하려고 노력할 필요는 없다. 그런다고 부락민들의 인권이 개선되는 것이 아님은 물론이고, 오히려 사회적 부조리를 개혁하려는 문제의 본질을 호도하거나 외면하고 책임을 전가하는 위험성이 있다.

인도의 대승불교 중기 이후로 전개되어 중국으로 흘러들어와 중국적으로 다듬어지고 변용된 동아시아 불교, 특히 선불교에 지대한 영향을 끼쳐온 여래장사상 내지 불성사상이 지닌 종교적 필요성과 영적 매력을 무시하고, 오로지 현대의 사회윤리적 관점에서만 불교사상을 판가름하면서 마치 일본 사회의 모든 사회악의 원천이 기체설에 있는 듯 말하는 비판불교의 태도는 지나치게 일방적이고 편협하다. 이것은 중국 불교가 지닌 매력, 특히 돈오(頓悟) 중심의 선불교가 왜 그리고 어떠한 중국적 배경에서 출현하여 끝없는 점수(漸修)주의를 벗어나지 못하고 고민하면서, 인도에서 들어온 경전들을 소화하기에 바빴던 종래의 교학불교에 혁명적 변화를 초래하게 되었는지를 무시하는 일이다. 그 역사적 상황과 전개 과정에 대한 정당한 이해 없이 혹은 무시하고, 선불교의 창의성과 역동성은 안중에 없이 단지 사회윤리적 관점에서만 평가하는 것은 동아시아 불교가 지닌 풍부하고 깊은 영적 자산을 축소하는 일이다. 더 나아가서 현대 세계가 요구하는 영적, 정신적 필요에도 부응하지 못하는 일이다.

풍부한 전통을 지닌 불교사상을 단 하나의 잣대로 재단하면서, 그것도 소승불교의 삼세양중인과론(三世兩重因果論)을 강하게 연상시키는 붓다의 12지 연기설의 시간적 이해에만 초점을 맞추는 편협한 불교 이해가 과연 현대 일본 불교의 사회의식을 각성시키고, 일본 불교계로 하여금 사회개혁적인 힘을 발휘하도록 자극할 수 있을지 그리고 무엇보다도 현대인들의 심금을 울릴만한 설득력을 가질 수 있을지 극히 의심스럽다. 비판불교는 왜 서구에서 선불교 같은 불교가 한때나마 선풍을 일으켰는지 진지하게 물어보아야만 한다.

물론 종교적 평등사상이 반드시 보편적 인권의식으로 곧바로 연결되는 것이 아니며, 사회적 평등사상과 동일한 것도 아니다. 후자를 위해서는 불성사상이 함축하고 있는 인간의 보편적 존엄성을 보편적 인권의식으로 보강하면서 그것을 사회정치적으로 그리고 법적, 제도적으로 보장하고 보호할 수 있는 장치들이 마련되어야 한다. 중국 불교는 불성사상이 지닌 긍정적인 면이 승리했음을 보여준다. 그렇다고 불성사상이 중국 역사에서 반드시 정치, 사회적으로 개혁적이고 진보적인 역할만을 했다는 말은 아니다. 불성사상이 수행한 긍정적 역할을 현대적으로 살려나가는 일은 현대를 사는 불자들의 몫이다.

이러한 사정은 모든 인간이 하느님의 모상(imago dei)으로 창조되었다는 그리스도교의 전통적 인간관에 대해서도 마찬가지이다. 인간은 누구나 하느님의 모상으로 혹은 하느님의 자녀로 창조되었기에 평등하다는 인간관이 서구 사회에서 당연시되면서 보편적 인권의식을 낳는데 공헌한 것은 사실이지만, 그렇다고 처절한 투쟁의 과정 없이 저절로 그렇게 된 것은 아니다. 그러한 종교적 평등주의가 보편적 인권의식으로 발전하고 사회정치적으로 실현되기까지는 오랜 세월의 우여곡절과 수많은 사람의 피눈물 나는 노력과 희생이 필요했다. 보편적 인권사상이 상식으로 받아들여지기까지는 적어도 18세기의 계몽주의(Enlightenment)사상과 운동을 기다려야만 했다. 무엇보다도 평등주의적 인간관과 보편적 인권사상을 제도적으로 보장하는 민주주의라는 정치제도의 수립이 필수적이었다. 아직도 민주주의는 세계 곳곳에서 제대로 실현을 보지 못한 채 표류하고 있거나 미완의 프로젝트로 남아 있다는 사실을 우리는 기억해야 한다.

여하튼 비판불교 운동과 관련하여 우리가 강조하고 싶은 점은 비판불교가 주장하는 붓다의 참된 불교사상의 회복과 이에 근거하여 일원론적 존재론으로 왜곡된 불교사상에 대한 비판이 필요 없는 것은 아니지만, 그것이 사회 비판과 개혁에 필수조건은 아니라는 사실이다. 이러한 종교적 노력보다는 오히려 일본 불교계가, 혹은 현대 일본의 불자들이 소수만이라도 일본 사회와 세계 도처에서 발견되는 부조리한 사회현실을 개혁하려는 강한 도덕적 의지와 실천이 더 중요하고 실질적이다. 이런 점에서 볼 때, 비판불교 운동이 세계 불교학계의 관심을 끄는 이유도 비판불교의 불교사상 비판의 정당성 여부와 관계없이, 그 비판정신을 추동하고 있는 강한 사회의식과 비판불교 두 학자가 보인 용기에 있다는 점을 불자들은 기억할 필요가 있다.

종교 비판과 사회 비판은 같이 간다. 아니, 마르크스의 유명한 말대로, 종교 비판은 모든 비판의 시작이고 근본일지도 모른다. 하지만 마르크스는 비판불교학자들과 달리 세속주의자였다는 사실을 잊지 말자. 비판불교가 붓다의 원초적 메시지로 돌아가야만 한다는 주장과 달리, 마르크스주의는 아예 초월적 실재를 말하는 종교 자체를 '민중의 아편'으로 매도한다. 마르크스적 관점에서는 종교란 처음부터 문제를 잘못 짚었다고 생각하기 때문이다. 문제의 본질은 불합리하고 불공정한 사회제도에 있지 개인의 무지나 죄가 아니라고 생각하기 때문이다.

이상과 같은 비판불교의 단점 내지 한계에 대한 지적은 비판불교의 사회윤리적 관점이나 문제의식 자체가 근거가 없다거나 불필요하다는 말이 결코 아니다. 또 마츠모토 같은 뛰어난 불교학자의 문헌학적 연구성과를 폄하하려는 것은 더욱 아니다. 다만 두 학자가 지닌 인식 내지 관심의 지평이 너무나 협소하다는 것, 불교의 현실에 대한 인식이 너무나 안이하다는 점을 지적하고 싶을 따름이며, 일본 불교계를 각성시키는 데 무엇이 정말 실질적으로 필요한지를 지적하고 싶은 것이다.

인류 역사에서 보편적 인권, 자유, 평등, 사회정의 등 제반 가치들이 어느 정도나마 보편적으로 인정받고 사회정치적으로 실현된 것은 근대 서구의 계몽주의 이후라 해도 과언이 아니다. 민주주의는 동양이나 아프리카는 물론이고, 북미나 동구권에서도 아직 갈 길이 멀다. 일본 역시 그러하다. 일본은 비교적 이른 시기에 민주주의라는 정치제도를 갖추었지만, 일본인들의 사고방식이나 인간관계나 가치관 내지 세계관은 서구 선진국 사람들과 너무나 다른 것은 물론이고, 이웃 나라에

사는 한국인들이나 중국인들과도 매우 다르다. 일본의 사회윤리 문제는 결코 부락민에 대한 차별에만 있는 것이 아니다. 도쿄 한복판에서 매일 같이 일어나다시피 하는 혐한시위를 목격하면서도 방치하는 일본 사회를 보면 한국인들뿐 아니라 상식을 가진 사람이라면 누구나 결코 용납하지 못할 현상이라는 데 이견이 없을 것이다. 또 일본이라는 나라는 위안부 문제 등 과거 제국주의 시대에 저지른 심각한 과오에 대해 진정성 있는 사과를 하는 데도 아직도 매우 인색하다. '선진국'을 자처하는 일본이지만 정신적으로 선진국이 되려면 아직 멀었다는 느낌을 준다. 같은 세계 2차 대전의 전범국이면서도 일본이 전후 처리 문제에 있어 흔히 독일과 대비되는 이유도 여기에 있다.

이러한 사실이 제기하는 문제는 과연 비판불교의 사회문화 비판이 굳이 불교학적이어야 하며, 특히 마츠모토 같은 학자가 보이는 불교에 대한 현학적인 문헌학적 연구일 필요가 있을까 하는 의문이다. 그냥 현대를 사는 일본인으로서 현대의 보편적 가치와 사고방식에 따라 사회적 부조리를 비판하면 안 되는가 하는 의문이 든다. 인간으로서 지닌 단순한 정의감이면 족하지 않을까 하는 것이다. 기체설과 본각사상 같은 일원론적 사고와 세계관이 과연 부락민 차별과 같은 사회적 문제에 눈을 감게 하고 그러한 차별을 정당화하는 이념적 근거일까 하는 문제는 차치하고, 현대 일본인들의 근대적 시민 의식과 양심이 더 중요한 문제일 것 같다는 생각이 든다. 일본에는 부락민 차별 같은 것이 없다고 부정하는 조동종 지도자의 행동이 과연 기체설로 변질된 잘못된 불교사상 때문일까, 아니면 단순히 한 인간으로서 가지고 있는 자질과 양식의 문제일까?

민주주의는 피를 먹고 자란다는 말이 있다. 서구에서도 민주주의는 아직도 갈 길이 멀다. 불교사상이나 기독교 사상 자체가 민주주의를 낳고 사회정의를 실현하는 것은 아니다. 일본 불교계의 사회변혁 의지를 일깨우는 것은 불교의 어떤 교리나 사상보다는 부조리한 사회 현실에 대한 날카로운 의식과 개선 의지 그리고 인간으로서의 존엄성을 되찾기 위한 구체적 행동이지 불교 내적 사상논쟁이 아니며, 번쇄(煩瑣)한 경전 연구나 해석은 더욱 아니다. 사상이나 교리가 중요하지 않다는 말이 아니다. 다만 일본 불교계와 현대 불자들이 사회변혁에 대한 강한 의지와 정확한 인식에 기초해서 불교의 종교적 평등사상을 보편적 인권사상으로 발전시키고, 이를 정치적, 법적, 정치적, 제도적으로 보호하고 보장할 수 있는 방안을 마련하는 일이 절실하다는 점을 강조하고 싶을 뿐이다.

이런 점에서 비판불교는 불교의 종교적 평등사상을 편협한 시각으로 평가절하하기보다는 현대적으로 보완하는 노력을 기울여야만 한다. 전근대적인 사회적 부조리와 불평등은 비단 일본 사회 만의 문제가 아니기 때문이다. 불교 지도자들은 불성사상을 사회적 평등사상이라고 억지 주장을 할 필요가 없고, 그렇게 해서도 안 된다. 또 사회적 불평등을 개선하려는 정직한 정치적 노력 대신, 마츠모토와 같이 굳이 『열반경』의 초기 형태를 들먹이면서 종교적 평등사상이 아니라 일천제(一闡提)의 성불 가능성을 부정하는 차별사상이라고 밝히기 위해서 애쓸 필요도 없다. 불교 내에 존재하는 교리나 사상의 허위의식을 폭로하고 고발하는 일은 물론 중요하다. 그렇다고 불교라는 오랜 전통이 지닌 진보적 요소를 무시하고 현대 인류의 소중한 정신적 자산이 될 수 있는 유산마저 무차별적으로 비판하고 2500년 전에 활동한 붓다 한 사람의 사상을 진리의 초시간적인 권위로 받드는 것은 비판불교의 비판정신과 어울리지 않는다.

사실 우리가 이 문제와 관련해서 주의 깊게 볼 사실은 마츠모토가 연기설의 인과론에 대한 자신의 이해를 '깨닫는' 진리가 아니라 '믿는' 신앙의 진리임을 강조하고 있다는 점이다. 당연한 상식이나 철칙과 같은 것이 아니라, 신앙의 결단과 비약 같은 것이 필요한 진리라는 뜻일 것이다. 그러나 이로써 마츠모토는 그리스도교가 지배하는 서구의 사상적 전통에서 끊임없이 논란의 대상이 되어 온 신앙(faith)과 이성(reason)의 문제에 문을 활짝 열어 놓았다는 점을 지적하지 않을 수 없다. 그리고 이는 적어도 현대인들에게 불교가 지니는 장점 가운데 하나를 포기하는 것과 다르지 않다는 사실도 지적할 수밖에 없다.

불교는 그리스도교에 없는 하나의 커다란 장점을 가지고 있다. 곧 하느님의 초자연적인 계시(supernatural revelation)에 대한 믿음과 신학 사상이다. 그리스도교는 2000년 역사를 통해 항시 신앙과 이성 혹은 계시와 이성이라는 진리의 두 가지 길을 놓고 고민해 왔다. 둘을 갈등과 대립으로 간주하는 신학이 있는가 하면 보완과 조화의 관계로 보아야 한다는 신학도 있다. 불교는 처음부터 그런 문제에서 자유로운 종교다. 붓다의 설법은 인간의 지성과 상식, 말하자면 '합리적' 판단에 호소한다. 아마도 이것이 그리스도교의 성서적 신앙과 계시신앙에 만족하지 못하는 현대 서구 지성인들로 하여금 불교로 전향하거나 관심을 가지게 하는 가장 큰 원인이 아닐까 생각한다. 그러나 이것은 물론 불교의 가르침이 완전히 합리적이고 불교가 순전히 철학적 종교라는 말이 아니다. 그렇지 않다는 사실은 업보(業報)에 대한 믿음만 보아도 곧 알 수 있다.

우리는 앞에서 붓다의 연기설과 무아설 자체가 사회적 비판의식으로 연결될 수 있는 가능성에 대해 회의적인 견해를 피력했다. 불성사상이 종교적 평등주의 사상인 것은 의심의 여지가 없지만, 그 자체가 반드시 보편적 인권사상이나 사회윤리적 관심 혹은 의지나 행동으로 직결되는 것이 아니듯, 붓다의 연기설이나 무아설이 힌두교의 아트만론을 부정했다고 사회윤리적 관심과 변혁 의지로 이어지는 것은 아니다. 결국 연기설이든 불성사상이든, 결정적인 것은 불자들이 처한 사회현실과 실제 삶의 경험이다. 거기에 따라 불교 경전이나 교리에 대한 진보적이고 변혁적인 해석도 가능하고 보수적인 해석도 가능하기 때문이다.

우리가 본 대로, 비판불교는 본래 사회적 차별과 억압에 대한 일본 불교계의 무관심에 의해 촉발되었다. 〈마치다사건〉을 계기로 촉발된 일본 조동종의 부락민 차별 관행에 대한 조사와 비판이 비판불교를 통해서 일본 사회 전체의 차별과 억압을 뒷받침하고 있는 각종 이데올로기 비판으로 확대된 것이다. 이 과정에서 두 비판불교학자는 일본 종교의 무분별한 종교혼합주의와 일본 문화론 내지 '일본인론', '일본정신', '일본주의' 등의 문제를 자각하게 되었다. 그리고 그 해결책으로 그들이 이해하는 '올바른 불교'가 기체설, 본각사상, 장소철학 등 다양한 이름으로 불리는 일원론적 사고로 변질되었다는 생각 아래, 일본 불교의 주류 사상들에 대한 과감한 비판을 감행하게 되었다. 그러나 비판불교의 불교 비판이 일본 사회 비판과 일본 문화 비판의 기초가 되었듯이, 역으로 후자가 전자를 추동하는 힘이 되기도 한다. 실제로 이것이 비판불교의 실상이 아닐까? 두 학자의 날카로운 사회 비판의식이 잘못된 불교에 대한 이념적 비판을 낳았지, 그 반대가 아니라는 말이다.

결국 문제의 핵심은 불교사상과 사회문제가 구체적으로 어떠한 관계를 가지고 어떻게 연계되는가에 있다. 이 문제에 대한 우리의 입장은 이렇다 할 만큼 답이 확실하고 간단하지 않다는 것이고, 불자들이 처한 역사적, 사회적 현실과 경험에 따라 달리 해석될 수 있다는 것이다. 결국 불교의 경전과 교리 자체보다는 그것을 해석하고 이해하는 불자들이 처한 상황, 관심, 문제의식 그리고 경험이 더 근본적 문제라는 말이다. 결국 불자들이 처한 구체적인 역사적 상황과 경험에서 이루어지는 경전 읽기와 해석이 문제다. 동일한 경전과 텍스트를 대하는 불자들이 처한 상이한 역사적 상황과 사회적 경험에 따라 다양한 해석의 가능성이 존재하기 때문이다. 우리는 이 점을 불성사상의 경우에서 보았고, 붓다의 연기설에 대한 이해에서도 확인할 수 있다. 같은 불성사상이지만 비판불교가 주장하는 대로 인간에 대한 사회적 차별에 눈을 감게 하고 사회의식을 잠재울 수 있지만, 이와는 반대로 타인의 고통에 대한 자비와 연대 의식이 싹트게 만들 수도 있다. 앞서 언급한 바 있는 우치야마 구도(內山愚童)의 경우처럼, 바로 불성사상에 힘입어 그는 사회주의자가 될 정도로 불성사상에서 사회개혁의 논리를 도출할 수 있었다. 그레고리는 다음과 같이 지적한다.

> 교리들이 사회적 이데올로기로서 수용되는 방식은 복합적이어서 그러한 수용이 일어나는 전체 과정을 검토하고, 그 과정이 현실에서와 같이 전개되도록 하는 다양한 역사적, 사회적, 심리학적, 인식론적, 문화적 그리고 그 밖의 요인들을 살필 필요가 있다.[4]

4 같은 글, 430.

이와 유사한 맥락에서, 비판불교가 주장하는 '올바른 불교' 개념도 마찬가지다. 이 개념을 비판하는 자클린 스톤도 "나쁜 이념적 목적을 위해 전유되는 것에 대해 면역성을 가진 교리는 없다"고 주장한다.[5] 기체론적 불교사상뿐 아니라 아니라 비판불교가 주창하는 붓다의 연기설과 무아설도 해석 여하에 따라 사회적 불의와 차별을 정당화하는 논리로 얼마든지 남용될 수 있기 때문이다.

이상과 같은 비판불교에 대한 우리의 지적이 타당하다면, 우리는 다시 한 번 본질적인 문제를 제기하고 싶다. 곧 사회윤리적 비판이 전통적인 불교사상에 대한 '불교적' 이데올로기 비판이 될 필요가 있느냐는 문제다. 그냥 현대를 사는 인간으로서 세계의 보편적 가치와 사고방식에 따라 현대 불교의 도덕적 문제점들을 비판하면 안 되는가 하는 것이다. 사실, 만약 마츠모토 구수가 미국에 체류하는 경험이 없었더라면, 지금과 같은 비판적 시각을 대승불교의 전통적 사상에 대해 그렇게 용감하게 할 수 있었을지 궁금하다. 우리는 기체설과 본각사상의 일원론적 존재론이 과연 사회적 차별을 정당화하는 이념적 주적일까 하는 문제와 관련하여, 그것이 가령 『열반경』 같은 경전 자체의 문제이기보다는 경전을 대하고 해석하는 불자들이 처한 사회 환경과 문제의식이 더 중요할지도 모른다는 것, 문제에 대한 정교하고도 복잡한 경전 연구나 문헌 연구가 오히려 사회개혁에 장애가 될 수도 있다는 부정적 견해도 가능하다는 점 등을 지적했다. 같은 불성사상이라 해도 사회에 따라 다른 사회윤리적 의미를 가질 수 있고 상이한 사회적 결과를 초래할 수 있기 때문이다.

---

5 Jacqueline Stone, "Some Reflections on Critical Buddhism," *Japanese Journal of Religious Studies* 26, nos. 1-2(1999), 183-184.

다시 한 번 강조하지만, 종교 사상이나 교리가 중요하지 않다는 말이 아니다. 종교사상에 대한 세속적 이데올로기 비판도 중요하고 종교 내적 종교 비판은 더욱 중요하다. 그러나 한국인들의 관점에서 보면, 보수성이 강한 일본 사회의 경우, 불교에 대한 정교하고 현학적인 논의나 경전 해석에 치중하는 경향이 강한 일본식 '불교학적' 노력이 한가한 작업으로 보인다는 인상을 지우기 어렵다. 비판불교가 그렇게도 강하게 의식하고 비판하는 '화'(和)를 강조하는 일본 사회와 끈적끈적한 일본 문화의 늪에 또 다시 매몰되어버리고 마는 것이 아닌가, 그러다가는 결국 무시되고 완전히 잊히고 마는 것이 아닐까 하는 생각마저 든다.

이러한 의심은 비판불교 운동이 시작한 지 20~30년이 경과한 오늘의 시점에서 볼 때, 특히 전쟁을 할 수 있는 '정상국가'가 되겠다는 방향으로 치닫고 있는 현 일본 정국을 볼 때 그리고 비판불교가 처한 현실을 볼 때 이미 정당화된다는 느낌이다. 비판불교의 불교학적 노력보다는 현대 일본 불자들이 오늘날 일본 사회가 처한 현실에 대한 정확한 인식과 이에 기초한 적극적 행동이 더 절실히 요구된다. 이에 더해서 불교가 지니고 있는 긍정적인 종교적, 영적 자산을 총동원하는 노력과 함께 불교의 종교적 평등주의를 통해, 한편으로는 공허한 구호로 전락해버린 세속적 휴머니즘을 보완하고, 다른 한편으로는 영적 평등주의사상을 보편적 인권사상으로 발전시키고 제도적으로 보호/보장할 수 있는 방안을 모색하는 구체적 노력이 더 절실하다. 돌이켜보면 실제상 두 학자에게 국한된 비판불교의 현실적 한계는 처음부터 너무나 분명했다.

그럼에도 필자는 비판불교의 연구를 통해, 자연적으로 주어진 개인의 삶의 환경이나 사회적 삶의 양식을 과감히 청산하고 '장소철학'에 순치된 일본 불교와 동아시아 불교 전통을 되돌아보고 불교 본연의 출세간적 메시지를 목숨처럼 여기는 진정성 있는 불자의 목소리를 들을 수 있어서 기뻤다. 그러면서, "아, 일본 불교가 아직 살아 있구나!" 하는 사실을 확인할 수 있었던 것이 본 연구를 끝내는 시점에서 필자가 얻은 가장 소중한 성과다.

아무쪼록 비판불교 대한 이 연구가 일본 불교계는 물론이고 한국 사회와 불교계에 새로운 자극이 되고 각성의 계기가 되었으면 하는 마음 간절하다.

참고문헌

1. 마츠모토 시로(松本史朗)의 주요 논저

1) 저서

『縁起と空―如来蔵思想批判』. 東京: 大蔵出版, 1989.

『仏教への道』. 東京: 東京書籍, 1993.

『禅思想の批判的研究』. 東京: 大蔵出版, 1994.

『チベット仏教哲学』. 東京: 大蔵出版, 1997.

『道元思想論』. 東京: 大蔵出版, 2000.

『法然親鸞思想論』. 東京: 大蔵出版, 2001.

『仏教思想論・上』. 東京: 大蔵出版, 2004.

『法華経思想論』. 東京: 大蔵出版, 2010.

『仏教思想論・下』. 東京: 大蔵出版, 2013.

2) 논문

"如來藏思想と本覺思想."「駒澤大学佛教學部研究紀要」 제63권(2005).

"書評・袴谷憲昭著『法然と明惠』."「駒澤大學仏教學部論集」 제29권(1998).

"批判仏教の批判的考察: 方法論を中心にして."「日本佛教學會年報」66(2000).

"The satyadvaya Theory of the Madhyamakāvatārabhāṣya." *Journal of Indian and Buddhist Studies* 28/1(1979), 498-494.

"Laṅkāvatāra on itaretaraśūnyatā." *Journal of Buddhist Studies*. Vol. 14(Komazawa University, 1983), 350-343.

"The Mādhyamika Philosophy of Tsong-kha-pa." *Memoirs of the Research Department of the Toyo Bunko*. Vol. 48(1990), 17-47.

"My Report of the Panel on Critical Buddhism." *Journal of the Faculty of Buddhism*. Vol. 52(Komazawa University, 1994), 304-296.

"Critical Considerations on Zen Thought." *Annual Report of the Zen Institute*. Vol. 10(Komazawa University, 1999), 238-217.

"Critiques of Tathāgatagarbha Thought and Critical Buddhism." *Journal of Buddhist Studies*. Vol. 33(Komazawa University, 2002), 378-360.
"Critical Considerations on the Lotus Sutra." *Journal of the Essential Lay Buddhism Study Center*. Vol. 1(2005), 33-40.
"The Lineage of *dhātu-vāda*." *Indian Logic (Indo Ronrigaku Kenkyu)*. Vol. 1(2010), 359-402.

2. 하카마야 노리아키(袴谷憲昭)의 주요 논저

1) 저서

『本覺思想批判』. 東京: 大蔵出版, 1990.
『批判佛教』. 東京: 東京: 大藏出版, 1990.
『道元と仏教: 十二巻本『正法眼蔵』の道元』. 東京: 大藏出版, 1992.
『唯識の解釈学:『解深密経』を読む』. 東京: 春秋社, 1994.
『法然と明恵: 日本仏教思想史序説』. 東京: 大藏出版, 1998.
『唯識思想論考』. 東京: 大藏出版. 2001.
『仏教教団史論』. 東京: 大藏出版, 2002.
『仏教入門』. 東京: 大藏出版, 2004.
『日本仏教文化史』. 東京: 大藏出版. 2005.
『唯識文献研究』. 東京: 大藏出版, 2008.
『仏教文献研究』. 東京: 大藏出版, 2013.

2)『攝大乘論』 공동 영문번역

Griffiths, Paul J., Hakamaya Noriaki, John P. Keenan, and Paul L. Swanson. Trans. *The Realm of Awakening: a Translation and Study of the Tenth Chapter of Asaṅga's Mahāyānasaṅgraha*. New York; Oxford: Oxford University Press. 1989.

3) 일어논문

"聖徳太子の和の思想批判."「駒沢大学仏教学部論集」第21号(1989).

"天皇制批判."「駒沢大学仏教学部論集」第20号(1989).
"禅宗批判."「駒沢大学禅研究所年報」第1号(1990).
"自然批判としての仏教."「駒沢大学仏教学部論集」第21号(1990).
"日本人とアニミズム."「駒沢大学仏教学部論集」第23号(1992).
"批判仏教と本覚思想."「日本の仏教」第1号(1994).
"法然親鸞研究の未来: 松本史朗 博士の批判に対する自叙伝的返答."「駒沢短期大学仏教論集」第5号(1999).
"松本史朗 博士の批判 二篇への返答."「駒沢短期大学仏教論集」第8号(2002).

3. 일어 문헌

家永三郎.『中世佛教思想研究』. 京都: 法藏館, 1955.
山口瑞鳳. "チベット佛教と新羅の金和尙." 金知見 編.『新羅佛教硏究』. 東京: 山喜房佛書林, 1973.
高崎直道.『大乘起信論を讀む』. 東京: 岩波書店, 1991.
多田厚隆 · 大久保良順 · 田村芳朗 · 浅井円道 校注.『天台本覺論』. 日本思想大系 9. 東京: 岩波書店, 1973.
服部之総/西四郎 監修.『平民新聞』1. 東京: 創元社, 1953.
田村芳朗.『日本仏教史入門』. 東京: 角川書店, 1969.
______. "天台本覺思想概說」.『天台本覺論』. 東京: 岩波書店, 1973.
平井俊榮.『中國般若思想史研究—吉藏と三論學派』. 東京: 春秋社, 1976.
戸坂潤.『思想と風俗』. 東京: 平凡社, 2001.

4. 한글 논문

고려대장경연구소 편.『비판불교의 파라독스』. 서울: 고려대장경연구소 출판부, 2000.
그리피스, 폴. "비판의 한계." 제이미 허바드 · 폴 스완슨 편저/류제동 역.『보리수 가지치기』. 서울: 씨아이알, 2015.
길희성. "민중불교, 선, 사회윤리적 관심."「종교신학연구」. 서울: 서강대학교 종교연구소, 1988.

______. “선과 민중해방: 임제 의현을 사상을 중심으로 하여.” 「종교신학연구」. 서울: 서강대학교 종교연구소, 1991.
______. “화엄적 세계관과 사회갈등의 문제.” 『21세기 문명과 불교』. 동국대학교출판부, 1997.
______. “현대 윤리학의 위기와 상호의존의 윤리.” 「서강인문논총」 11(2000).
마츠모토 시로(松本史朗)/이태승 역. “여래장사상과 본각사상.” 「불교평론」 38(2009). http://www.budreview.com/news/articleView.html?idxno=782.
______/혜원 역. 『연기와 공』, 운주사, 1994.
박규태. “‘일본교’와 ‘스피리추얼리티’: 현대 일본인의 ‘정신’ 세계를 종교의 저울에 달아본다.” 「일본비평」 5(2011).
______. “일본의 종교와 종교정책.” 「종교연구」 46(2007).
소홍렬. “비판불교의 파라독스.” 고려대장경연구소 편. 『비판불교의 파라독스』. 서울: 고려대장경연구소 출판부, 2000.
스미스, 윌프레드 캔트웰/길희성 역. 『종교의 의미와 목적』. 왜관: 분도출판사, 1991.
스에키 후미히코(末木文美士)/이시준 역. 『일본 불교사: 사상사로서의 접근』. 서울: 뿌리와이파리, 2005.
______/이태승 역. “현대 일본 불교의 동향과 과제.” 「동아시아불교문화」 1(2007).
심재관. “비판불교란 무엇인가: 그 학문과 실천의 전제들에 관하여.” 『비판불교의 파라독스』. 서울: 고려대장경연구소 출판부, 2000.
오오타니 에이이치(大谷栄一). “전쟁은 죄악인가?: 20세기 초 일본 불교에서의 반전론.” 「원불교사상과 종교문화」 43(2009).
원영상. “근대 일본 불교의 현실참여와 아나키즘.” 「일본근대학연구」 33(2011).
______. “불교의 파시즘 및 군국주의의 상호연관성: 정토진종의 전시교학을 중심으로.” 「동서비교문학저널」 24(2011).
원익선. “천황제 국가의 형성과 근대불교의 파행.” 「불교평론」 28(2006).
이와이 히로시(岩井洋). “일본 종교문화의 이해.” 「한국종교」 28(2004).
제이미 허바드 · 폴 스완슨 편저/류제동 역. 『보리수 가지치기』. 서울: 씨아이알, 2015.
종림 스님. “책을 펴내며.” 『비판불교의 파라독스. 서울: 고려대장경연구소 출판부, 2000.
차남희. "일본의 시민종교와 신도: 메이지 초기의 국가신도를 중심으로." 「담론 201」 12/1(2009).

5. 영문 문헌

Akira, Kurihara. "The Emperor System as Japanese National Religion: The Emperor System Module in Everyday Consciousness." In *Japanese Journal of Religious Studies*, Vol. 17, No. 2/3(1990.

Anesaki, Masaharu. *History of Japanese Religion: With Special Reference to the Social and Moral Life of the Nation*. Rutland, Vt.: Charles E. Tuttle Co., 1963.

Bodiford, William. "Zen and the Art of Religious Prejudice: Efforts to Reform a Tradition of Social Discrimination." In *Japanese Journal of Religious Studies,* Vol. 23/1-2(1996).

Breen, John, and Mark Teeuwen, *A New History of Shinto*. Malden, MA: Wiley-Blackwell, 2010.

Buswell, Robert. *The Korean Approach to Zen: Collected Works of Chinul*. Hawaii: University of Hawaii Press, 1983.

Faure, Bernard. "The Kyoto School and Reverse Orientalism." In *Charles Wei-hsun Fu and Steven Heine*, eds., *Japan in Traditional and Postmodern Perspectives*. New York: SUNY Press, 1995.

Griffiths, Paul J., Hakamaya Noriaki, John P. Keenan, and Paul L. Swanson, trans. *The Realm of Awakening: a Translation and Study of the Tenth Chapter of Asaṅga's Mahāyānasaṅgraha*. New York: Oxford University Press, 1989.

_______, *An Apology for Apologetics: A Study in the Logic of Interreligious Dialogue*. Maryknoll, NY: Orbis, 1991.

Gross, Rita M. *Soaring and Settling: Buddhist Perspectives on Social and Theological Issues*. New York: Continuum, 1998.

Habito, Ruben L. F. "The Logic of Nonduality and Absolute Affirmation:

Deconstructing Tendai Hongaku Writings." In *Japanese Journal of Religious Studies* 22/1-2(1995).

Hardacre, Helen. *Shinto: A New History*. New York: Oxford University Press, 2017.

Heine, Steven. "After the Storm: Matsumoto Shiro's Transition from 'Critical Buddhism' to 'Critical Theology'." In *Japanese Journal of Religious Studies*, 28/1–2(2001).

Holtom, D. C. "The Political Philosophy of Modern Shinto." In *Transactions of the Asiatic Society of Japan* 49/2(1922).

Hubbard, Jamie, and Paul Swanson, eds, *Pruning the Bodhi Tree: The Storm over Critical Buddhism*. Honolulu: University of Hawai'i Press, 1997. 류제동 역. 『보리수 가지치기』. 서울: 씨아이알, 2015.

Ienaga, Saburō. "Japan's Modernization and Buddhism." *Contemporary Religions in Japan*, Vol. 6, No. 1(1965. March).

Ives, Christopher. "The Mobilization of Doctrine: Buddhist Contributions to Imperial Ideology in Modern Japan." In *Japanese Journal of Religious Studies*, Vol. 26, No. 1/2(1999, Spring).

Jackson, Roger, and John Makransky, eds. *Buddhist Theology: Critical Reflections by Contemporary Buddhist Scholars*. Surrey: Curzon, 2000.

Kitagawa, Joseph M. *Religion in Japanese History*. New York: Columbia University Press, 1990.

Lachs, Stuart. "Hua-t'ou: A Method of Zen Meditation." http://terebess.hu/english/lachs.html. Accessed: December 10, 2017.

O'Leary, Joseph S. "The Hermeneutics of Critical Buddhism," *The Eastern Buddhist*, 31-32(1998).

찾아보기

(ㄴ)

(ㄷ)

(ㄹ)

(ㅁ)

(ㅂ)

(ㅅ)

(ㅇ)

(ㅈ)

(ㅊ)

(ㅋ)

(ㅌ)

(ㅍ)